徐为列 主 编

面向独立学院的经济管理类教材

宏观经济学

MACROECONOMICS

浙江工商大学出版社
ZHEJIANG GONGSHANG UNIVERSITY PRESS

图书在版编目(CIP)数据

宏观经济学 / 徐为列主编. —杭州 : 浙江工商大学出版社，2015.7(2019.3 重印)

ISBN 978-7-5178-1082-7

Ⅰ. ①宏… Ⅱ. ①徐… Ⅲ. ①宏观经济学—高等学校—教材 Ⅳ. ①F015

中国版本图书馆 CIP 数据核字(2015)第 103537 号

宏观经济学

徐为列 主编

责任编辑 郑 建
封面设计 王好驰
责任校对 穆静雯
责任印制 包建辉
出版发行 浙江工商大学出版社
(杭州市教工路 198 号 邮政编码 310012)
(E-mail：zjgsupress@163.com)
(网址：http://www.zjgsupress.com)
电话：0571-88904980，88831806(传真)
排 版 杭州朝曦图文设计有限公司
印 刷 虎彩印艺股份有限公司
开 本 787mm×1092mm 1/16
印 张 12.875
字 数 238 千
版 印 次 2015 年 7 月第 1 版 2019 年 3 月第 4 次印刷
书 号 ISBN 978-7-5178-1082-7
定 价 39.00 元

浙江工商大学出版社营销部邮购电话 0571-88904970

总 序

我国的独立学院在近十几年中得到了迅速的发展，已经成为高等教育体系中的一个重要组成部分。独立学院人才培养的特性，使得为独立学院的学生撰写一套在教学上更具针对性的适用教材，已经成为一项不容耽搁的工作。我在多年从事大学的经济学教学实践中，并通过和独立学院的老师的经常交流，可以明显地感觉到，独立学院的学生在学习经济学和管理学等课程中，有着自身的特点和需求。独立学院的学生思想活跃、思维敏捷、关注现实、喜欢争论，但由于独立学院人才培养的定位及独立学院毕业生的职业生涯，相对于单纯基础理论知识的学习，独立学院学生更加偏好理论的应用，对应用理论解决实际问题有着更大的兴趣。课堂教学中安排过多的基础理论知识内容，可能会影响他们学习的兴趣。因此，编写一套适合的经济管理教材，可以说是许多在独立学院教学第一线的老师们的心愿。经过相当一段时间的筹备，浙江工商大学杭州商学院的老师们编写这套独立学院的经济管理教材，做出了新的尝试。

首先，在教材的内容设置上，本着独立学院的学生“基础理论够用、专业知识适用、实践能力管用”的要求来编排教学内容。在以往选用的大学教材中，内容通常较多，规定课时内根本无法从容地授完相应的内容，而且有不少理论知识过于抽象，学生在短时间内难以很好理解。因此，这套教材在教学内容安排上，尽量避免了一般教材中通而全的设置，从“基础理论够用”的要求出发，力求做到概念清晰，逻辑严谨，重点突出，体系完整，特别注重叙述方法的简明、易读、清晰，尽可能深入浅出地将理论讲透，如同一潭清水，清澈见底，方能窥得鱼儿的踪迹。以《微观经济学》这部教材为 例，将原有庞博的微观经济学理论整合为七大章，分别简要阐述了市场供求理论、消费者行为理论、生产者行为理论、厂商市场竞争理论、生产要素理论和市场失灵及微观经济政策理论，较好地概括了微观经济学中的原理和最基础的知识。其次，在教材的编写上，尽可能将分析方法和分析工具讲透彻，以使学生能掌握这些方法和工具，更好地在实践中运用，而不是仅仅停留在教材内容的理解。为了达到这个目的，这套教材在一定程度上简化了教材各章节中的理论阐述，扩展了解读性内容的体量，每个章节都辅之相应的知识拓展和相关的案例，同时列出思考题，供课堂教学时开展讨论。这样的教学内容安排，一方面让学生在阅读教材时，既能知其然，又能知其所以然；另一方面可以增强教与学的互动，也符合独立学院学生思想活跃、喜好争论的特点。与此同时，教材尽量避免了过于复杂的数理推导内容，将一些必要的数理推导，以附录的形式放入每一章，供那些掌握了相应数学知识和有兴趣深入学习的学生阅读。

第三，为了增强教材的通俗可读性，教材在体例设计方面也作了一些改进与创新。教材的每一章不是先提出理论概念，而都是以故事和案例开头，通过具体的案例提出问题，然后说明这些问题的解释和解决，依据的就是本章所阐述的基本原理和方法。每章结束后，配有相应的案例或者习题，并竭力使其中的问题具有趣味性和指导性，为学生深入理解和掌握经济管理基本原理和知识提供非常有用的帮助。案例是理解经济学和管理学原理最为重要的素材，所以，在案例的选用上，编写者尽可能做到引入的案例是身边发生的经济现象和管理实践，通过拉近理论和实际的距离，提升学生的学习兴趣和热情，让学生更好地领悟到经济学和管理学都是学以致用的学科。同时，在教材的每一章的最后都会结合相应的教学内容，介绍两位经济学或管理学名家的生平和学术成就，拓宽学生的视野。

到目前为止，教育部公布认可的国内独立学院已达 300 多所，学生数量也已超过百万，撰写一套适用于独立学院学生的经济管理教材是一件非常有意义的事情。浙江工商大学杭州商学院在这方面率先做了有益的尝试，希望通过他们的努力，能够进一步带动和促进独立学院的经济管理教学水平的提高。

浙江大学教授、博导　史晋川

2014 年 11 月

目　录

第一章　宏观经济学导论

第二章　国民收入核算理论

第三章　简单的国民收入决定模型

第四章　扩展的国民收入决定理论

第五章　经济增长和经济周期理论

第六章　失业与通货膨胀

第七章　宏观经济政策

第一章 宏观经济学导论

小苏经过一学期的学习和思考，对微观经济学的基本原理有了一定的认识，并能初步运用这些原理对日常的经济现象进行分析。本学期小苏将进一步学习宏观经济理论。

最近爱思考的小苏一直在琢磨：微观经济学是研究个体经济单位的决策行为，消费者、家庭、企业、市场均为个体经济单位，因此微观经济学的重要意义毋庸置疑。那宏观经济学的意义体现在哪里呢？宏观经济学研究的是整体经济，针对的是整个国民经济，似乎只和政府的行为相关，如此看来对个体而言，微观经济学是否应该比宏观经济学更重要些呢？

小苏的想法在刚入学的大学生这一群体中具有一定的代表性。那么，宏观经济学所涉及的问题与人们的生活是否紧密相连呢？和微观经济学相比，宏观经济学的研究又呈现怎样的特点呢？这就是本章要回答的问题。

本章是学习宏观经济学的开始。

本章的基本概念：宏观经济学　凯恩斯革命　萨伊定律

本章的学习目标：理解宏观经济学和微观经济学之间的关系；掌握宏观经济学研究的主要问题；大致了解宏观经济学的发展脉络。

第一节　宏观经济学的基本问题

生活在现代经济社会，每个个体（个人、企业经营者、家庭）的任何决策都是在一定的宏观经济环境下进行的。如果无视一国的宏观经济条件，那么不管是企业经营还是个人投资，最终很难逃出失败的厄运。毕业的大学生能否顺利找到心仪的工作、“马大嫂”的菜篮子拎得是否沉重、经济增长速度如何影响着人们的生活、人民币汇率的走势等等都属于宏观经济问题，而这些问题显然和每个人都有着密不可分的联系。的确，每个人都置身于宏观经济中，正如美国经济学家多恩布什所说的："宏观经济学是门应用科学，它可能并不完美，但它对国家和人民的福祉却是万分重要的。"

一、宏观经济学的研究对象

(一)宏观经济学的研究对象

微观经济学是把单个经济主体的行为作为考察对象的理论体系，研究它们如何使稀缺的资源得到最优配置而获得自身利益的最大化。宏观经济学则是把一个社会整体的经济运行作为考察对象的理论体系，研究稀缺资源的利用问题。既然宏观经济学是以整个国民经济的活动作为考察对象，它必然要分析与整个国民经济活动有关的国内生产总值、国民生产总值、狭义国民收入以及相应的经济总量的变动，包括总收入、总支出、总消费、总投资、失业率、物价水平、通货膨胀、经济增长等，以及这些总量之间的关系。由此，可以把宏观经济学看作是广泛研究各种经济总量之间关系的一门学科。显然，与微观经济学的个量分析相对应，总量分析应该是宏观经济学在研究方法上的一个重要特点。

(二)微观经济学和宏观经济学的关系

微观经济学和宏观经济学之间既有联系又有区别，对这一问题在学习微观经济学的开篇时就已进行阐述，在此不再赘述。但有些重要的关系有必要进行进一步的分析。

在阐述微观经济学和宏观经济学的联系时，人们常常看到这样的描述：微观研究的是树木，宏观研究的是由树木组成的森林。此话的含义是前者研究个体，研究细节，后者则超越细节，综观全体。个人经济活动是整个经济的基础，离开微观基础的宏观分析显然是无源之水。但宏观经济行为不等于微观经济行为的简单加总。下面以收入为例来领悟微观经济学和宏观经济学之间的联系。

对于收入问题，从微观的层面出发要研究的是个体的收入，如生产者的收入、企业的收入、行业的收入等，从宏观的层面出发要考察的则是一国的总收入，即国民收入。国民收入与个体收入有关，但并非是所有个体收入的简单加总。

小思考 对于价格问题、产出问题如何分别从微观和宏观的角度提出命题。

微观经济学的研究本质上是在总量既定的情况下来考察资源的配置，而在宏观经济学的研究中，总量的大小是有待确定的变量。如在微观的研究中，物价总水平是既定的，而价格是个变量，但在宏观的研究中，物价总水平是个变量，而商品和劳务之间的相对价格却是一个既定量。当然在实践中，经济分析不可能是微观和宏观截然分开的，尤其在分析决定一国物质利益的经济变动过程时，必须同时考虑到宏观和微观经济两个方面。

专栏 1-1　合成谬误

香港的很多马路很窄，只有两三个车道而已，但是公共汽车却开得非常快，呼啸生风！而北京的很多路，宽达七八条车道，车仍然开不快。从这个角度来说，在香港开车，一直沿一条道走会比较快。而在北京，马路很宽，左边不行就右边，右边不行再左边，有很多车在不停地并线，这让马路的运营效率大大下降。

美国经济学家、诺贝尔经济学奖得主萨缪尔森把这种现象归纳为"合成谬误"。就是说每一个局部看上去都是理性、正确、有效率的，加起来却是一个谬误。萨缪尔森举了一个很生动的例子，他让我们想象一个非常简陋的露天剧场，大家可以坐在地上看，但是坐在稍后面的人觉得看得不够清楚，为了比别人看得更清楚一些，他们就会站起来。他们一站起来，更后面的人也会站起来，结果大家就都站了起来。站起来后还是看不清楚，成本增加了，福利却没有增加。聪明人又会想出一些办法来，站着不行就踮着脚，结果全场的人都会踮着脚看，整体福利又下降了。

资料来源：吴伯凡，梁冬. 无畏[M]. 北京：中信出版社，2013.

小思考　如何用合成谬误理解微观经济学和宏观经济学的关系？

二、宏观经济学研究的主要问题

宏观经济学把国民经济视为一个整体，研究经济总量和其之间的相互关系以及经济总量对国民经济的影响，从而探讨国民经济的运行规律，解决经济中的主要问题。

宏观经济学研究的主要问题有以下几方面的内容。

(一)国民收入的决定

考核一国国民经济体系的综合指标为国民收入(在没有特指的情况下，国民收入指的是广义国民收入，即国内生产总值 GDP)，而国民收入水平的高低又决定了整体经济中的其他问题。因此，国民收入决定理论是宏观经济学的核心理论，或者说宏观经济学是以国民收入为核心的总量分析。只有明确了国民收入的决定，才能分析其他的宏观经济问题。

(二)失业问题

宏观经济学的形成很大程度上来自于经济学家对20世纪30年代大萧条时失业问题的思考和解决方法。凯恩斯主义的一个目的就是消灭大萧条时期出现的周期性失业。

在20世纪30年代大萧条以前,古典经济学家认为市场机制可以自发促使经济趋向充分就业的均衡。大萧条的现实打破了这一神话,当时美国的失业率达到25%,有些国家的失业率逼近30%。从此,失业问题成为宏观经济学的主要问题之一。

失业率是指失业人数占总劳动力人口的比例,它是反映一国整体经济状况的重要指标,对经济社会有着重大的影响。失业一方面表现为劳动力资源的闲置,另一方面还说明生产能力开工不足,最终导致国民收入水平下降。失业除了带来经济损失以外还会产生一系列社会问题和政治问题。因此,研究失业的原因、性质以及解决方法就成为宏观经济学研究的重要课题之一。

在美国,失业率被高度关注,每月第一个周五都要公布相关数据。自20世纪30年代大萧条起直到2000年,美国的平均失业率接近6%。在2007年底,美国的失业率为5%左右,此后受金融危机的影响不断上升,2009年达到10%左右,2010年世界经济逐渐开始复苏,失业率有所下降。其他工业化国家同样在经历了金融危机的失业率高峰后,在2010年都有不同程度的缓解。

目前,我国官方公布的失业率为"城镇登记失业率",由人力资源和社会保障部每季度公布一次。而城镇登记失业率自2002年以来一直保持在4%—4.3%的水平。

小思考 你认为我国公布的失业率存在怎样的问题?

对于我国这样的人口众多、经济发展不平衡的大国来说,失业问题更是严峻。中国的真实失业率到底是多少?如何提高就业率?如何完善社会保障制度?这些问题都需要进行深入的研究、探讨和解决。

(三)通货膨胀问题

"二战"后通货膨胀成为全球性的宏观经济问题。有些经济学家甚至认为,一部经济发展史就是通货膨胀史。

通货膨胀是指一般物价水平的持续和显著上涨。在现实经济活动中,物价水平和国民收入是密切联系在一起的,一般情况下,物价水平和真实国民收入同向,但在滞胀时期，会出现物价水平上升，而真实国民收入下降的情形。

通货膨胀的存在严重影响了经济的正常运行，和失业问题一样，通货膨胀也不利于社会安定和政治稳定。因此，探讨通货膨胀的原因并提出解决的对策成为宏观经济学的一大课题。

专栏 1-2 德国的恶性通货膨胀

在第一次世界大战战乱之后，德国政府为了重建被战争破坏了的经济，满足国内的支出要求，同时为了筹集资金以支付协约国在《凡尔赛协议》中所规定的战争巨额赔款，只能借助于印钞票这个办法了。

1919 年流通中的货币量大幅增长了 80%，价格也上涨了 91%。然而到了 1919 年底，新的社会党政府试图使急剧上涨的通货膨胀率慢下来，开征了新的税种，政府财政收入也增加了。但是，公债仍在增长，到了 1921 年中期，政府再次采取印钞票的手段来为其支出筹集资金。

此时，通货膨胀真正开始爆发，到 1923 年秋季，年度通货膨胀率令人吃惊地达到了 7 000 000 000 000%！

随着价格加速上涨，人们不愿意持有货币：在他们认识到这一点以前，货币已经没有什么价值了。因此，人们急于尽快把钱花光。可是，这反过来又会促使价格上涨。

对于许多德国人来说，这种结果的破坏作用十分巨大。人们一生的积蓄荡然无存。那些工资没有很快调整的人们发现，他们的实际收入骤然下降。随着企业，尤其是拥有货币资产的企业纷纷倒闭，许多人失去了工作，贫困泛滥成灾。

到 1923 年底，德国货币实际上就变得毫无价值了。因此，1924 年发行了一种新币来取代旧币，新币的供应由政府严格控制。

资料来源：约翰·斯罗曼.经济学[M].郭庆旺，译.北京：经济科学出版社，2001.

小思考 不同程度的通货膨胀会对经济带来怎样的影响？

(四)经济增长和经济周期

经济增长就是国民收入的增长，是指一国生产的最终产品和劳务总量的增加。第二次世界大战以后，随着西方发达国家经济的长期持续增长，对经济增长的研究成为宏观经济学的热门话题，研究主要集中在经济增长的模型分析和经济增长的因素分析。前者是运用均衡分析法研究实现稳定均衡增长所需具备的条件，后者是考察一国经济增长的过程。

在20世纪50年代后期到60年代中期，为了实现充分就业，经济学家普遍接受高速增长的模式，各国都非常关注经济增长从而把经济增长作为重要的经济和政治目标。实践证明，较快的经济增长率的确能生产出更多的商品和劳务，但同时也会对环境造成一定的污染。于是从60年代末70年代初开始，经济学家对经济增长中出现的问题进行广泛的研究和讨论，认为应对经济增长中出现的问题给予足够的重视。到了80年代中后期，美国经济学家在前人的经济增长理论基础上，形成了新增长理论，标志着现代经济增长理论进入到一个新的发展阶段。

世界各国的经济增长率存在着较大的差异，从总体来看，发展中国家的增长率快于发达国家，而中国的经济增长速度尤为突出。在中国，经济增长一直是一个使用频率相当高的词语，改革开放以来，中国的经济增长率年平均为10%左右，远远超过世界平均水平，如表1-1所示。

表1-1 我国近十年的经济增长率、消费者物价指数、失业率 (%)

	2004	2005	2006	2007	2008	2009	2010	2011	2012	2013
经济增长率	10.09	11.31	12.68	14.16	9.63	9.21	10.45	9.3	7.65	7.67
消费物价指数	3.9	1.8	1.5	4.8	5.9	−0.7	3.3	5.4	2.6	2.6
失业率	4.2	4.2	4.1	4.0	4.2	4.3	4.1	4.1	4.1	4.0

资料来源：根据中国统计局网站的数据计算编制。

小思考 经济增长等同于经济发展吗？

在现实经济运行中，经济增长率会呈现上升或下降的交替过程，这种经济增长率的波动即为经济周期，又称为商业周期。经济增长率的上升是扩张阶段，在此阶段，资源利用程度提高，失业率下降。反之则为衰退阶段。经济周期是经济运行中存在的自然现象，经济永远在繁荣和衰退之间循环往复。

既然经济周期不可避免，那么其存在的原因是什么？如何缓和经济波动便成为宏观经济学研究的重要内容。

小思考 经济周期对企业、个人会产生哪些影响？

专栏1-3 爱尔兰和2007—2009年金融危机

从1995—2007年，爱尔兰是世界上经济增长速度最快的国家之一，其实际GDP的平均增长率达6.3%，成为欧洲最富裕的国家之一，其奔驰车的人均拥有量甚至超过了德国。但是，在这些现象的背后，房地产价格高涨、抵押贷款大幅上升则为2008年的金融危机埋下了伏笔，使爱尔兰的经济陷入严重的衰退。

爱尔兰银行降低贷款标准，为房产销售提供更高的比例、更长期限的贷款。和美国类似，爱尔兰也存在房地产泡沫，并且房地产价格的增长幅度更高。1995—2000年之间房价翻了一番，2000—2007年又翻了一番。到2007年，房屋建造占GDP的比重达13％，是其他发达国家的两倍。爱尔兰的银行抵押贷款也以每年25％的速度增长。

2007年下半年金融危机爆发后，爱尔兰房价随之崩溃，下降了近20％，这一降幅在全世界算很高了。

因为爱尔兰银行深入参与了抵押贷款市场，并且通过在回购市场短期借贷，大幅扩张资产负债表，导致它们很容易受金融危机的冲击，借贷标准收紧，资产价格下跌，带来了大量的损失。

爱尔兰的金融危机导致了经济痛苦的衰退，这是爱尔兰现代史中最严重的衰退之一，失业率由危机前的4.5％飙升至12.5％，GDP下降了10％以上。税收减少，银行部门亏损不断加剧，使得2010年的政府预算赤字占GDP的比重达到史无前例的30％以上。

资料来源：弗雷德里克·米什金. 宏观经济学[M]. 余晨阳，译. 北京：清华大学出版社，2013.

小思考　2007—2009年的金融危机为什么没有导致如20世纪30年代的大萧条？

(五)国际收支和汇率

现代经济是全球化经济，经济一体化的程度越来越高，随着各国之间经济交往的密切，如何平衡国际收支、避免汇率过度波动也成为开放经济条件下宏观经济学研究的主要内容。

各国经济往来的结果均反映在国际收支上，而国际收支状况是影响汇率变化的直接因素，它们两者又给国内经济带来一定影响。

如果一国在一定时期内全部对外交易所得到的收入总额大于支出总额，则为国际收支顺差(盈余)，反之为国际收支逆差(赤字)。国际收支顺差会促进经济增长、增加外汇储备，促使本币升值，汇率上升，但同时也意味着对国际市场的依赖度增加，可能加剧国内的通货膨胀。国际收支逆差则使国内经济萎缩、失业率上升、促使本币的贬值，汇率下降。而汇率的变动又影响国内经济的走势。

小思考　汇率对一国经济的影响。

我国最近几年一直保持着国际收支双顺差，即经常项目和资本项目同时出现巨额顺差，在拉动我国经济增长的同时也带来了一系列问题。因此如何改善国际收支双顺差成为人们关注的话题。

上述宏观经济学研究的主要问题均围绕着国民收入这个最核心的宏观经济总量进行。

三、宏观经济政策

宏观经济学包括宏观经济理论和宏观经济政策两个层面，宏观经济理论为国家干预经济的政策服务，宏观经济政策则是宏观经济理论的运用。其实，上面介绍的宏观经济学研究的几大问题就包含着理论的层面和政策的层面。理论的层面主要研究这些问题存在的原因、性质、特点等，理论分析的最终目的是为了寻求解决问题的方法。宏观经济政策就是政府有计划地运用一定的政策工具，调节宏观经济的运行，以求解决宏观经济问题。

宏观经济政策有自己的研究内容，主要包括政策目标、政策工具、政策的运行机制和政策的效应。

(一)政策目标

政策目标指政策实施最终要达到的目的。研究宏观经济的目的就是为了达到整体的经济稳定，根据前述的宏观经济问题，宏观经济政策主要有 4 大目标：充分就业；物价稳定；稳定、合理、可持续的经济增长；国际收支平衡。

对任何国家来说，上述 4 个政策目标往往不能完全兼顾，或者说目标之间存在一定的冲突，某个目标的实现可能会妨碍其他目标的实现。首先，充分就业和物价稳定之间就存在冲突，低通货膨胀率可能要以失业率的上升为代价；其次，经济增长与稳定物价之间的矛盾，经济增长会引发物价上升；至于国际收支与其他政策目标之间的关系就更为复杂，充分就业会导致国际收支状况的恶化，而国际收支状况改善又不利于国内物价稳定。

小思考 你认为充分就业和经济增长之间的关系应该是怎样的?

面对政策目标的冲突，不同国家的政府在不同的时期会根据本国的国情选择优先的政策目标，或者对政策目标进行一定的协调。同时由于不同流派的经济学家对政策目标的理解不同，也影响着政府优先政策目标的选择。以美国为例，在 20 世纪 60 年代初期，肯尼迪政府把经济增长作为首要的政策目标，经济增长也推动了就业率的上升。20 世纪 60 年代末 70 年代初期出现了“滞胀”，于是控制通货膨胀率成为许多发达国家的首要政策目标。金融危机后，经济增长则为首要政策目标。

我国政府调控经济的政策目标同样是上述的 4 大目标，经济增长和增加就业都是我国宏观经济政策中的重要目标，近几年的国际贸易顺差又带来了一系列的问题。在资源稀缺的情况下，政策目标的优先排序问题不容忽视。

小思考 你觉得我国目前的首要政策目标应该是什么？说明理由。

(二)政策工具

在政策目标确定后，采用怎样的手段达到目标便成为一个重要的问题。为了达到政策目标所采取的手段，即为政策工具。相同的政策工具可达到不同的政策目标，不同的政策工具也可达到同样的政策目标。

宏观经济中最重要的政策工具是宏观财政政策和宏观货币政策，而财政政策和货币政策又有着各自的可操作工具。因此，如何选择不同的政策工具，如何配合使用不同的政策工具，成为政府在调节宏观经济运行中要考虑的重要问题，也是各经济学流派争议的重要内容。

至于政策机制和政策效应在此不做阐述和分析，留待后面的专项章节中进行。

第二节　宏观经济学的形成和发展

一提到凯恩斯，人们会想到“凯恩斯革命”，会想到国家干预经济，会想到“战后繁荣之父”，还会想到宏观经济理论体系的创立者。的确，宏观经济学是由凯恩斯奠定基础，并由凯恩斯的追随者发展起来的。但这是否意味着凯恩斯以前的学者就没有研究过宏观经济问题呢？宏观经济学发展到了今天是否还局限在凯恩斯主义的理论体系呢？

尽管“宏观经济学”这个词是 20 世纪 30 年代才产生的，但人们对宏观经济问题的研究由来已久。

一、宏观经济学的萌芽时期

从 17 世纪下半叶到 1936 年凯恩斯《通论》的发表，这段时期为宏观经济学的萌芽时期。

从 17 世纪下半叶至 19 世纪上半叶，许多古典经济学家就开始研究宏观经济问题了。英国古典经济学的创始人威廉·配第不仅分析了国民财富的构成及其增长的原因，还对不同国家国民财富的差异进行比较；法国古典经济学的创始人布阿吉尔贝尔从税收和物价水平的角度考察了国民经济；重农学派的魁奈创立了经济表，对社会经济总量之间的关系进行了考察和分析；英国古典经济学体系的创建者亚当·斯密在其巨著《国富论》中更是系统地研究了国民财富的形成和增长的因素、条件和途径；英国古典经济学的完成者李嘉图则在亚当·斯密的基础上继续研究了国民财富的增长问题，并对总收入与纯收入、货币流通量变动与物价水平变动之间的关系进行探讨。尽管这些古典经济学家都研究过宏观经济问题，但他们没有区分过微观经济学和宏观经济学，或者说，他们在阐述经济问题时宏微不分，更没有宏观经济学这一范畴之说。

在19世纪70年代初，西方经济学发生了一次"边际革命"，出现了边际效用价值论，最终形成了以均衡价格论为中心的微观经济理论体系。当时西方经济学的主流是以马歇尔为代表的新古典经济学，而新古典经济学主要的立足点是微观经济学，对宏观经济的论点是蕴含在微观分析中的。之所以凯恩斯以前的经济理论比较忽视宏观经济学，是因为他们把充分就业作为一个既定的前提，也就是说从长期来看，资源总是能被充分利用。由此值得研究的自然是资源的最优配置问题，即微观经济问题。如此认识的根源在于"萨伊定律"。

萨伊是李嘉图的好友，法国的经济学家。他认为供给能够自行创造需求，任何一次卖都必然是买，货币在交换中的媒介作用是瞬间完成的，因此不可能爆发生产过剩的经济危机。萨伊的"供给能自行创造需求"的理论被称为"萨伊定律"。

小思考　"萨伊定律"蕴含了哪些内容？

根据萨伊定律，经济依靠市场机制的自发力量能够实现充分就业的均衡，那么资源的充分利用自然就实现了。

二、宏观经济学的形成、发展和完善时期

（一）宏观经济学的形成

1929—1933年，资本主义世界爆发了有史以来最严重的经济危机，生产急剧下降，工商企业大批破产，大量银行倒闭，失业率激增，对外贸易锐减。大萧条打破了萨伊定律，打破了市场机制能够自发实现充分就业均衡的神话。大萧条引起人们的沉思：为什么会爆发如此严重的大萧条？它的根源是什么？如何解决这些问题？大萧条的现实需要一种新的理论对之进行解释和解决，凯恩斯经济学便是这次大萧条的产物。

凯恩斯根据大萧条的情况，于1936年发表了《就业、利息和货币通论》（简称

《通论》),运用总量分析的方法阐述了有效需求原理,并指出有效需求不足是失业的根本原因,市场的自发作用不能导致充分就业。凯恩斯严厉地抨击了萨伊定律,摒弃了传统的经济理论。凯恩斯认为:古典理论所假设的特殊情况的特征,恰好不是实际生活在其中的经济社会的特征,当试图把这种理论应用于实际时,它的教义就起误导作用,而且是灾难性的。为此,凯恩斯提出以国家干预经济的政策来代替古典经济学自由放任的政策,从而形成了以需求管理为核心的,以国家干预经济为政策基调的凯恩斯主义宏观经济学。凯恩斯在《通论》中所提出的新的经济理论体系,是在对古典经济学的变革中建立起来的,人们称之为"凯恩斯革命",是对古典经济学的革命,这是西方经济学历史上最重大的一次革命,包括经济理论上的革命和经济政策上的革命。《通论》的发表标志着宏观经济学的形成。凯恩斯也是最早把经济学分为微观和宏观的经济学家。

(二)宏观经济学的发展和完善

《通论》发表后,西方经济学界对其大为推崇,但是凯恩斯的理论还是存在一定的缺陷的。由于凯恩斯的理论是针对大萧条的情形,所以他使用的是短期比较静态的总量分析方法,同时,《通论》行文晦涩,不易理解。对于凯恩斯的追随者而言,力图把凯恩斯的理论长期化、动态化,同时也为了让人们更好地理解接受凯恩斯主义,从 30 年代后期开始,许多凯恩斯主义者对凯恩斯的理论进行修订、补充和发展。此间主要的代表人物是美国著名的经济学家萨缪尔森,代表作为萨缪尔森的《经济学》。萨缪尔森把凯恩斯主义宏观经济学和新古典的微观经济学相结合,形成了新古典综合学派,发展了凯恩斯主义,对各国经济政策的制定产生了很大的影响,从而在相当长的一段时期内成为西方经济学的主流。

在战后大约 30 多年里,凯恩斯主义经济学成为西方的主流经济学,其理论与政策有力地促进了西方国家经济的发展。人们因此把凯恩斯称为"战后繁荣之父"。

三、非凯恩斯主义宏观经济学的形成和发展时期

20 世纪 70 年代以后,西方国家出现了一种前所未有的高失业率和高通货膨胀率并存的"滞胀"现象。滞胀的出现结束了凯恩斯主义一统天下的局面,凯恩斯的宏观理论和政策不仅不能解释和治理滞胀,有些经济学家甚至认为滞胀是西方政府长期实施凯恩斯主义所倡导的经济政策的恶果。凯恩斯经济学的危机为非凯恩斯学派的兴起提供了契机。主要有货币学派和理性预期学派。

(一)货币学派

货币学派又称现代货币主义,是 20 世纪 50—60 年代在美国出现的一个新自

由主义流派，主要代表人物是芝加哥大学的经济学教授弗里德曼。货币学派是打着“反凯恩斯”的旗号出现的，所以货币学派的产生、形成和发展被认为是一场对凯恩斯革命的革命。

货币主义的主要理论观点和政策建议包括：通货膨胀是一种货币现象，如果货币供给增加长期快于经济的潜在产出增长，通货膨胀不可避免；降低货币供给增长率可以减轻通货膨胀；应实行单一规则的货币政策，使货币供应量按固定的比例增长；尽力避免国家干预经济，崇尚自由放任。货币主义的特点是用货币供应量的变化说明产量、就业和物价的关系，因此国家经济稳定的关键是对货币供给的控制。

20 世纪 70 年代中期后，货币主义开始在美国、英国等流行，成为里根总统和撒切尔夫人制定经济政策的理论依据。

(二)理性预期学派

理性预期学派又称为新古典宏观经济学，这一学派维护和发展了新古典经济学的理论，着重分析理性预期在经济活动中的作用以及对于经济政策实施效果的影响。理性预期学派的主要代表人物是卢卡斯和萨金特。

理性预期学派与凯恩斯学派几乎在所有的经济问题上都是对立的。凯恩斯学派强调未来的不确定性，因而预期是不理性的，理性预期学派则强调经济活动当事人的理性行为；凯恩斯学派从总需求的角度分析问题，理性预期学派则否定总需求对经济活动水平的决定作用；凯恩斯学派坚持通货膨胀和失业之间的替代关系，而理性预期学派认为这两者之间不存在直接的关系；凯恩斯学派主张用宏观经济政策干预经济，理性预期学派则认为经济政策无效。最终的结论是：市场经济的自发调节是稳定经济的唯一有效方式。

理性预期理论在货币主义研究基础上，建立了一套不同于凯恩斯经济学的理论，较好地解释了滞胀，在 20 世纪 80 年代取代了货币主义的地位，赢得了西方经济学界的关注。理性预期学派的领袖人物卢卡斯和萨金特分别获得 1995 年和 2011 年的诺贝尔经济学奖。

非凯恩斯学派还有供给学派、新奥地利学派、公共选择学派等。

四、新凯恩斯主义经济学的诞生

在新形势下，面对非凯恩斯学派的挑战，20 世纪 80 年代产生了新凯恩斯主义经济学，主要代表人物有哈佛大学的曼昆、萨默斯，斯坦福大学的斯蒂格利茨等，到了 90 年代，新凯恩斯主义经济学成为最有影响力的流派之一。

新凯恩斯学派批判地继承发展了凯恩斯主义，他们认为凯恩斯经济学理论基础薄弱、无法应付实践的挑战。因此,这一学派的主要贡献在于力图为凯恩斯主义的宏观经济政策补充微观理论基础,强调从微观角度入手阐明市场机制的不完善性,同时汲取了各学派的精华,在理论中添加了理性预期假设和经济当事人利益最大化假设,最终使得理性预期和国家干预经济并行不悖。

新凯恩斯主义经济学的出现是对滞胀后陷入危机的凯恩斯经济学的复兴。同时在美国的实践中,无论是克林顿政府还是奥巴马政府都运用了宏观经济政策振兴美国的经济,而这些政策的实施很大程度上受到了新凯恩斯经济学的影响。

尽管不同流派的分析方法、理论观点、政策建议的侧重点有所不同,但不同流派的思想相互碰撞、交融,西方经济学界呈现出百家争鸣的局面,促使现代宏观经济理论随着历史的脚步不断向前发展。与之相对应,宏观经济政策也出现了混合的特征。例如克林顿的经济学就是凯恩斯主义、货币主义、供给学派和理性预期学派的混合物,一方面反对政府对经济的过度干预,另一方面又不愿实行自由放任的市场经济,这就是克林顿所谓的"第三条道路"。

本教材主要介绍的内容是凯恩斯的宏观经济理论。

专栏 1-4 海水边的与湖水边的经济学家之争

美国经济学界把宏观经济学中的两派之争称为"海水边的与湖水边的经济学家之争"。当然,他们之间的争论与水并没有关系,这样说只是指各派经济学家所在的地方。

海水边的经济学家主要指在哈佛大学、麻省理工学院和斯坦福大学的新凯恩斯主义经济学家,这几所学校位于大西洋和太平洋的沿岸。湖水边的经济学家主要指在芝加哥大学和明尼苏达大学的新古典宏观经济学家,这两所学校位于五大湖沿岸。

这两派经济学家在分析长期宏观经济问题时并没有重大分歧,都认为长期中通过市场机制调节可以实现充分就业均衡。他们的分歧主要在短期宏观经济分析和由此得出的政策主张上。

新凯恩斯主义经济学家认为,短期中市场机制的调节是不完善的,难以实现充分就业均衡。具体来说,在劳动市场上由于工资黏性,劳动的供给不一定总等于需求;在物品市场上,由于价格黏性,物品的供给不一定总等于需求;在资本市场上,由于信息不对称存在信贷配给,这时利率也无法使资本市场总保持均衡。这种短期中市场调节的不完善性引起经济周期波动与失业。因此,为了稳定经济,政府必须用经济政策调节经济。简言之,新凯恩斯主义是主张国家干预经济的。

新古典宏观经济学家认为，无论在短期还是长期中，市场机制的调节是完善而及时的。因为工资、物价都具有伸缩性，会随着劳动、物品供求关系的变动而迅速变动，达到各种市场的均衡。因此，保持宏观经济稳定的方法是让市场机制充分发挥作用，而不是政府干预。简言之，新古典宏观经济学是主张自由放任的。

整个宏观经济学的历史就是国家干预与自由放任这两个流派争论的历史，也正是这种争论推动了宏观经济学的发展。

这两派有对立也有一致，有争论也有互相吸收。无论它们的观点如何，都深化了对宏观经济的认识，改善了经济政策。海水之中有湖水，湖水之中有海水。这正是当前宏观经济学发展的特点。

资料来源：改编自：梁小民. 宏观经济学纵横谈[M]. 北京：生活·读书·新知三联书店，2002.

小思考 经济学流派的争论主要集中在哪些问题上？

人物介绍

现代宏观经济学理论体系的创立者

——约翰·梅纳德·凯恩斯

凯恩斯(1883—1946)于 1936 年发表了《就业、利息和货币通论》(简称《通论》)，创立了现代宏观经济学理论体系，这在西方经济学历史上具有划时代的意义。

凯恩斯出生于英国贵族家庭，祖父是一个制造商，曾任索尔兹伯里市市长，父亲是剑桥大学的哲学家、经济学家和逻辑学家，母亲曾担任过剑桥市市长。凯恩斯从童年时代起就智力超群，在少年时代，他的数学成绩突出，14 岁获得了伊顿公学奖学金。在进入剑桥大学之前，他是伊顿公学的数学高才生。

1902 年凯恩斯进入剑桥大学攻读数学，1905 年获得数学学位。但他自认数学达不到一流的水平，其兴趣转入政治方面。为了参加文官考试，凯恩斯跟随马歇尔学习经济学，深得马歇尔的赏识。1906 年凯恩斯从剑桥大学毕业，通过文官考试进入英国政府印度事务部任职。1908 年应马歇尔的邀请回到剑桥大学任经济学讲师。1911 年在马歇尔的推荐下出任英国皇家经济学会《经济学杂志》主编，直到 1944 年。1915 年进入英国财政部工作。第一次世界大战后，凯恩斯作为英国首席代表出席巴黎和会，由于对会议内容不满，他辞职并写下了《和约的经济后果》，此书非常畅销，让凯恩斯名利双收。

凯恩斯对经济问题的研究最初主要是对货币理论的研究。1923 年，他出版了

《货币改革论》，主题是讨论战后的经济政策。1930 年出版了《货币论》，著作的上卷是货币的纯理论，下卷是货币的应用理论。上述两部著作基本上没有摆脱传统经济的框架。

凯恩斯一生写了 17 本书，200 多篇论文，最具划时代意义的是 1936 年发表的《通论》。1929—1933 年的大萧条宣告了传统理论的破产，凯恩斯对传统的经济理论和政策展开了全面的批判，建立了一个以国家干预经济为中心的理论体系。该书的发表，被西方经济学界公认是一场经济学的革命——凯恩斯革命。《通论》的发表震撼了西方经济学界，许多人把该书与亚当·斯密的《国富论》、马克思的《资本论》并列为经济学史上的 3 部伟大的著作。《通论》的出版一方面是对西方国家正在奉行的政府干预政策的理论论证，另一方面又成为西方国家实行政府干预的依据。由此《通论》成为西方政府干预经济的“圣经”。

《通论》出版后不久，凯恩斯突然患上了心脏病，此后只能放慢生活节奏，他和夫人开始积极促进艺术发展，在剑桥建立了艺术剧院。第二次世界大战爆发后，凯恩斯于 1940 年回财政部担任顾问，出版了一本有影响的小册子《如何筹措战费》。1942 年 6 月，凯恩斯被封为男爵，而后在上议院就职。1944 年凯恩斯作为英国代表团团长出席在布雷顿森林召开的联合国货币金融会议，并担任国际货币基金组织和国际复兴开发银行董事。

1946 年凯恩斯因心脏病突发去世，终年 63 岁。

理性预期学派的领袖

——罗伯特·卢卡斯

1995 年 10 月 10 日，瑞典皇家科学院宣布该年度的诺贝尔经济学奖授予美国芝加哥大学经济学教授罗伯特·卢卡斯，以表彰他对“理性预期假说的应用和发展”所做的贡献。卢卡斯是 1970 年以来宏观经济学研究方面最有影响力的经济学家，他的研究开创了一门新的经济研究领域即理性预期经济学。

1937 年，卢卡斯出生于华盛顿的雅奇马，父母崇尚自由主义。受父母的影响，卢卡斯从小就喜欢思考问题，平时常与父母探讨各类问题，涉及宗教信仰、管理、技术、政治等领域，这样的交流激发了他的思维活力，培养了思考问题的能力。在中学阶段，卢卡斯的数学和自然科学成绩突出，还帮助父亲成功地解决了一个冷冻机的设计问题，所以他的梦想是成为一名工程师。17 岁时，卢卡斯进入芝加哥大学，进入大学后，卢卡斯发现他的兴趣不在自然科学而在人文科学上。1959年获得历史学学士学位，继而获得奖学金进入加州大学伯克利分校攻读历史学硕士学位。在选修了经济史并旁听了经济理论课程后，卢卡斯的兴趣转移到了经济学上。1964年获得芝加哥大学的经济学博士学位。

卢卡斯在卡内基·梅隆大学执教和研究期间，与一群对理性预期感兴趣的经济学家进行合作研究，1972年完成了他的代表作《预期和货币中性》。1974年，卢卡斯重回芝加哥大学任教，1976年完成了另一篇重要论文《经济计量政策的演化：一个批判》，至此他基本构建了自己的理论体系。

卢卡斯的理性预期理论是直接针对凯恩斯提出来的，因此被人们称为“卢卡斯批判”，是一场理性预期革命。理性预期理论认为，个人和企业都是理性的，能够收集和利用一切信息做出经济决策，进行经济活动。就政府干预经济的政策而言，个人和企业会有针对性地调整自己的经济决策，最终使政策无法达到预期的效果，所以从长期来看宏观经济政策无效。同时，卢卡斯还把宏观经济分析建立在微观经济主体分析的基础上，建立了宏观分析与微观分析内在一致的逻辑基础。这从根本上改变了宏观经济学的分析方法，也赢得了西方经济学界的广泛关注和认同。

本章小结

本章是宏观经济学的导引，介绍了宏观经济学的研究对象和研究的主要问题，梳理了微观经济学和宏观经济学之间的关系，对宏观经济学的产生和发展进行了简单的介绍和评述。

宏观经济学是把一个社会的整体经济运行作为考察对象的理论体系，研究稀缺资源的利用问题。总量分析是宏观经济学在研究方法上的一个重要特点。微观经济学和宏观经济学之间既有联系又有区别，但宏观经济行为不等于微观经济行为的简单加总。

宏观经济学研究的主要问题有：国民收入决定问题、失业问题、通货膨胀问题、经济增长与经济周期问题和国际收支与汇率问题。这些问题均围绕着国民收入这个最核心的宏观经济总量进行，国民收入决定理论是宏观经济学的核心理论。

宏观经济学包括宏观经济理论和宏观经济政策两个层面，宏观经济理论为国家干预经济的政策服务，宏观经济政策则是宏观经济理论的运用。宏观经济政策主要有4大目标：充分就业；物价稳定；稳定的、合理的、可持续的经济增长；国际收支平衡。

宏观经济学的发展经历了萌芽时期、凯恩斯宏观经济学产生、发展和完善时期、非凯恩斯主义宏观经济学形成和发展时期、新凯恩斯主义经济学形成时期。每次理论创新都是针对新情况和新问题，为求得理论上的解释和政策的实施而产生的。

本章重点：宏观经济学的研究对象；微观经济学和宏观经济学的区别和联系；宏观经济学研究的主要问题；萨伊定律和凯恩斯革命。

本章难点：微观经济学和宏观经济学之间的关系。

参考文献

[1] 爱德华·夏皮罗. 宏观经济分析[M]. 杨德明，王文均，闵庆全等，译. 北京：中国社会科学出版社，1985.

[2] 弗雷德里克·米什金. 宏观经济学[M]. 余晨阳，译. 北京：清华大学出版社，2013.

[3] 张鑫. 经济学大师的诺贝尔奖之路[M]. 上海：上海人民出版社，2012.

[4] 宋承先. 现代西方经济学：宏观经济学[M]. 上海：复旦大学出版社，1994.

[5] 约翰·斯罗曼. 经济学[M]. 郭庆旺，译. 北京：经济科学出版社，2001.

[6] 蒋自强. 简明西方经济学史[M]. 沈阳：辽宁人民出版社，1989.

[7] 迈克尔·帕金. 经济学[M]. 5 版. 梁小民，译. 北京：人民邮电出版社，2003.

[8] 梁小民. 高级宏观经济学教程[M]. 北京：北京大学出版社，1993.

[9] 萨缪尔森. 萨缪尔森辞典[M]. 陈迅，白远良，译释. 北京：京华出版社，2001.

[10] 吴易风，王健. 凯恩斯革命[M]. 武汉：武汉出版社，1996.

[11] 熊诗平，徐边. 经济学家之路：第六辑[M]. 上海：上海财经大学出版社，2007.

[12] 梁小民. 宏观经济学纵横谈[M]. 北京：生活·读书·新知三联书店，2002.

练　　习

一、名词解释

宏观经济学　萨伊定律　凯恩斯革命

二、选择题

1. 微观经济学的核心理论是（　　），宏观经济学的核心理论是（　　）
   A. 价格理论，失业理论
   B. 价格理论，国民收入决定理论
   C. 工资理论，国民收入决定理论
   D. 通货膨胀理论，价格理论

2. 下列问题不属于宏观经济学的是（　　）
   A. 失业存在的原因
   B. 电视机的价格上升的原因
   C. 国际收支问题
   D. 财政政策的内容

3. 萨伊定律表明，在宏观经济中（　　）
   A. 总供给自动创造总需求
   B. 总需求自动创造总供给
   C. 市场总是处于非均衡状态
   D. 总供给总是调整到等于总需求

4. 以下哪项属于宏观经济政策的目标 （　　）

A. 通货膨胀为零

B. 失业率为零

C. 高速的经济增长

D. 充分就业

5. 凯恩斯以前的传统经济学信奉的经济思想是 （　　）

A. 经济自由主义

B. 政府干预经济

C. 从需求的角度管理经济

D. 推翻自由经济

6. 以下哪个流派认为货币供应量应以固定的比例增长? （　　）

A. 凯恩斯经济学

B. 新古典经济学

C. 货币主义

D. 新凯恩斯经济学

7. 理性预期学派的代表人物是 （　　）

A. 亚当·斯密　　B. 凯恩斯

C. 卢卡斯　　D. 曼昆

8. 宏观经济学分析中不使用的方法是 （　　）

A. 均衡分析　　B. 个量分析

C. 总量分析　　D. 边际分析

9. 所谓"滞胀",指的是 （　　）

A. 低失业率,高通货膨胀率

B. 高经济增长,高通货膨胀率

C. 低经济增长,高通货膨胀

D. 高失业率,高通货膨胀,低经济增长

10. 降低失业的政策,很可能会带来的影响是 （　　）

A. 物价上涨

B. 物价下降

C. 经济增长速度降低

D. 加速经济波动

11. 凯恩斯注重的是 （　　）

A. 长期、动态分析

B. 短期、动态分析

C. 长期、比较静态分析

D. 短期、比较静态分析

12. 凯恩斯在阐述国民收入决定理论时,切入点是 （　　）

A. 总需求　　B. 总供给

C. 货币　　D. 投资

13. 决定国际资本流动的主要因素是各国的 （　　）

A. 价格水平

B. 收入水平

C. 利率水平

D. 进出口差额

14. 国际收支顺差将导致 （　　）

A. 外汇储备减少

B. 外汇储备增加

C. 本国货币贬值

D. 国内产出水平下降

15. "滞胀"理论不符合(　　)的观点

A. 凯恩斯主义

B. 理性预期学派

C. 货币主义

D. 供给学派

三、判断题

1. 宏观经济学的核心理论是国民收入核算理论。 （　　）

2. 失业率是失业人口数量和就业人口数量的比率。 ( )

3. 微观经济学研究资源配置问题，宏观经济学研究资源利用问题。 ( )

4. 凯恩斯创立了宏观经济学，因此，凯恩斯以前不存在宏观经济思想。 ( )

5. “凯恩斯革命”推翻了萨伊定律。 ( )

6. 一国出现经济周期是不正常的现象。 ( )

7. 充分就业意味着人人有工作。 ( )

8. 宏观经济学是微观经济学的有机组合。 ( )

9. 追求高速的经济增长是许多国家的宏观经济政策目标之一。 ( )

10. 经济增长意味着一国将来有更多的商品和劳务供人们消费。 ( )

11. 宏观经济学研究整体经济，所以，对于一个行业的产出研究属于宏观经济学的研究范围。 ( )

12. 如果蔬菜和猪肉的价格上涨了，说明通货膨胀发生了。 ( )

13. 通货紧缩会提高人们的生活水平。 ( )

14. 国际收支出现顺差对一国有利无弊。 ( )

15. 凯恩斯经济学又被称为萧条经济学。 ( )

四、思考题

1. 说明微观经济学和宏观经济学之间的关系。
2. 评述“萨伊定律”。
3. 评述“凯恩斯革命”。
4. 为什么国民收入决定理论是宏观经济学的核心理论？
5. 根据宏观经济学的发展脉络，你觉得宏观经济学理论的发展趋势是什么？

五、案例讨论

在300年前，全世界都是穷国。到了今天，有些国家非常富有，有些国家正在脱贫，还有些国家非常贫穷。从历史上看，英国是最早变富的国家。你认为国家致富的关键是什么？

第二章 国民收入核算理论

美国商务部在20世纪末回顾他们的历史成就时，自豪地把GDP的发明和运用称为“世纪性杰作”。美国著名经济学家萨缪尔森也认为GDP是20世纪最伟大的发明之一，是观察经济发展的卫星云图，能提供经济状况的完整图像，可以反映经济的整体运行情况。

GDP在中国几乎家喻户晓，无论你在何处，都会听到人们在谈论GDP。同时，国人对GDP的态度也在发生着变化，从最初的狂热追逐到后来的指指点点，近几年，GDP更是饱受争议和质疑。的确，GDP带动了中国的经济高速增长，提高了中国整体的经济实力，使中国成为世界第二大经济体。但GDP不是万能的。20世纪60年代的美国人也迷信GDP。1968年美国参议员罗伯特·肯尼迪（肯尼迪总统之弟）在竞选总统时说：“GDP衡量一切，但并不包括使我们的生活有意义这种东西。”

那么GDP到底是怎样一个概念？它是如何核算的？在理解GDP时要注意哪些问题？GDP与国人的福利到底有多大的关系？这就是本章要回答的问题。

本章的基本概念：国内生产总值　国民生产总值　国民生产净值　中间产品　最终产品　投资　个人收入　个人可支配收入　国民收入

本章的学习目标：熟练掌握国内生产总值的概念；明晰国内生产总值的内涵；掌握国民收入的核算方法；理解与国民收入相关的指标和计算；理解国民收入核算中的有关问题。

第一节　国民收入的概念

经济总量指标可以反映经济的整体运行状况，如果没有总量指标，政策制定者就会陷入杂乱无章的数字海洋而不知所措。例如在 20 世纪 30 年代的大萧条期间，美国总统罗斯福和他的顾问们焦虑不安，难以制定相对应的经济政策。原因就在于美国当时还没有形成能够反映整体经济发展状况的总量指标，罗斯福政府缺乏美国经济全貌的信息。因此，要了解一国的整体经济状况必须掌握经济总量指标。国民收入就是衡量一国总体经济的最重要指标。

一、对“国民收入”这一提法的说明

在宏观经济的各种总量中，最核心最重要的总量是国民收入。国民收入是一个比较宽泛的概念，在不同的场合有不同的应用。西方经济学中的国民收入可以从两方面去理解：广义和狭义。

广义国民收入指国内生产总值、国民生产总值、国内生产净值、国民生产净值。其中最重要的是国内生产总值 GDP。在宏观经济分析中所提及的国民收入均指 GDP。狭义国民收入指一国在一定时期内各种生产要素的报酬总和，其数量要小于 GDP。一般情况下，统计中的国民收入指的就是狭义国民收入。

同样，本教材提及的国民收入在没有特指的情况下均为 GDP。

专栏 2-1　存量与流量

许多经济变量衡量某种东西的数量——货币量、物品量，等等。经济学家区分了两种类型的数量变量：存量和流量。存量衡量一个既定时点上的数量，而流量衡量每一单位时间的数量。

浴盆中水和加水是用于说明存量和流量的经典例子。浴盆中水的量是存量，它是在某一既定时点上浴盆中水的数量。从水龙头中流出来的水的量是流量，它是每单位时间加到浴盆中的水的数量。

GDP 也许是经济学中最重要的流量变量：它告诉每一单位时间经济的循环流程中有多少美元在流动。

存量和流量往往是相关的。在浴盆的例子中，这种关系是显而易见的。浴盆中水的存量代表从水龙头流出的水的积累，而水的流量代表存量的变动。

资料来源：曼昆. 宏观经济学[M]. 梁小民，译. 北京：中国人民大学出版社，2000.

小思考　收入、财富、投资量、资本量、人口数量、储蓄、储蓄额，哪些是存量，哪些是流量？

二、国内生产总值

国内生产总值(Gross Domestic Product,GDP),指一国或地区在一定时期内(通常为一年)所生产的全部最终产品和劳务的市场价值总和。GDP是描述一国总体经济活动的重要指标,在宏观经济分析中用来衡量国民收入。

领悟GDP的内涵是能否理解宏观经济理论的关键。

小思考 请说出GDP这一概念的关键词。

为了更好地领悟GDP的内涵,把这一概念进行分解以便于理解:

第一,地域的界定。GDP衡量的是某个地域范围内的量,如中国的GDP、浙江省的GDP、杭州市的GDP,只要在某个地域范围内发生的量都被统计在内。

第二,时期的界定。GDP衡量的是一定时期中所发生的量,如某年度、某季度。一则排除非此时期所发生的量,二则说明GDP是流量非存量。

小思考 二手货的出售计入GDP吗?

第三,GDP衡量的是某地域的产出水平,与销售量无关。如果当年生产的最终产品未销售出去,不影响当年的GDP。

第四,GDP衡量的是最终产品(包括劳务)的产值,不计入中间产品(包括劳务)的价值,避免重复计算。最终产品指那些在计算期间所生产的,并在该期间内不再用于本国生产中而消耗掉的产品和劳务。消费者购买的衣服、面包、理发都属于最终产品和劳务的消费。与最终产品相对应的概念是中间产品,即在计算期间所生产的,并在该期间内全部用于本国生产中而消耗掉的产品和劳务。面包是最终产品,小麦、面粉则为中间产品。

小思考 烤面包机是最终产品还是中间产品?

第五,GDP是一个市场价值的概念。这里有两层意思。一方面说明GDP是根据当期最终产品的市场价值予以计算的,即最终产品的价格与产量相乘之后的加总。假设一国当年生产出n种最终产品,那么 $GDP=P_1Q_1+P_2Q_2+\cdots+P_nQ_n$。另一方面说明GDP只计算通过市场交易的价值,排除了非市场活动所产生的最终产品的价值,如家务劳动、自给自足的生产活动等。

小思考 如果保姆变成女主人,对GDP会产生怎样的影响?

第二节 国民收入的核算方法

20 世纪 70 年代末 80 年代初，封闭已久的中国打开了国门，当时中国的人均国民生产总值只有 250 美元左右(当时国民收入核算体系中的核心指标是国民生产总值，到 90 年代才改为国内生产总值)，而新加坡、中国香港是 3 000 多美元，日本更是达到了 10 000 美元。对于这一情形，邓小平说："中国太穷了，同我们这个拥有 10 亿人口的国家的地位不相称。我们有个雄心壮志，从 80 年代起到本世纪末，把中国建设成为一个小康社会。国民生产总值达到人均 800—1 000 美元，说准确点是 800 美元或稍多一点。这还并不富裕，但日子好过些。从另外一个角度讲，我国的国民生产总值实现翻两番，达到 1 万亿美元，在国力上就有较多的增强。"经过多年的奋斗，中国大大加快了这一进程，远远超过了邓小平当年的设想。在 1995 年就实现了翻两番的目标。时至今日，中国更是一跃成为世界第二大经济体。那么，一国的 GDP 到底是怎样核算出来的？有哪些核算方法呢？

可以从三个角度来核算 GDP：生产法、支出法和收入法。因为是对一定时期内生产出的最终产品和劳务进行核算，所以从理论上讲，通过以上 3 种方法统计出的结果应该是一致的。

一、生产法

生产法是从生产者的角度出发对 GDP 进行的核算，把一国一年内各生产部门生产出的最终产品和劳务的市场价值进行加总。例如有 m 个企业生产出 n 种最终产品，那么根据生产法，只要把 n 种最终产品的市场价值加总就可以了。

生产法的核心是"最终产品"，要避免把中间产品计算入内，否则会导致重复计算。

假设作为最终产品的面包经历了 3 个生产阶段：小麦、面粉和面包。小麦的市场价值为 200 万元；面粉生产企业购入小麦加工生产出面粉，面粉的市场价值为 500 万元；最后面包生产企业购入面粉加工成美味的面包出售给消费者，面包的市场价值为 900 万元。很简单，计入当年 GDP 的是最终产品面包的市场价值 900 万元。

因为企业产品的价值包括中间产品的价值和新创造的价值，所以，要避免重复计算。还可以把每个企业在生产过程中新增加的或新创造的价值进行加总，这种方法被称为"增值法"，具体如表 2-1 所示。

表 2-1　中间产品的价值和新增价值　　　　（单位：万元）

	小麦	面粉	面包	GDP
中间产品价值	0	200	500	
新增价值	200	300	400	900
GDP			900	

我国 2013 年用生产法核算的 GDP 总额及其构成如表 2-2 所示。

表 2-2　2013 年用生产法核算的中国 GDP　　　　（单位：亿元）

GDP	568 845.21
第一产业增加值	56 957.00
第二产业增加值	249 684.42
工业增加值	210 689.42
建筑业增加值	38 995.00
第三产业增加值	262 203.79

资料来源：中国国家统计局网站：www. stats. gov. cn.

二、支出法

支出法是从对最终产品和劳务支出者（购买者）的角度出发对 GDP 进行的核算。在现实经济生活中，对最终产品的购买者是谁呢？或者说，对最终产品的支出主体是谁呢？

（一）消费支出（C）

消费支出是本国居民对最终产品的支出，通常用 C 表示，它包括消费者对耐用消费品和非耐用消费品以及劳务的支出。在美国，消费支出是总支出中最大的组成部分，占 GDP 的比重为 68.4%（2013），我国消费支出的比重近几年来一直在 36%左右。

小思考　*居民对新住房的支出属于消费支出吗？*

（二）政府购买（G）

政府购买指政府对最终产品和劳务的支出，如军队、国防开支，文教卫生开支，架桥修路开支等。支出主体是政府，包括各级政府。

这里要注意政府购买和政府支出的区别，政府购买是政府支出的一部分，政府支出还包含转移支付，如社会保障和福利。

小思考 政府转移支付应计入 GDP 吗？

(三)投资支出(I)

经济学上的投资指实物资本的增加，是一种实际投资，不包括企业或家庭的金融投资即购买金融资产的支出(见专栏 2-2)。因此，投资支出指增加或更换资本资产的支出，包括固定资产投资和存货投资两大类。

- 投资支出
  - 固定资产投资
    - 居民固定资产投资(新住房)
    - 企业固定资产投资(厂房、机器等)
  - 存货投资(成品、半成品、原材料等)
    - 意愿
    - 非意愿

存货投资是指企业存货价值的增加或减少，其值可正可负。企业当年生产出来没有卖出去的产品就作为企业的存货投资进行处理。

投资又可分为总投资和净投资，总投资为净投资与重置投资(折旧)之和。

固定资产在使用过程中会由于磨损、自然力的影响或逐渐陈旧过时而影响正常的生产水平。重置投资就是为了补偿固定资产的损耗而进行的投资，又称为折旧。例如，一台价值 100 万元的机器设备，使用年限为 10 年，每年损耗设备价值的十分之一，则每年的重置投资为 10 万元。

投资是一个流量变量，资本是一个存量变量(见专栏 2-1)，净投资指一定时期新增加的资本存量。假设某一企业去年的资本存量是 1 000 万元，今年年末的资本存量达到了 1 500 万元，那么今年的净投资为 500 万元。用支出法计算 GDP 时的投资支出，指的是总投资。

小思考 净投资可以是负值吗？

专栏 2-2 什么是投资

初学宏观经济学的人有时弄不懂宏观经济学家如何以一些新而特殊的方式运用相似的词。一个例子就是“投资”。混淆的产生是因为对个人看来像投资的东西对整个经济来说并不是投资。一般规则是经济的投资并不包括仅仅在不同个人之间重新配置资产的购买。当宏观经济学家用投资这个词时，投资是创造新资本。来考虑一些事例，假设观察到这两个事件：

- 斯密为自己购买了一所有 100 年历史的维多利亚式房子。
- 琼思为自己建造了一所全新的现代房子。

这里什么是总投资？是两所房子，一所房子，还是没有？

在一个宏观经济学家看来，这两个交易中只有琼思的房子算作投资。斯密的交易并没有给经济创造出新房子，它仅仅是对已有房子的重新配置。斯密的购买对斯密是投资，但对出售房子的人是负投资。与此相比，琼思为经济增加了新房子，她的新房子算投资。

再考虑两个事件：

- 盖茨在纽约股票交易所购买了巴菲特500万美元的IBM股票。
- 通用汽车公司向公众出售了1 000万美元的股票，并用收入建立了一个新汽车厂。

请问：哪个算投资？

资料来源：曼昆.宏观经济学[M].梁小民，译.北京：中国人民大学出版社，2000.

（四）净出口(X－M)

净出口指出口与进口的差额。出口指的是外国人对本国生产的最终产品的支出，但与此同时国人也在购买外国的最终产品。因此，计入当年GDP的是净出口。

用支出法进行核算的GDP由4部分组成：消费支出、政府购买、投资支出和净出口，即GDP＝C＋G＋I＋(X－M)，其中，消费、投资和净出口就是通常所说的政府拉动经济增长的“三驾马车”。

小思考 如果不减去进口额，对GDP会产生怎样的影响？

我国2013年用支出法核算的GDP总额及其构成如表2-3所示。

表2-3 2013年用支出法核算的中国GDP （单位：亿元）

GDP	586 673.00
最终消费	292 165.60
居民消费	212 187.50
政府消费	79 978.10
资本形成总额	280 356.10
固定资产形成总额	269 075.40
存货增加	11 280.70
净出口	14 151.30

资料来源：中国国家统计局网站：www.stats.gov.cn.

三、收入法

最终产品和劳务是由各种生产要素组合在一起生产出来的，生产要素投入后应获得相应的收入。收入法就是从生产要素收入的角度对GDP进行的核算方法，又称成本法。具体而言，用收入法核算GDP应包括以下几方面的内容。

(一)生产要素的报酬(要素成本)

生产要素包括劳动、资本、土地和企业家才能，对应的要素收入分别为工资、利息、租金和利润。

1. 工资收入

这一收入包括所有雇员获得的工资、奖金、津贴和其他福利补助金，如养老金和失业保险金等。

2. 利息收入

利息是资本的报酬，企业借入资本要向资本所有者支付利息。在理解利息收入时要注意两点：计入GDP的是当期的净利息；计入GDP的仅限于企业所支付的利息。

小思考 政府公债利息或消费信贷利息应计入GDP吗?

3. 租金收入

个人出租房屋、土地的租金收入和具有租金性质的收入，如专利、版权等收入。

4. 业主收入

指各种类型的非公司型企业主的收入，包括自我雇佣的企业主的收入，如律师、个体医生、小店主、农场主等。他们使用自己的资金，其工资、租金、利润等混合在一起统称业主收入。

5. 利润

包括公司所得税、股东红利和公司未分配利润。

小思考 用收入法核算GDP是否就是上述5项收入之和呢?

上述为生产要素的报酬，也是生产最终产品的要素成本。但根据GDP的概念，GDP是最终产品和劳务的市场价值总和，因此，按收入法核算GDP还要包括要素收入之外的项目。

(二)生产要素收入之外的项目(非要素成本)

1. 企业间接税和企业转移支付

企业间接税包括货物税、营业税和增值税，是政府税收的来源之一，企业转移支付包括对非营利组织的慈善捐款和消费者呆账。这些要通过产品价格转嫁给购买者，所以也附加在要素成本之上从销售价格中得到补偿。

2. 资本折旧

折旧包括在总投资中，同时，最终产品的市场价值中含有资本的折旧。

综上所述，用收入法核算的GDP为：

GDP＝工资＋净利息＋租金＋企业利润＋业主收入＋企业间接税和转移支付＋折旧

从理论上讲，用生产法、支出法和收入法核算得到的GDP应该是完全一致的，因为它们是使用不同的方法或途径对同一事物进行核算。因此，从核算的角度出发，应该有这样的恒等式存在：

GDP＝总产量(生产法)≡总支出(支出法)≡总收入(收入法)

但在实际经济活动中，由于资料来源的不同等，3种方法之间会存在一定的计算误差，如表2-2，2-3中，分别是用生产法和支出法统计的2013年的中国GDP，结果的确略有差异。对于误差调整的标准：西方各国注重支出法，因此一般以支出法为标准进行调整。而我国的核算体系是从MPS体系演化过来的(见专栏2-3)，所以无论从理念上还是技术上都偏向生产法，以生产法为标准进行调整。

四、国民收入核算中的恒等关系

上述的恒等关系说明了国民经济中的一个基本平衡关系，其中总支出代表了整个社会对最终产品和劳务的总需求，而总收入和总产量则代表了整个社会对最终产品和劳务的总供给。

由此，可以把上述的恒等关系转变为：总需求≡总供给。这种恒等式是一种事后的恒等关系，是在1年的生产和消费之后，从国民收入核算或统计中所反映出来的恒等关系。

小思考 在1年的生产活动过程中，总需求还恒等于总供给吗？

专栏2-3 两种国民经济核算体系

长期以来，世界上存在两种国民经济核算体系。一种是物质产品平衡体系(System of Material Product Balance, MPS)，另一种为国民收入核算体系(System of National Accounts, SNA)。

MPS源于苏联，主要为计划经济体制的国家使用，这些国家主要在东方，故又称“东方体系”，它是世界上第一个官方核算体系。1990年以后，随着原苏联的解体，东欧国家体制的转型，加上其自身存在的重大缺陷，1993年在联合国第27届统计年会上 MPS 宣告终结。

SNA 是西方市场经济国家的国民经济核算体系，又称“西方体系”。

两种核算体系最大的差别在于产生的现实基础不同和对生产的理解不同。MPS 产生在计划经济体制的国家，对生产的理解比较狭隘，只承认物质生产才是生产，非物质生产为非生产活动，因此在进行国民经济核算时其范围仅限于物质产品，排除了非物质产品服务的价值，忽视第三产业的状况。SNA 则采用扩展性生产的概念，无论是物质产品还是非物质产品都是生产，注重整个国民经济。

我国从建国到改革开放初采用的是 MPS 核算思路。打开国门后至 1992 年，国家统计局不仅发布 MPS 下的“国民收入”数据，同时又发布 SNA 下的 GDP 等数据，也就是说在这段时期两种核算体系并存。从 1993 年开始则全面实施 SNA。

资料来源：高玲芬. 国民经济核算概论[M]. 杭州：浙江工商大学出版社，2013.

小思考 两种国民经济核算体系可比吗？

第三节 国民收入核算中其他总量指标

20 世纪 90 年代以前，国民经济核算体系的核心指标是国民生产总值(GNP)。1993 年，联合国统计司要求各国在国民收入统计中用 GDP 替代 GNP，从此，GDP 便成为核心指标。

GDP 和 GNP 有什么区别呢？在国民收入核算体系中还有哪些重要的总量指标呢？这些总量指标之间的关系是怎样的？

一、国民生产总值

国民生产总值(Gross National Product，GNP)，指一国或地区在一定时期内(通常为 1 年)本国公民所生产的全部最终产品和劳务的市场价值总和。甚至可以把 GNP 的定义在字面上表达得与 GDP 很接近。但两者是不同的，关键在于范围的界定上。GDP 的一国立足于一国地域的范围，只要在一国的领土上，无论是本国公民还是外国公民，生产出的最终产品都是该国的 GDP。而 GNP 的一国立足点是一国的公民，只要是一国的公民，无论是在本国还是在外国，生产的最终产品都是该国的 GNP。它们之间的关系为：

GDP＝(本国公民＋外国公民)在本国生产的最终产品和劳务的价值总和

GNP＝本国公民(在本国＋在外国)生产的最终产品和劳务的价值总和

GNP＝GDP＋净国外要素收入

在一般情况下，一国的GDP和GNP相差不大。

小思考 国民经济核算体系的核心指标为什么要以GDP替代GNP呢？

专栏2-4 全球经济一体化

从GNP变为GDP不是一个简单的概念变化，它反映了经济全球化这个重要的趋势。

首先，在经济全球化的今天，各国经济已经你中有我，我中有你，许多产品很难分清是哪一国生产的。别说飞机、电脑这种复杂的产品了，就连巨无霸汉堡包也很可能牛肉是欧洲的，面粉是加拿大的，番茄酱来自墨西哥，而生菜来自美国。你说这只小小的汉堡包是哪国公民的产品？因此，在全球化的今天，不可能也没有必要分清哪一国的人生产了什么。

其次，名词的变化反映了人们观念上的变化。过去人们强调的是民族工业，保护民族工业往往被当成一个爱国主义的口号。在全球化的今天，民族工业应该用境内工业的概念来代替。境内工业是在一国领土上所兴办的工业，无论是由国人办的，外国人办的，还是合资的。一些人担心，外资企业增多岂不是由外国人控制本国的经济命脉？所以，有人呼吁要限制外国人控制本国工业，甚至把经济全球化作为一种灾难。其实外资在一个国家里要遵守该国法律，并向该国政府纳税，外企雇佣本国工人，繁荣本国经济，带来先进的技术和管理经验，这就解决了国内资本不足的问题。当然，对外开放有一个过程，引进外资要有一定的规章，在开放中也会与他国发生各种矛盾，但全球化的进程是无法阻挡的。

最后，GNP变为GDP对宏观经济学的研究和政策制定具有重要的意义。从全球化的角度来研究宏观经济，为宏观经济学指明了新的发展方向。

资料来源：梁小民.宏观经济学纵横谈[M].北京：生活·读书·新知三联书店，2002.

小思考 你觉得还有哪些原因导致GNP变为GDP呢？

二、国民生产净值和国内生产净值

GNP和GDP是否是一个净值，是否不包含重复计算的因素呢？不是，它们的核算量中有重复计算的部分，这部分就是折旧。最终产品价值并未扣除资本设备消耗的价值。所以国民生产净值（Net National Product，NNP）和国内生产净值（Net Domestic Product，NDP）是在GNP和GDP的基础上减去折旧：

NNP＝GNP－折旧

NDP＝GDP－折旧

显然，净值比总值更真实地反映了国民收入的情况，但在现实中由于折旧很难估计，所以最终核算国民收入的还是 GDP 或 GNP。

三、国民收入

这里的国民收入指的是狭义的国民收入（National Income，NI），指一国的生产要素所获得的报酬总和，包括工资、利息、租金和利润的总和，相当于国民生产净值扣除间接税和企业转移支付后的余额。狭义的国民收入又称为统计意义上的国民收入。

NI＝工资＋利息＋租金＋利润＝NNP－间接税－企业转移支付

四、个人收入

个人收入（Personal Income，PI），指个人在一定时期中得到的收入总和。狭义的国民收入不可能全部成为个人收入。在公司利润中，一部分要作为公司所得税上缴给政府，一部分要作为公司未分配利润留存，此外，个人还要交纳社会保险税。在对国民收入进行扣除的同时，有些不属于国民收入的项目会成为个人收入，如政府转移支付等。

PI＝NI－公司所得税－公司未分配利润－社会保险税＋政府转移支付

五、个人可支配收入

个人收入不能全由个人支配，因此，在个人收入的基础上扣除个人所得税，便得到个人可支配收入（Disposable Personal Income，DPI），最终可以分为消费和储蓄两部分。

DPI＝PI－个人所得税＝消费＋储蓄

综上所述，国民收入核算体系中包含一系列的指标，这些指标对不同的经济主体意义不同，但它们之间又紧密相连。

专栏 2-5　人均收入与人均 GDP

2007 年中国的人均 GDP 为 2 280 美元，此数据在网上一公布，立即遭到广大网民的质疑。大约有 97％的网民经过测算，认为自己家庭的人均收入远远没有达到这个数据，因此对此数据提出质疑。

小思考　你是否同意这种质疑，为什么？

第四节　国民收入核算中的其他问题

中国 GDP 总量在 2012 年就超越了日本,成为世界第二大经济体。近几年来,中国一些省份的 GDP 可以抵得上某些国家的 GDP,可谓“富可敌国”。但如果把众多的人口也考虑进去的话,原本漂亮的数字就失去了光彩。记得 2008 年的奥运会在北京举行,中国的金牌总量排名第一,但许多人认为:金牌第一并不等同于体育大国或体育强国。于是,人均金牌的排名在网上进行得热火朝天,网民对此说辞不一。的确,总量指标不可或缺,但均量指标更有意义。

在国民收入核算过程中,除了 GDP 总量外,还要关注哪些问题呢?

一、人均 GDP

人均 GDP 指 GDP 总量与当年人口数量之比,与总量相比,人均 GDP 更能反映生产的真实效率。我国的 GDP 总量已令人自豪地达到世界第二,大大提升了我国的国际地位,同时人均 GDP 也在逐年增加,但与别的国家相比还是比较落后的。如表 2-4,2-5 所示。

表 2-4　中国近 5 年的人均 GDP

时间	人均 GDP(美元)	世界排名
2009	3 678	97
2010	4 382	95
2011	5 414	89
2012	6 094	84
2013	6 747	84

资料来源:国际货币基金组织统计资料。

表 2-5　人均 GDP 世界前 10 的国家或地区

排序＼时间	2012(美元)	2013(美元)
1	卢森堡(113 533)	卢森堡(110 423)
2	卡塔尔(98 329)	挪威(100 318)
3	挪威(97 255)	卡塔尔(100 260)
4	瑞士(81 161)	中国澳门(87 306)
5	中国澳门(66 311)	瑞士(81 324)
6	澳大利亚(65 477)	澳大利亚(64 863)

续　表

时间 / 排序	2012(美元)	2013(美元)
7	丹麦(59 928)	丹麦(59 191)
8	瑞典(56 956)	瑞典(57 909)
9	加拿大(50 436)	新加坡(54 776)
10	荷兰(50 355)	美国(53 101)

资料来源:国际货币基金组织统计资料。

国际上一般是根据人均 GDP 来衡量一国的发达程度的。在进行人均 GDP 的国际比较时,有两种最常用的方法:汇率法和购买力平价法。

所谓汇率法指直接按照名义汇率将 GDP 或人均 GDP 换算成一种共同的货币,如美元。例如按人民币测算我国 2012 年的人均 GDP 为 38 459.47 元,当年 1 美元可以兑换人民币 6.312 元左右,所以当年的人均 GDP 可换算成为 6 094 美元,显然,人民币汇率的变动会影响人均 GDP 的高低。此外,尽管 1 美元可以兑换人民币 6.312 元,但是,1 美元在美国购买的东西不可能与 6.312 元人民币在中国购买的东西一样多。所以,汇率法尽管计算简单,但很难准确反映不同国家货币购买力的真实水平。

小思考　*如果人民币贬值,测算出来的人均 GDP 和实际量相比会偏高还是偏低?*

所谓购买力平价法是将 GDP 或人均 GDP 按照“购买力平价比率”换算成一种共同的货币。例如,购买相同数量和质量的一篮子商品,在中国用了 120 元人民币,在美国用了 40 美元,对于这篮子商品而言,人民币对美元的购买力平价为 3∶1,即 3 元人民币购买力相当于 1 美元。

和汇率法相比,购买力平价法能比较真实地反映一国的 GDP 水平,从而避免按现行国际市场实际汇率进行换算可能出现的扭曲。但这一方法操作比较困难,实用性有限。

用两种方法测算出的 GDP 差异较大,对于中国来说,用购买力平价法测算的 GDP 要高于用汇率法测算的 GDP。

二、名义 GDP 和实际 GDP

GDP 是一国当年生产的最终产品和劳务的市场价值总和,因此,GDP 的大小受两个因素的影响:最终产品的数量和最终产品价格的高低。对一国而言,不同时期的GDP不同，这种不同可能来自于产量的变动，也可能来自于价格的变动。

名义GDP是以当期价格计算的最终产品和劳务的价值。例如，2010年的名义GDP是按2010年的价格计算的，2011年的则按2011年的价格计算。因此，名义GDP变动的原因有两个：一是产量的变化；二是价格的变化。显然，名义GDP不能反映不同时期产量的真实变动情况，因为在一般情况下，不同时期的价格是在发生变化的。

实际GDP则撇开了价格变动的因素，以一个不变的价格来计算不同时期的最终产品和劳务的价值。即把某年作为基期，其他时期的产量都根据基期的价格进行计算，它能反映不同时期产出量的真实变动情况。

小思考 实际GDP在什么情况下会下降？

实际GDP是宏观经济分析中有意义的常用指标，因为它考虑到通货膨胀因素，能衡量产量的实际变动情况，能科学地比较不同时期GDP的高低，因此，宏观经济学涉及的GDP均为实际GDP。

名义GDP的变动包含了产量和价格的波动，而实际GDP撇开了价格波动的因素，只反映产量的变动，因此，名义GDP与实际GDP之比能够反映一国价格变动的程度。假设某国某年与上一年相比，其名义GDP增加了，而实际GDP没有变动，毫无疑问，名义GDP的增加肯定来自于价格的上升。经济学上把名义GDP与实际GDP之比称为GDP折算指数或GDP缩减指数，即：

$$\text{GDP折算指数}=(\frac{\text{名义GDP}}{\text{实际GDP}})\times 100$$

例如，以2009年作为基年，某国2012年的名义GDP为500亿元，实际GDP为415亿元，那么2012年的GDP折算指数＝(500/415)×100＝120.5，说明从2009年到2012年该国的价格水平上涨了20.5%。

GDP折算指数是较为全面地衡量一国通货膨胀率的指标。

三、潜在GDP

潜在GDP又称为充分就业条件下的GDP，指一国既定的生产资源得到充分利用后可以生产的最终产品和劳务的市场价值总和。潜在GDP是一国正常情况下可以产出的最大产量，往往和实际的GDP不一致。在经济萧条时期，潜在GDP要大于实际GDP。

在一般情况下，各国的潜在GDP多呈现缓慢而稳定的增长，因为潜在GDP的高低是由一个国家的生产资源决定的，随着资源的投入增加，特别是技术水平的进步，潜在 GDP 会不断增长。

小思考 潜在 GDP 可能小于实际 GDP 吗？

四、国民收入核算中存在的问题

(一)GDP 指标具有一定的局限性

根据 GDP 的定义，它是衡量一国产出的指标，是一个生产指标。但按目前的统计方法，GDP 存在着一些遗漏，遗漏了经济活动中属于非市场的产出，因此，GDP 也不能完全衡量一国的实际产出水平。

非市场的交易活动包括家务劳动、自给自足生产、地下经济活动等。假设 A 国的公民习惯雇佣保姆干家务，而 B 国的公民则喜好自己从事家务劳动，那么在其他情况相同的前提下，A 国的 GDP 高于 B 国的 GDP，但两国的实际产出其实是相同的。

小思考 我国城市家庭请“钟点工”干家务非常普遍，这些劳务收入计入 GDP 吗？

地下经济是法律和法规不允许的经济活动，有些是为了逃避税收或其他管制的隐蔽经济活动，如无证的流动摊贩；也有一些非法的活动，如走私、贩毒。据经济学家估计，美国的地下经济规模约占 GDP 的 5%—15%。每个国家都存在一定的地下经济活动，在某些发展中国家，地下经济甚至超过 GDP 的一半。

(二)GDP 不能反映一国的经济福利水平

GDP 是衡量产量的指标，不是反映经济福利水平的指标。反映经济福利的因素有很多，而这些因素并不体现在 GDP 中。

(1)GDP 指标不衡量产品的质量，哪怕生产的是劣质产品，也只是作为企业存货进行处理，并不影响 GDP 的大小。

(2)GDP 指标不衡量环境和闲暇。经济活动会造成环境污染，出现环境问题又得治理环境，这些都会导致 GDP 的上升；增加劳动时间的确会增加 GDP，但人们的闲暇时间减少，精神压力增大。

(3)GDP 指标不衡量收入分配的状况，无论是 GDP 还是人均 GDP 都不反映收入的分配是否平等。

(4)灾难性事件的发生反而会导致 GDP 上升。采伐树林、交通事故、重复建设等都会使 GDP 增加。

显然,产品质量、生活环境、闲暇时间、收入分配是否平等是影响经济福利的重要因素。正因为这些因素在 GDP 中得不到体现,所以才让人们不断质疑 GDP 增长的意义。

专栏 2-6 不再以 GDP 论英雄 请把雾霾当尺子

日前,经中共中央批准,中央组织部印发《关于改进地方党政领导班子和领导干部政绩考核工作的通知》,明确不再以 GDP 论英雄。

多少年来,一直纠结在 GDP 这几个英文字母之上。好像 GDP 达到两位数,大家才有面子。如果 GDP 稍有滑落,有些领导就郁郁寡欢。官员们一做报告,言必称 GDP,只要说到经济发展形势,说到政府的政绩,就一定会拿 GDP 说事儿。但是,经济质量与民生幸福到底如何,着墨甚少。

GDP 是什么?打一个比方:如果一辆车在正常运行,它所产生的 GDP 是有限的,而如果它同迎面开来的一辆车相撞,就会产生一系列的 GDP:汽车修理厂、医院等环节都被“撞出”了新的 GDP。

很显然,领导干部的考核考查,不再以 GDP 论英雄,是一个巨大的历史进步。在此,不能不说这里面也有雾霾的“功劳”。最近两年,我国冬季空气质量急剧恶化,雾霾成为所有中国人心中的痛。去年冬天,雾霾活动区域主要限于北方城市。然而,今年,雾霾强势南袭,并迅速笼罩了大半个中国。正是雾霾的横空肆虐,才使得中央高层痛下决心,尽快改进地方党政领导班子和领导干部政绩考核工作,不再以 GDP 论英雄。

资料来源:徐刚领.不再以 GDP 论英雄 请把雾霾当尺子[N]. 郑州晚报,2013-12-11(A25).

五、对 GDP 指标的修正

尽管人们对 GDP 指标提出了质疑,但 GDP 只是从一个方面来综合反映国民经济生产总量的指标,要求一个指标来解决所有的问题,这本身就不切实际。为了能得出与人们经济福利相关的指标,一些经济学家就在思考如何在 GDP 的基础上进行修正。

(一)经济福利衡量指标

为了反映社会经济福利,萨缪尔森曾提出过纯经济福利的概念,其他学者也提出了经济福利衡量指标。这些概念和指标均是在 GDP 的基础上减去一些对福利没有贡献的项目如军备、警察,减去对福利产生负影响的项目如环境污染,加上对人们的福利有重要影响的闲暇时间,再加上家务劳动和自给性生产。

小思考 经济福利衡量指标在现实中容易操作吗?

(二)绿色 GDP

绿色 GDP 是综合环境经济核算体系中的核心指标，在现在的 GDP 基础上融入资源和环境的因素。具体而言，绿色 GDP 是从 GDP 中扣除由于环境污染、自然资源退化、教育低下、人口数量失控、管理不善等因素引起的经济损失成本。这个指标实质上代表了国民经济增长的净正效应。

从 20 世纪后半叶开始，经济活动对环境的影响引起了人们的关注，环境对于可持续发展的重要意义越来越被人们认同。从 70 年代以来，一些国家和国际组织对资源环境经济核算工作就进行了有益的探索，开展了大量的研究和测算工作。联合国在总结各国研究经验的基础上，于 1993 年、2000 年和 2003 年出版了综合环境经济核算手册，供各国进行参考。所以，综合环境经济核算体系是作为国民收入核算体系的一个延伸而展开的。

我国也很重视绿色 GDP 问题，2004 年以来一直积极开展绿色 GDP 核算的研究。我国正在告别“唯 GDP”时代，“淡化 GDP，重视民生”已成为政绩考核的新导向，而绿色 GDP 指标完全符合这一新导向。

人物介绍

GNP 之父

——西蒙·史密斯·库兹涅茨

西蒙·史密斯·库兹涅茨(1901—1985)，俄裔美国经济学家，是诺贝尔经济学奖设立后第一位出生于俄国的获奖者，独享 1971 年的诺贝尔经济学奖。

库兹涅茨于 1901 年出生在俄国乌克兰哈尔科夫市的一个皮毛商人的家庭里，1922 年全家移居美国，考取哥伦比亚大学，进入经济学院插班学习。1923 年获得经济学和数学两个专业的学士学位，既而进入哥伦比亚研究生院进一步学习经济学，1924 年获硕士学位，1926 年获博士学位。其博士论文《美国零售和批发贸易的周期波动》不仅包括经济核算，还涉及经济活动的周期性问题，为他以后建立国民收入核算体系打下了基础。

库兹涅茨的学术研究主要集中在经济周期、国民收入核算、经济增长 3 个领域，取得了非凡的成就。

20 世纪 20—30 年代，库兹涅茨研究的重点是经济周期。他提出在主要资本主义国家存在平均长度为20年的“长波”,人们称之为“库兹涅茨周期”,他认为人口是经济活动的决定因素,人口统计的变化可以解释“库兹涅茨周期”。这一思路具有开创性的贡献,因为长期以来经济学家一直把人口视为经济活动的外生变量。

20世纪30—40年代,库兹涅茨的研究重点是国民收入核算问题,力图建立美国的国民收入核算体系。在此期间,他发表了一系列关于国民收入核算的著作。1941年,发表了重要著作《国民收入及其构成》,把以往对国民收入的研究系统化、理论化,详细阐述了国民收入及其构成的含义及运用现有资料估算国民收入的过程,为西方现代国民收入核算体系奠定了基础,被称为“GNP之父”。

20世纪50年代开始,库兹涅茨研究经济增长问题,提出了著名的“库兹涅茨倒U型假说”。库兹涅茨认为在经济发展的早期,随着人均国民收入的上升,收入分配不均程度也会上升,但随着经济的进一步增长,当人均国民收入到达发达国家水平后,收入分配不均程度会下降。如果用一条曲线表示收入分配不均与人均国民收入之间的关系,曲线呈倒U型,这条曲线为“库兹涅茨曲线”。库兹涅茨对经济增长的分析,被西方经济学界认为揭示了各发达国家一个多世纪的经济增长过程,并提出了许多深刻的见解。库兹涅茨的研究成果被引用的次数,在西方经济学界的经济学家和统计学家中无人能及。库兹涅茨有关经济增长的著作有:《关于经济增长的六篇演讲》(1959)、《美国经济中的资本》(1961)、《现代经济增长》(1966)、《关于经济增长理论:对现代国家经济增长的思考》(1968)、《国家的经济增长:总产量与产品结构》(1971)。

第二次世界大战后,库兹涅茨被派往中国担任国民党政府资源委员会的顾问。从1946年起他游历了中国的大中城市和农村,了解中国的政治和经济情况,为其研究经济增长史积累材料。

1960年,库兹涅茨接受了哈佛大学聘请,担任经济统计学教授,直到1971年退休。

国民经济核算体系之父

——理查德·约翰·斯通

理查德·约翰·斯通(1913—1991),英国著名经济学家,被视为国民经济核算体系的创立者。由于其在国民账户体系发展中所做出的奠基性贡献,极大地改进了经济实践分析的基础,他被授予1984年诺贝尔经济学奖。

斯通1913年出生于伦敦,曾就读剑桥的风维尔—开佑斯学院,开始选择了法律专业,2年后改学经济学,受到凯恩斯的指点,平时经常参加凯恩斯组织的政治经济学俱乐部。1935 年获得剑桥大学文学学士学位,1948 年和 1957 年获得硕士和理学博士学位。

斯通 1940 年到中央经济信息处工作,在凯恩斯的领导下开始从事建立国民经济核算体系的工作,研究有关英国的国民收入和支出。斯通与詹姆斯·米德一起研究并于 1941 年编制了英国国民收入和支出核算的估计数据,1944 年两人合写了《国民收入与支出》一书,成为国民收入核算的标准教科书。1947 年完成了联合国在日内瓦公布的《国民收入的测量和社会账户的编制》。20 世纪 50 年代斯通和库兹涅茨被联合国召往纽约,旨在建立一个标准的国民经济核算体系,斯通任专家委员会主席。不久,《国民经济核算体系及辅助表(1953)》问世。

1955 年,斯通被任命剑桥大学财务及会计学教授,从此,他一方面从事英国计量经济模型的建立工作,另一方面以各国国民经济核算的实践为基础,进一步修订联合国的旧 SNA,成功推出联合国《国民经济核算体系及辅助表(1968)》(新 SNA)。

鉴于斯通的杰出贡献,他在 1946 年获英帝国二等勋位爵士,1978 年获骑士奖。

斯通是一位对国民经济核算不同体系的理论基础及实际应用进行研究的先驱和推动者。

本章小结

本章对国民收入的指标、国民收入核算的方法以及在核算中涉及的问题进行了阐述和分析,为进一步研究国民收入决定奠定了基础。

GDP 是国民收入核算体系中的核心指标,指一国或地区在一定时期内(通常为一年)所生产的全部最终产品和劳务的市场价值总和。领悟 GDP 的内涵是理解宏观经济理论的关键。除了 GDP 指标外,还有一系列与之联系在一起的指标,包括 GNP,NNP,NDP,NI,PI,DPI。

核算 GDP 有 3 种方法:生产法、支出法和收入法。从理论上讲这 3 种方法统计出的结果应该是一致的。用支出法核算的 GDP=C+I+G+(X−M)。

与 GDP 总量相比,人均 GDP 更能反映生产的真实效率。名义 GDP 是以当期价格计算的最终产品和劳务的价值。实际 GDP 是以一个不变的价格来计算不同时期的最终产品和劳务的价值。名义 GDP 与实际 GDP 之比能够反映一国价格变动的程度,为 GDP 折算指数。

GDP 是衡量一国产出的综合指标。如果要考察经济福利水平的话需要对这一指标进行修正。

本章重点:GDP 的概念;GDP 的核算方法;与 GDP 相关的指标计算;对 GDP 的评价。

本章难点:GDP 概念的剖析;对 GDP 的评价。

参考文献

[1] 爱德华·夏皮罗.宏观经济分析[M].杨德明,王文均,闵庆全,等,译.北京:中国社会科学出版社,1985.

[2] 曼昆.宏观经济学[M].梁小民,译.北京:中国人民大学出版社,2000.

[3] 宋承先.现代西方经济学:宏观经济学[M].上海:复旦大学出版社,1994.

[4] 约翰·斯罗曼.经济学[M].郭庆旺,译.北京:经济科学出版社,2001.

[5] 高鸿业.西方经济学:宏观部分[M].北京:中国经济出版社,1997.

[6] 梁小民.高级宏观经济学教程[M].北京:北京大学出版社,1993.

[7] 萨缪尔森.萨缪尔森辞典[M]. 陈迅,白远良,译释.北京:京华出版社,2001.

[8] 梁小民.宏观经济学纵横谈[M].北京:生活·读书·新知三联书店,2002.

[9] 刘伟,蔡志洲.走下神坛的 GDP[M].北京:中信出版社,2006.

[10] 高玲芬.国民经济核算概论[M].杭州:浙江工商大学出版社,2013.

练　　习

一、名词解释

国内生产总值　国民生产总值　国民生产净值　中间产品　最终产品　投资　个人收入　个人可支配收入　国民收入　名义 GDP　实际 GDP　潜在 GDP

二、选择题

1. 被经济学视为投资的是　（　　）

A. 购买公司的股票

B. 居民出售二手房

C. 购买国债

D. 购买机器

2. 机器被损耗以后的价值降低,称为　（　　）

A. 折旧　　B. 资本化

C. 贬值　　D. 资本损失

3. 在国民收入核算体系的指标中,（　　）的值最小

A. GDP　　B. PI

C. DPI　　D. NNP

4. 属于政府购买的是　（　　）

A. 失业救济金

B. 对国防的支出

C. 退休金

D. 贫困救济金

5. 2013年的名义GDP减少了，说明 (　　)

A. 2013年的物价水平下降了

B. 2013年的产出减少了

C. 2013年的物价和产出都减少了

D. 不能确定

6. 能计入当年GDP的是 (　　)

A. 面包厂购入的面粉

B. 购买旧车时支付的中介费

C. 居民购买国债的利息

D. 购买二手房

7. 下列项目中，(　　)不是要素收入

A. 业主收入

B. 银行存款者的利息

C. 房屋租金收入

D. 公司对灾区的捐款

8. 假设甲乙两个国家互有进出口往来，现在这两个国家合并成一个国家，那么，在两国产出都不变的前提下，GDP总和 (　　)

A. 增加　　B. 减少

C. 不变　　D. 不确定

9. 下列说法正确的是 (　　)

A. 转移支付增加了，GDP也增加

B. 总投资和净投资的差额为GNP和NNP的差额

C. GDP是存量

D. GDP能反映人们的真实生活水平

10. 在下列选项中，不属于政府购买的是 (　　)

A. 政府订购的一批军火

B. 政府给公务员增加薪水

C. 政府给低收入者的补贴

D. 地方政府办的学校

11. 某国的GNP大于GDP，说明该国居民从外国获得的收入(　　)外国居民从该国获得的收入

A. 大于　　B. 小于

C. 等于　　D. 无法判断

12. 厂商的收入与中间产品成本之间的差额为 (　　)

A. 利润　　B. 增加的价值

C. 实际产出　　D. 净收益

13. 假设甲为乙提供服务应得报酬200元，乙为甲服务应得报酬300元，甲乙商定相互的支付抵消200元，最终乙只收甲100元，计入GDP为 (　　)

A. 100元　　B. 200元

C. 300元　　D. 500元

14. 假定2003年的名义GDP为45 000亿美元，GDP折算指数是150(1998年的折算指数为100)，那么2003年的实际GDP以1998年的价格水平衡量相当于 (　　)

A. 300亿美元　　B. 3 000亿美元

C. 30 000亿美元　　D. 30亿美元

15. 政府转移支付减少对(　　)会产生影响

A. GDP　　B. GNP

C. NI　　D. PI

16. 净投资是指 (　　)

A. 建筑费用加上设备减去存货变化的总值

B. 建筑费用加上设备再加上存货变化的总值

C. 建筑费用加上设备减去存货变化的净值

D. 建筑费用加上设备再加上存货变化再减去资本重置的总值

17. 按百分比计算，如果名义 GDP 上升（ ）价格上升幅度，这意味着实际 GDP 将（ ）

A. 超过，下降　B. 小于，上升

C. 超过，上升　D. 小于，不变

18. 潜在 GDP 是指（ ）

A. 一国居民在一定时期内生产的最终产品和劳务的市场价值总和

B. 如果劳动力和机器均得到充分利用的情况下一国居民在一定时期内生产的最终产品和劳务的市场价值总和

C. 一国居民在一定时期的总收入

D. 一国居民在一定时期内生产的最终产品和劳务的市场价值根据价格变化调整过数值总和

19. NDP 不同于 GDP，主要是因为它考虑了（ ）

A. 价格变化　B. 折旧

C. 经济周期　D. 净出口

20. 如果 2012 年的 GDP 折算指数是 120，2013 年的 GDP 折算指数是 138，那么 2013 年的通货膨胀率是（ ）

A. 6%　B. 15%

C. 8%　D. 10%

三、判断题

1. 对于整个经济来说，所有的增加值之和必定等于所有的最终产品的总价值。（ ）

2. 购买普通股票属于经济学上的投资。（ ）

3. 某企业生产的面包多卖出一些比少卖出一些时，GDP 增加要多一些。（ ）

4. 总投资增加时，资本存量就增加。（ ）

5. 存量和流量之间没有任何关系。（ ）

6. 用支出法核算 GDP 时，失业救济金不能计入 GDP。（ ）

7. 居民购买新住宅不属于消费支出。（ ）

8. 波音公司向空军出售一架飞机属于投资。（ ）

9. 波音公司向一个富翁出售一架私人飞机属于投资。（ ）

10. 波音公司向美国航空公司出售一架飞机属于投资。（ ）

11. 波音公司向德国航空公司出售一架飞机属于投资。（ ）

12. 对于一国而言，GDP 肯定大于 GNP。（ ）

13. 对 GDP 核算的 3 种方法同样适用于 GNP 的核算。（ ）

14. 租金包括专利和版权。（ ）

15. 如果两个国家的人均 GDP 相同，那么两国人民的生活水平相同。（ ）

16. 用汇率法和购买力平价法测算一国 GDP 没有什么差别。（ ）

17. 生产可能性曲线代表的是潜在GDP。 (　　)
18. 如果一个企业用购买的新设备替换报废的就设备，因为机器数量没有发生变化，所以企业购买的新设备不属于投资行为。 (　　)
19. 计算 GDP 时，采用的是总投资而不是净投资。 (　　)
20. 购买彩票赢得的钱应计入 GDP。 (　　)

四、计算题

1. 根据下列统计资料，计算国内生产净值、净出口。(单位:亿元)

   国内生产总值:4 900

   总投资:900

   净投资:400

   消费:1 500

   政府购买:900

2. 根据下列统计资料，计算 GDP、NI、PI、DPI。(单位:亿元)

   净投资:125

   净出口:20

   储蓄:145

   折旧:50

   消费:500

   个人所得税:50

   公司所得税:100

   政府购买:250

   政府转移支付:150

   企业间接税:100

   公司未分配利润:150

3. 根据下列统计资料，根据收入法计算 GDP、NI。(单位:亿元)

   折旧:20

   雇员报酬:500

   个人租金收入:150

   经营者收入:250

   企业利润:400

   净利息:30

   间接税:450

   政府转移支付:50

4. 假定发生了下列经济活动:金矿公司支付 8.5 万元给矿工开采了黄金卖给金器制造商，售价为 12 万元;金器制造商支付了 6 万元给工人制造了一批项链卖给消费者，售价 50 万元。

   (1)用最终产品生产法计算 GDP;

   (2)用增值法计算 GDP;

   (3)用收入法计算 GDP。

五、思考题

1. 如何理解 GDP?
2. 简述核算 GDP 的 3 种方法，说明为什么用 3 种方法得出的 GDP 应该是相同的。
3. 为什么 GDP 不是衡量经济福利的指标?
4. 请区分名义 GDP 和实际 GDP。
5. 如何从 GDP 导出其他的总量指标?

六、案例讨论

有人说:“GDP 不是万能的，但没有 GDP 是万万不能的。”请你对此进行讨论。

第三章 简单的国民收入决定模型

在一个蜜蜂国度里，每只蜜蜂都在疯狂地追求自己的利益。虚荣、伪善、享乐、欺诈等恶德在每只蜜蜂身上表露无遗。令人惊讶的是整个蜜蜂国度呈现出一派繁荣、兴旺的景象。突然有一天追求奢华、挥霍无度的蜜蜂觉醒了，他们放弃了豪华的生活，崇尚节俭。于是，昔日繁忙的酒店渺无人迹，蜜蜂王国日益凋敝，国力大大下降，最终被侵入的敌人打败，蜜蜂王国的蜜蜂只能流落他乡。这是1720年荷兰人孟德维尔的著作《蜜蜂的寓言》的故事梗概。蜜蜂的寓言蕴含着怎样的经济学道理？宏观经济学创始人凯恩斯对此做出了令人信服的经济学解释。

凯恩斯认为，从微观上分析，某个家庭勤俭持家，减少浪费，增加储蓄，往往可以致富；但从宏观上分析，节俭对于经济增长并没有什么好处，因为公众节俭导致社会总消费支出下降，从而引发社会商品总销量减少，厂商生产规模缩小，失业人口上升，最终国民收入下降，进而导致居民个人可支配收入进一步降低，社会总消费支出继续下降……

1931年1月凯恩斯在广播中断言，节俭促成贫困的“恶性循环”，“如果你们储蓄五先令，将会使一个人失业一天”。凯恩斯的解释后来发展成为凯恩斯定理，即需求会创造自己的供给，一个国家在一定条件下，可以通过刺激消费、拉动总需求来达到促进经济发展和提高国民收入的目的。

本章阐述的就是凯恩斯建立的以需求为中心的国民收入决定模型：总支出模型。该模型假设：第一，暂时把货币市场排除在外，不考虑利率的影响；第二，投资是利率的函数，既然不考虑利率的影响，则投资水平既定，即投资是一个常量。由于该模型仅涉及产品市场，因而称之为简单的国民收入决定模型，该模型很好地诠释了凯恩斯定理。希望通过本章的学习，能够理解和掌握在短期的经济活动中，国民收入是如何决定的这一宏观经济学核心理论。

本章的基本概念：总需求　总供给　均衡国民收入　消费函数　平均消费倾向　边际消费倾向　平均储蓄倾向　边际储蓄倾向　储蓄函数　投资乘数　政府购买乘数　税收乘数　通货膨胀缺口　通货紧缩缺口

本章的学习目标：熟练掌握两部门、三部门国民收入决定模型；掌握均衡国民收入的变动和乘数理论；了解通货膨胀缺口和通货紧缩缺口形成的原因及解决的办法。

第一节　总支出模型

1997 年，我国经济在持续几年高涨后回落到增长低谷，国民经济运行遇到一定的困难，企业倒闭情况有所增加，工人失业问题也渐趋严峻，经济出现萧条的景象。为促使经济回升，1998 年中央政府出台了刺激需求的财政政策和货币政策，包括“三提高”的财政政策和“三降低”的货币政策。

“三提高”的财政政策指：提高出口退税率，将纺织、机械、船舶、煤炭、钢铁、水泥 6 个行业的出口退税率提高大约 2 个百分点；提高基建投资额，2 月份中央决定将全年基建设施总额扩大至 1 万多亿元；提高国债发行量，在上半年发行国债券 2 000多亿元的基础上，7 月份后又向国有商业银行增发 1 000 亿元长期国债。

“三降低”的货币政策是：降低存款准备金率，3 月 21 日，存款准备金率调至 5.22%，7 月 1 日又进一步调低至 3.51%；降低金融机构的存贷利率，3 月 25 日调整一次后，7 月 1 日存款利率又下调 0.49 个百分点，贷款利率下调了 1.12 个百分点；降低再贴现率再贷款利率，下半年，再贴现率由 6.03%下调至 4.32%，再贷款利率也平均下调 1.82 个百分点。

“三提高”是适度放松的财政政策，“三降低”是适度放松的货币政策。实践证明，中央政府在 1998 年针对严峻的国内外经济形势，适时采取的上述宏观经济政策是有效的，通过这些政策，我国的经济增长率逐步回升到了 8%以上。

宏观经济政策的实施需要宏观经济理论的支撑，这个理论就是本节所要阐述的总支出决定理论。

一、均衡的国民收入

在国民收入核算的恒等关系中，曾得出总需求恒等于总供给的结论，并强调这是一种事后的恒等关系。而在国民收入决定理论中，国民收入水平是由总需求和总供给共同决定的。

总需求（Aggregate Demand，AD）指在一定的价格水平下，整个社会对产品和劳务的需求总和,包括消费、投资、政府支出和净出口。总需求曲线体现了在其他条件不变的情况下,总需求量与价格总水平之间的关系。

总供给(Aggregate Supply, AS)指在一定的价格水平下,厂商愿意提供的产品和劳务的价值总和。总供给曲线体现了在其他条件不变的情况下,总供给量与价格总水平之间的关系。

均衡的国民收入指总需求等于总供给时的国民收入。或者说,一国均衡国民收入的决定条件是总需求=总供给(AD=AS),或计划的总需求=计划的总供给。

小思考 你能理解总需求恒等于总供给与总需求=总供给的区别吗?

凯恩斯宏观经济理论产生的背景是1929—1933年的大萧条。凯恩斯认为,在大萧条期间,由于经济中存在大量的失业和闲置的资源,企业无须为增加产量而付出高的成本,因此,在萧条时,总供给不存在任何问题,经济的供给能力是无限大的。显然,当总供给能力无限时,均衡国民收入水平的决定因素为总需求。因此,凯恩斯建立了以需求为中心的国民收入决定理论。

总支出(Aggregate Expenditure, AE)是指一国经济中对全部最终产品和劳务的支出总量,由消费支出、投资支出、政府购买支出和净出口支出所构成。一定时期内的总支出水平反映了该社会经济中的总需求水平,消费、投资、政府购买支出组成的是国内需求,净出口支出是国外用于购买本国出口的支出,组成的是国外需求。在凯恩斯简单的国民收入决定模型中,总支出可理解为总需求。

小思考 总支出和总需求是完全一样的概念吗?

总支出模型主要考虑短期内,在价格水平不变的条件下,总支出和国民收入之间的关系。其核心思想是:在任何一个特定的年份,国民收入水平主要是由总支出水平决定的。从宏观经济总量而言,国民收入和国民产出是相一致的概念。因此,总支出与国民收入之间的关系也被视为总支出与GDP之间的关系。具体而言总支出与GDP之间通常表现为3种关系:总支出小于GDP,总支出大于GDP,总支出等于GDP。在一国经济的整体运行中,若经济中的总支出小于或大于GDP时,宏观经济就处于一种失衡状态,当然,宏观经济学强调,在自由竞争的市场条件下,经济体会自动地调整到总支出等于GDP时的均衡状态。下面运用凯恩斯的45°线图,来说明均衡国民收入水平的实现过程以及总支出的波动如何影响GDP的波动。

二、均衡国民收入：引入凯恩斯的 45°线图

如图 3-1 所示为凯恩斯的 45°线图。用横轴表示国民收入(实际 GDP)水平，以字母 Y 表示，纵轴表示总支出水平，用字母 AE 表示。从原点出发的 45°线上的各点表示总支出等于总收入，所以就把这条 45°线称之为收支相抵线，代表了所有可能的均衡点。现假设经济中的支出总量为 100 亿美元，借助 45°线，可以得到在 E 点所对应的国民收入水平正好为 100 亿美元，此时总收入等于总支出。

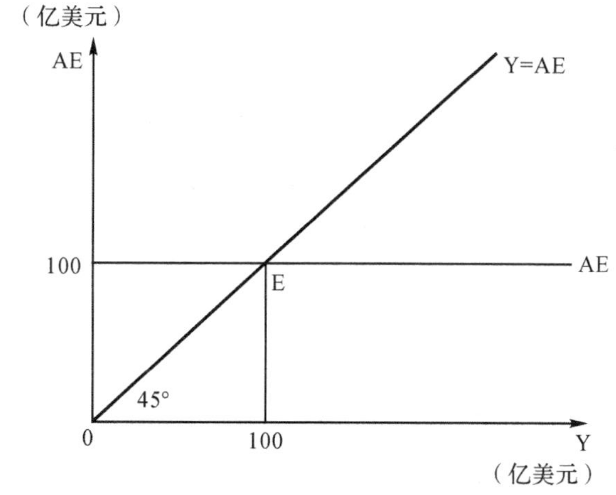

图 3-1　凯恩斯 45°线图

当国民收入水平小于 100 亿美元时(图中 E 点的左侧)，表示总支出大于总收入，意味着经济中总支出的增加快于最终产品和劳务数量的增加。在这样的情况下，企业为了满足超量的产品和劳务需求，就会增加产量和雇员人数，GDP 水平上升，就业增加。相反，当国民收入水平大于 100 亿美元时(图中 E 点的右侧)，则总支出小于总收入，意味着经济中总支出的增加慢于产品和劳务数量的增加。在这样的情况下，企业的非意愿存货将会增加，为了减少这些非意愿存货，企业只能缩减产量和解雇雇员，GDP 水平就会走低，失业率上升。可见，只有把国民收入水平确定在 100 亿美元时，经济中的产出水平才会保持不变，企业既不会增加也不会减少产出，国民收入处于一种相对稳定的状态，此时的国民收入就是均衡的国民收入。

因此，均衡国民收入就是与总支出水平相一致的收入。当总支出水平上升或下降时，均衡的国民收入水平也会随之增加或减少，在凯恩斯 45°线图上，均衡点的变化体现为 45°线上的上下移动。

小思考　作图说明总支出水平上升后的均衡国民收入水平。

总支出的增加和减少会导致GDP的波动。经济学家投入了大量的时间和精力去预测总支出的各组成部分将会发生怎样的变动。如果经济学家预言总支出在未来会减少，也就意味着GDP将下降，经济会步入衰退期，反之，经济将进入扩张阶段。个人和企业的行为也会紧紧跟随这些预测，原因在于GDP增加时，工资、利润和就业机会都会增加，而下降的GDP，会成为工资、利润和求职者的梦魇。各国政府也会根据这样的宏观经济预测制定相应的政策，以扭转总支出的变动方向，力图使整体经济运行步入均衡发展的态势。

这个简单的均衡分析模型将构成总支出的消费、投资、政府购买和净出口分为两部分：引致支出和自发支出。直接由国民收入决定的消费支出称为引致支出，它是收入的函数，因此是这个均衡收入水平决定模型中的内生变量。不由收入决定的支出（如政府购买），和不直接由收入决定的支出（如投资和出口）称为自发支出，它们影响收入水平，但本身不由收入决定，因此是模型中的外生变量。自发支出函数在45°线图中为一条呈水平状的直线。

为了更好地理解和掌握均衡的国民收入水平是如何在总支出模型中被决定的，需要对总支出决定因素加以分析。

为了简化分析，假设在一国经济中不存在政府，也不存在对外贸易，只有居民户和企业两个部门。经济学上把这样的经济体称为“两部门经济”。在两部门经济体中，总支出由消费支出和投资支出两部分构成。因为在简单的国民收入决定模型中把投资看成一既定不变的量，所以对消费支出的分析成为下一步要考察的首选问题。

专栏 3-1　对英特尔产品的需求波动

英特尔公司是世界上最大的半导体制造商，也是个人电脑内处理器和内存芯片主要的供应商。罗伯特·诺伊斯和戈登·摩尔1986年建立了该企业。这位摩尔就是提出摩尔定律的人。根据摩尔定律，半导体运算能力每两年翻一番。这种能力提高速度意味着计算机的性能在过去40年获得了极大改善，引发了信息革命，英特尔公司在其中扮演了关键角色。到了2009年，英特尔公司有雇员84 000人，年收入超过370亿美元。因为要依赖于计算机的销售情况，英特尔公司容易受到经济周期波动的影响。2001年的经济衰退中，随着计算机销量的下降，英特尔公司收入下降了21%，裁员5 000人。2007—2009年的经济衰退中，英特尔公司也受到打击。2008年的最后一个季度，该公司收入下降了90%，裁员6 000人。

受到经济萧条影响的并非英特尔一家公司，从 2009 年 1 月份的数据来看，卡特彼勒公司宣布将裁员 7 500 人，得州仪器公司宣布将裁员 3 400 人，斯普林特公司将减少 8 000 个工作职位，制药企业辉瑞公司宣布将裁员 17 500 人。随着经济中支出的总量也就是总支出的下降，这些公司缩减生产、裁减雇员。

资料来源：R. 格伦·哈伯德，安东尼·P. 奥布赖恩. 经济学(宏观)[M]. 王永钦，赵英军，译. 北京：机械工业出版社，2011.

小思考 如何改变经济中支出总量的下降？

三、消费函数和储蓄函数

(一)消费函数

消费函数指的是消费支出与决定消费的各种因素之间的依存关系。

在现实生活中，影响居民个人消费支出的因素有许多，如当前可支配收入、家庭财产、预期收入、价格水平等，凯恩斯认为在众多影响因素中，最重要的因素是居民个人的可支配收入，在研究国民收入决定时，假定消费只受可支配收入多少的影响。所以消费函数是消费与可支配收入之间的依存关系。一般说来，在其他条件不变的情况下，消费随可支配收入的变动而同方向变动，即可支配收入增加，消费增加；可支配收入减少，消费减少，但它们之间并不是按同一比例变动。

消费函数用公式表示为：$C=f(Y_d)$，在这一公式中，C 代表消费，Y_d 代表可支配收入。根据前述的两部门经济假设，由于不存在政府部门，因此所得税和转移支付均为零，可支配收入与国民收入相等。因此，消费函数可转换为：$C=f(Y)$，Y 代表国民收入。

消费与收入的关系可以用平均消费倾向与边际消费倾向来说明。

平均消费倾向(Average Propensity to Consume，APC)是指任一收入水平上消费支出在收入中所占的比率，如用公式表示则是：

$$APC=\frac{C}{Y} \tag{3.1}$$

边际消费倾向(Marginal Propensity to Consume，MPC)，指的是消费增量在收入增量中所占的比率，也就是每增加 1 单位的收入中用于增加的消费部分的比率，如以 ΔC 代表消费增量，ΔY 代表收入增量，则边际消费倾向的公式是：

$$MPC=\frac{\Delta C}{\Delta Y} \tag{3.2}$$

在短期内，消费与收入之间的关系可能有以下几种情况：

第一，消费与收入相等，即全部收入都用于消费，这时 APC=1；

第二，消费大于收入，这种情况下就会有负储蓄，这时 APC>1；

第三，消费小于收入，这种情况下收入分为消费与储蓄两个部分，APC<1；

第四，收入增加会引起消费增加，但一般情况下消费的增加小于收入的增加，所以 0<MPC<1。

可以在 45°线图中说明短期中消费与收入之间的关系。为了简化起见，可以把消费函数看成一条直线，即消费与收入之间存在线性关系，如图 3-2 所示：

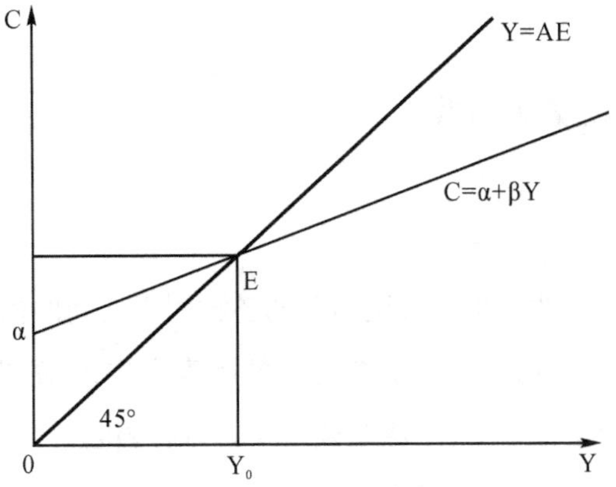

图 3-2　消费函数

在图 3-2 中，横轴代表收入，纵轴代表消费支出。图 3-2 中 45°线是收支相抵线，线上任意一点都表示 Y=C。消费曲线 C=α+βY 向右上方倾斜，表示随着收入的增加，消费也增加，并与 45°线相交于 E。在 E 点处表明收入等于消费；在 E 点之左，消费大于收入，有负储蓄；在 E 点之右，消费小于收入，存在储蓄。当收入等于零时，消费为 α。所以，短期消费函数是：

$$C=\alpha+\beta Y \tag{3.3}$$

式中，α 为自发性消费，表示全部消费支出中不随可支配收入变化而变化的那部分消费支出；β 是一个大于 0、小于 1 的正数。凯恩斯最早提出把常数“β”定义为“边际消费倾向 MPC”，βY 为引致消费，这部分消费是随着收入的增加而增加的消费支出。

因此，短期消费函数 C=α+βY 的经济含义是：消费等于自发消费与引致消费之和。

小思考　长期中存在着自发性消费吗？长期消费函数可怎样表达？

据估算，近几年来美国居民的消费倾向大约为 0.7，中国居民的消费倾向只有 0.36 左右。事实上，中国居民的消费倾向不仅远远低于美国和其他发达国家，还低于许多发展中国家。中国的消费水平总体上处于较低水平，并且呈现出不断下降的趋势。

小思考 你认为中国消费水平较低的原因是什么？

（二）储蓄函数

与消费函数相联系的是储蓄函数。当人们获得的收入用于消费支出后还出现剩余时，便出现了储蓄，因此，消费和储蓄是此消彼长的关系。低消费往往和高储蓄相伴。

储蓄函数是指储蓄与决定储蓄的各种因素之间的依存关系。影响储蓄的因素是很多的，在研究国民收入决定时，假定储蓄只受收入多少的影响，所以，储蓄函数是储蓄与收入之间的依存关系。一般说来，在其他条件不变的情况下，储蓄随收入的变动而同方向变动。储蓄函数的表达式是：$S=f(Y)$。其中，S 代表储蓄，Y 代表收入。

在两部门经济中，收入不是用于消费就是用于储蓄，如果消费是线性函数关系，那么可以从消费函数推导出储蓄函数。

由于 $S=Y-C$，且 $C=\alpha+\beta Y$，则储蓄函数为：

$$S=Y-C=Y-(\alpha+\beta Y)=-\alpha+(1-\beta)Y \tag{3.4}$$

同样，储蓄与收入的关系可以用平均储蓄倾向与边际储蓄倾向来进行说明。

平均储蓄倾向（Average Propensity to Save，APS）是指任一收入水平上储蓄支出在收入中所占的比率，如用公式表示则是：

$$APS=\frac{S}{Y} \tag{3.5}$$

边际储蓄倾向（Marginal Propensity to Save，MPS），是指储蓄增量在收入增量中所占的比率，也就是每增加 1 单位的收入中用于增加的储蓄部分的比率，如以 ΔS 代表储蓄增量，ΔY 代表收入增量，则边际储蓄倾向的公式是：

$$MPS=\frac{\Delta S}{\Delta Y} \tag{3.6}$$

消费函数和储蓄函数的互补关系决定了以下等式的存在：

$$APC+APS=1 \tag{3.7}$$

$$MPC+MPS=1 \tag{3.8}$$

尽管储蓄不是支出，不代表对总产品的需求，但可以根据储蓄与消费的关系，在 45°线图中做出储蓄函数曲线，如图 3-3 所示。

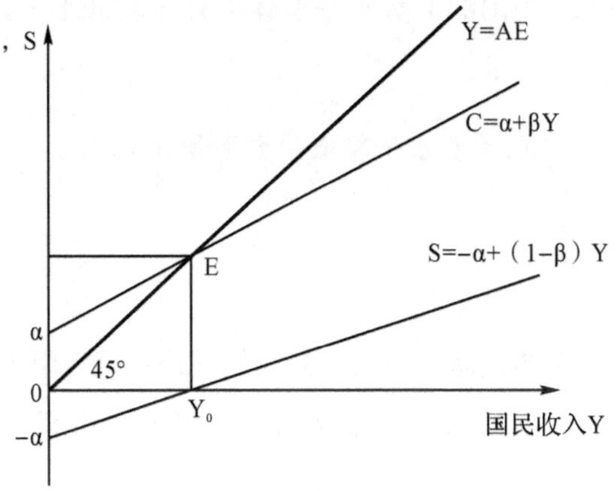

图 3-3　储蓄函数

小思考　随着人们越来越富裕，他们的收入增量中用于消费的比例就可能越来越小（而储蓄的比例越来越大）。这是为什么？它对消费函数的形状有什么影响？

消费函数理论最早是由凯恩斯所提出的，他确定了消费支出和收入之间的关系，把收入作为影响消费支出最重要的因素。经济学界在认可凯恩斯这一贡献的同时，对其边际消费倾向递减规律提出了质疑，经济学家研究了长期中的消费和收入关系的数据，得出的结论为长期消费函数是稳定的。有关其他的消费函数理论可见专栏 3-2。

专栏 3-2　消费函数的 3 种理论

绝对收入假说。

这是凯恩斯消费理论关于收入的假定，也是在此之前一直考察的理论，它假设人们的消费取决于他们的可支配收入的绝对水平；还假设随着收入增加，人们的花销占其收入的比例越来越少。

这个理论与短期行为很相符。遗憾的是，它不太适合于长期消费行为。有证据显示，从长期来看，消费占可支配收入的比例大致保持不变。由此得到长期消费曲线是一条始于原点的直线。

短期消费随着收入的增加而变得越来越少，长期消费却随着收入的增加而成比例增加，对此如何解释？另外两个消费理论对此做了解释。

相对收入假说。

这个理论是由 J. S. 杜森伯里在 1947 年提出的。该理论假设，人们的消费行为受其他人的影响。如果你的朋友拥有CD机、录像机或一辆二手小汽车，你可能也会买这些东西，即使你比他们穷。相反，如果你的收入比其他人更高，你购买这些东西的开销占你收入的比例就会比他们的低。

这解释了短期和长期消费函数的差异。从短期来看，如果人们的收入提高了，他们就会觉得比其他人的境况相对更好。因此，他们只是适度增加他们的消费。

从长期来看，国民收入增加，人们并没有感觉到比其他人的境况相对更好。随着平均收入的增加，当人们看到其他人增加消费时，他们一般也会增加自己的消费。

永久性收入假说。

这是米尔顿·费里德曼于1957年提出来的。费里德曼把一个人的收入分成两类，即永久性收入和暂时性收入。

永久性收入是指一个人预期在一生中获得的平均(贴现后)收入，为了估计出这类收入，人们不仅要看到他们现在的工资水平，还要看他们未来可能挣得的收入。正是以此为基础，人们做出正常的支出计划。

众多经济学家对永久性假说进行了扩展，考察人们在一生中挣得的典型收入格局。

暂时性收入是指临时的、意料之外的收入。人们在做消费计划时并不会以此为基础。如果人们意料之外的收入增加了，他们若不是把其全部存起来，也很可能把其大部分存起来。

这种区别如何用来解释短期和长期的消费函数的差异?

从短期来看，国民收入增加很可能导致个人收入意外增加。例如，在经济周期的繁荣阶段，许多工人需要加班，这会带来意外收入，由于这是暂时性收入，故其大部分都被存起来，消费只是略有增加。从长期来看，如果较高的收入一直维持下去，人们就会调高他们的永久性收入预期。因此，他们就会调高他们的生活水平，开销更多。

资料来源：约翰·斯罗曼.经济学[M].郭庆旺，译.北京：经济科学出版社，2001.

小思考　消费并不取决于暂时性收入，这个假设是否合理？如果它合理，那么，它对短期消费函数的形状有什么影响？

四、投资函数

在由居民户和企业构成的两部门经济中，构成总支出的另一项支出即为投资支出。在决定投资支出的函数中，收入不起直接的作用。虽然影响投资支出的因素也很多，如预期利润水平、利率、税收等，但宏观经济均衡分析时，通常把投资视为利息率的函数。但在引入货币市场之前，无法分析利息率，暂且将投资支出作为一个任意给定的自发支出，用 I 表示。在凯恩斯的 45°线图中，投资支出描述为一条与横轴相平行的水平线。

需要特别指出的是这里的投资支出是计划的投资支出，与国民收入核算中的实际投资支出不同。它们之间的差别就在于计划投资中不包括计划外的存货变动投资，而实际投资则把这部分计入在 GDP 之中。比如，某出版社印刷 150 册经济学教材，并期望能全部销售完，如果该出版社确实卖完了这 150 册经济学教材，那么不存在计划外的存货变动，计划投资等于实际投资。但如果它只卖出了 100 册，那么就有一个计划外的存货增加，卖不掉的 50 册经济学教材的存货增加量就不包括在计划投资之内，但从 GDP 核算这角度看，只要产品生产出来，就必须把它计入当年的 GDP 之中，没有出售的产品就视作企业自己购买了这部分存货，计入到投资支出中。因此，非意愿性存货变动投资是实际支出与计划支出之间的差额。当实际支出大于计划时，就有计划外的存货增加，反之，则计划外的存货减少。当计划外的存货变动为零时，计划支出等于实际支出。

小思考　你能否区分事后的统计量和事先的计划量?

因为假定政府支出和净出口都为零，所以两部门经济中总支出就等于消费支出和投资支出之和。总支出函数 $AE=C+I_0=\alpha+I_0+\beta Y=A_0+\beta Y$，其中，$A_0=\alpha+I_0$，与收入水平无关，或称为自发总支出。但总支出也取决于收入水平，它随着收入水平的增加而增加，这是由于消费支出与国民收入之间的正向关系所决定。总支出是把投资支出和每一收入水平下的消费支出相加而得到的。如图 3-4 所示，总支出直线表现为一条与消费支出直线平行的向右上方倾斜的直线。由于投资支出为计划的投资支出，因此，国民收入均衡分析中的总支出也被定义为计划总支出。

小思考　储蓄增加如何影响总支出曲线?

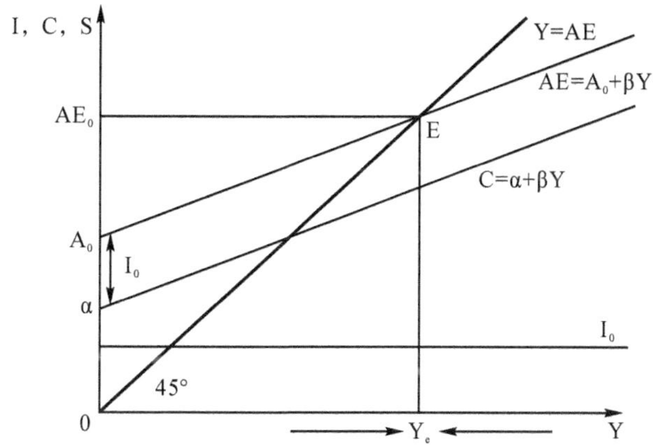

图 3-4　投资函数与总支出

五、均衡收入的决定：两部门、三部门和四部门均衡模型

分析了两部门经济中的消费支出和投资支出，就可以利用总支出函数，用图示的方法，进一步讨论两部门经济中国民收入的均衡问题，并在此基础上，充分理解和掌握三部门经济和四部门经济中的均衡国民收入的决定理论。

（一）均衡国民收入的决定：两部门模型

两部门经济的总支出函数是 AE＝C＋I，而均衡国民收入是指与总支出相等时的收入，均衡条件即为总收入＝总支出，即 Y＝AE＝C＋I。从图 3-4 可知，两部门均衡国民收入位于 45°线上的 E 点所对应的国民收入水平 Y_e。这种均衡国民收入的分析方法称之为收入—支出法。

图 3-4 中的箭头再次表明经济是如何达到均衡的。在任何低于 Y_e 的收入水平出现时，厂商发现支出超过收入，并且，他们存货水平已经低于意愿的水平，因此企业会增加生产，国民收入水平会随之提高。反之，在高于 Y_e 的产出水平出现时，厂商发现存货超过意愿水平，出现非意愿存货，他们因此将缩减生产，国民收入水平随之减少。如箭头所示，这一过程导致产出运动到均衡收入水平 Y_e，在这一收入水平上，现期生产完全与总支出相一致，同时企业非意愿的存货为零。

总收入与总支出相等表明收入全部用于支出在企业实际生产的产品上，经济才达到均衡。在现实经济生活中，家庭可能会有储蓄，当收入的一部分用于储蓄时，则这部分收入就不能支出在企业的产品上，因此，储蓄相当于从整个经济循环中漏出去了。于是，企业必然存在与储蓄相等的产品卖不出去从而变成非意愿存货的情况，国民收入水平将下降。在宏观收入流量循环模型中，储蓄被称为漏出或漏流，用字母 W(Withdraw)表示。如果只有漏出而其他条件不变的话，则宏观经济失衡，未来的国民收入水平将下降。

如果在经济运行过程中能把储蓄全部转化为投资，则总收入依然和总支出相等，经济又恢复到均衡的状态。投资是一种注入，用字母 J(Injection)表示。因此，可以得出决定均衡国民收入的另一种方法为漏出—注入法，即漏出等于注入时的国民收入为均衡的国民收入。

其实，收入—支出法和漏出—注入法的实质是相同的，后者只是前者的简化形态而已。在两部门经济中，总收入＝消费＋储蓄，即 Y＝C＋S。按照收入—支出法，要使国民收入均衡，必须满足总收入＝总支出，即 C＋S＝C＋I，最终可以简化为：S＝I(储蓄＝投资)。

小思考 用收入—支出法和漏出—注入法解读图 3-5。

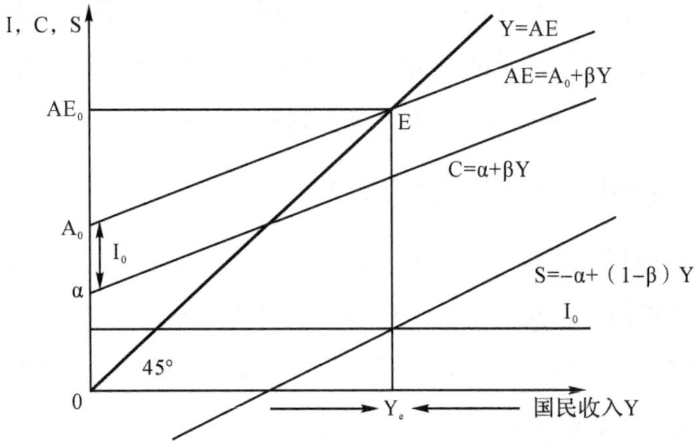

图 3-5 两部门经济的国民收入决定

以上是利用图示说明均衡国民收入的决定，还可以通过代数方法求解均衡国民收入。两部门经济中，若：

$C=\alpha+\beta Y$ 消费函数 (1)

$I=I_0$ 计划投资函数 (2)

$Y=AE=C+I$ 均衡条件 (3)

把(1)(2)代入(3)，求得均衡国民收入：

$$Ye=\frac{\alpha+I_0}{1-\beta} \tag{3.9}$$

小思考 “均衡 GDP 水平是由总支出水平决定的，因此，如果居民决定减少对商品和服务的支出，GDP 将下降。”你是否同意这种说法，为什么？

(二)均衡国民收入的决定:三部门模型

在两部门基础上,加入政府部门,就形成了三部门经济。三部门经济中,均衡国民收入决定的分析方法和思路,与两部门经济相同,均衡条件依然是总收入等于总支出。但三部门经济中,总支出函数的构成发生了变化,总支出中除了消费支出C、投资支出 I 外,还增加了政府购买支出 G,AE=C+I+G。

此外,由于三部门中存在着税收和转移支付,可支配收入与国民收入之间关系也发生了变化,不再是相等的关系了,消费函数还原为:$C=\alpha+\beta Y_d$,该函数讨论消费支出对可支配收入的依赖关系。在三部门经济宏观分析中,需要转换讨论的视角,把消费支出与可支配收入的关系转移到消费支出与国民收入之间的关系上。个人可支配收入与国民收入之间的关系可以用下面等式表示:

$$Y_d=Y-T+TR=Y-T_n \qquad (3.10)$$

式中,Y_d 为个人可支配收入,T_n 是净税收(总税收 T 与转移支付 TR 间的差额)。

由此,三部门中消费函数与国民收入之间的函数表达式为:

$$C=\alpha+\beta(Y-T_n) \qquad (3.11)$$

为简化分析,假定 T_n 为一固定值,则三部门中消费函数的斜率依然为边际消费倾向 β,并随着国民收入的增加而增加,减少而减少。

小思考 现实生活中,净税收会是一个常数吗?

由于三部门经济中,私人投资 I 和政府购买支出 G 为外生变量,是一个常数。因此,总支出线 AE 的形状特征由消费曲线所决定,是一条斜率为 β 值的向右上方向倾斜的直线。

根据收入—支出法,三部门经济中满足均衡国民收入的条件为 Y=AE=C+I+G。与两部门相似,如图 3-6 所示,由总支出线 AE 交 45°线于 E 点,相应的均衡国民收入为 Y_e。

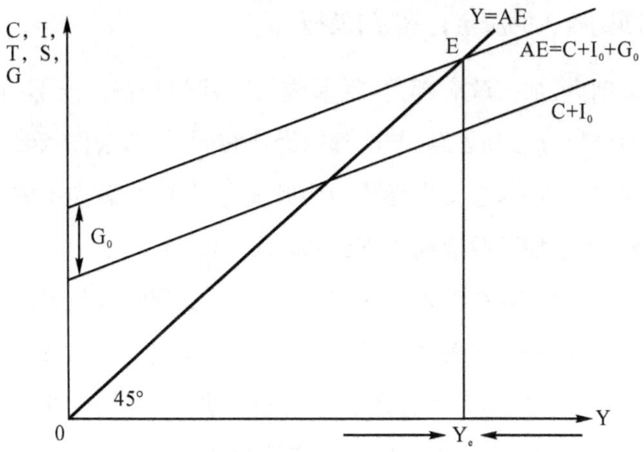

图 3-6　三部门经济的均衡国民收入决定

在三部门经济中，家庭除了储蓄这一漏出之外，还要向政府纳税，因此税收 T 是三部门经济循环中的又一漏出，而政府购买则是注入。总收入＝消费＋储蓄＋税收，即 Y＝C＋S＋T，按照收入—支出法，要使国民收入均衡，必须满足总收入＝总支出，即 C＋S＋T＝C＋I＋G，最终简化为 S＋T＝I＋G，等式的左边为漏出，等式的右边为注入。

小思考　在三部门经济中，如何用代数方法求解均衡的国民收入？如何在图 3-6 中用漏出—注入法表明均衡的国民收入？

(三)均衡国民收入的决定:四部门模型

在三部门的基础上，加入对外贸易以后形成四部门经济。在四部门经济中，总支出构成与以前相比又发生了变化。包括消费支出、投资支出、政府购买支出和净出口支出，即 $AE=C+I+G+X_n$。用收入—支出法表示的均衡国民收入为 $Y_e=AE=C+I+G+X_n$。

小思考　如何运用图形分析和代数分析，求解四部门经济中的均衡国民收入？四部门的漏出和注入如何表达？

如图 3-7 所示，为简单的收入流量循环模型。

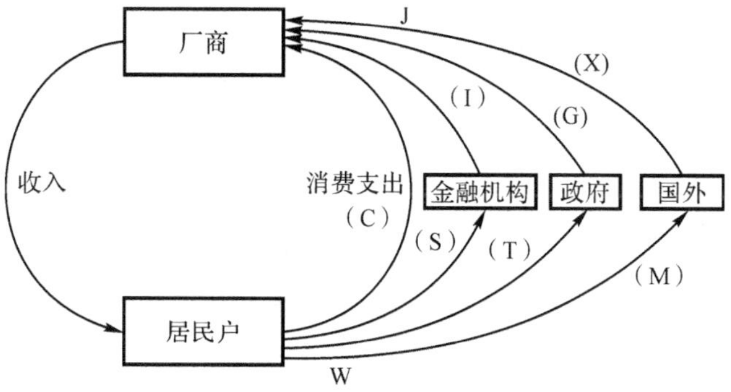

图 3-7 简单的收入流量循环模型

六、均衡收入的变化

从前面对均衡国民收入决定的分析可以看出，总支出增加会使国民收入水平增加，反之亦是。如图 3-8 所示说明了总支出变化对国民收入的影响。在图 3-8 中，初始的均衡点为 E_1，均衡的国民收入水平为 Y_{e1}。假设投资支出增加了 ΔI，总支出从 AE_1 增加到 AE_2，国民收入随之由 Y_{e1} 增加到 Y_{e2}。反之，若总支出减少，总支出曲线就会下移，从而引起均衡国民收入减少。

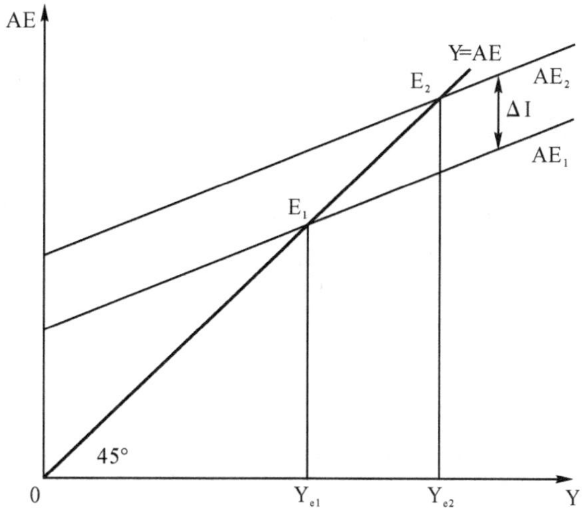

图 3-8 总支出变化对均衡国民收入的影响

至此，本节中学习了短期总支出是如何决定均衡国民收入的以及经济处于非均衡时是如何进行调整的。同样，只要总支出发生变化，就会有一个新的均衡国民收入水平。下一节，将进一步探究总支出的变动对均衡国民收入产生的效应。

小思考 哪些因素引发总支出曲线向上位移，哪些因素导致总支出曲线向下位移？

第二节　乘数理论

一群无法无天的小流氓砸碎了一家商店的橱窗，然后逃之夭夭，店主自认倒霉，只好花 1 000 元买了一块玻璃换上。这个时候一个经济学家走过来，说要恭喜店主。正在窝火的店主见有人说风凉话，气得要揍这个经济学家一顿。经济学家不慌不忙的一番解释，居然让店主目瞪口呆。

经济学家是这样解释的，玻璃店老板因为商店橱窗的损失得到 1 000 元收入，假设他支出其中的 80%，即其中的 800 元用于买衣服，衣服店老板得到 800 元收入。再假设衣服店老板用这笔收入的 80%，即 640 元用于买食物。食品店老板得到 640 元收入，他又把这 640 元中的 80%用于支出……如此一直下去，你会发现，最初是商店老板支出 1 000 元，但经过不同行业老板的收入与支出行为之后，所有人的总收入可能增加了 5 000 元。所以商店的橱窗被打破是一件可喜可贺的事情。

从最初增加的 1 000 元支出，到最终带来了 5 000 元的收入，这是最初投入的 5 倍。对于经济学家的这番“破窗”理论，商店老板显然是难以理解和接受的，但宏观经济学可以用下面的乘数理论给予解释和说明。

一、乘数和乘数效应

乘数就是倍数，指最初自主支出增加所引起的国民收入增加的倍数，或者说是国民收入增量和引起这种增量的自主支出增量之间的比率。如果用 k 代表乘数，ΔY 代表国民收入的增量，ΔAE 代表自主支出的增量，那么乘数可表述为：

$$k=\frac{\Delta Y}{\Delta AE} \tag{3.12}$$

自主支出变化所导致更大的均衡国民收入变化的过程叫作乘数效应。之所以会发生乘数效应，是因为国民经济各个部门之间存在着密切的联系，初始自主支出的增加或减少引致了一系列国民收入的增加或减少。经常说的“一石激起千层浪”这句话就是对乘数效应的通俗表达。

现假定两部门经济中，企业增加了 100 亿元的投资支出，由于投资的增加，对资本品的需求相应增加了 100 亿元，从而导致生产增加 100 亿元，也即国民收入增加了 100 亿元。在这里，收入增加是以生产企业的雇员工资、薪水、企业所有者的利润和其他形式表现出来的。在获得这些额外收入后，人们就会增加对汽车、电脑、衣服及其他商品的消费支出。如果边际消费倾向为 0.8，那么消费支出就会是

80 亿元。这个额外的 80 亿元消费支出的增加，相应地会要求企业生产出 80 亿元的汽车、电脑、衣服及其他产品，这样，GDP 又增加了 80 亿元。以此类推，这个生产、收入和消费增加的过程会一直持续下去。如表 3-1 所示。

表 3-1 投资增加的乘数作用 （单位：亿元）

阶段	ΔI	ΔY	ΔC
1	100	100	80
2		80	64
3		64	51.2
4		51.2	⋮
⋮		⋮	⋮
⋮		⋮	
	100	500	400

根据表 3-1，最初的投资增量 100 亿元经过一系列的逐级消费支出，最终总的消费增加量可达到 400 亿元。这 400 亿元的消费增加结合初始的 100 亿元投资支出的增加，就会导致均衡国民收入 500 亿元的总变化。这个结果，可以通过代数推导获得。

根据均衡条件：$\Delta Y=\Delta AE=\Delta C+\Delta I$

$$\Delta I=100$$

$$\begin{aligned}\Delta C&=80+64+51.2+\cdots\\&=0.8\times100+0.8\times(0.8\times100)+0.8\times(0.8\times0.8\times100)+\cdots\end{aligned}$$

$$\begin{aligned}\Delta Y&=100+0.8\times100+0.8\times(0.8\times100)+0.8\times(0.8\times0.8\times100)+\cdots\\&=100\times(1+0.8+0.8^2+0.8^3+\cdots+0.8^n)\\&=100\times1/(1-0.8)\\&=500\end{aligned}$$

在这个例子中，100 为最初的自主性的投资支出，0.8 为边际消费倾向 MPC。

500 为均衡国民收入的变化量。用一般的等式表示即为：$\Delta Y=\Delta I\times1/(1-MPC)$，倍数 $1/(1-MPC)$ 被称之为乘数。在这个省略了政府部门和对外贸易的特殊场合，将乘数公式表达为：

$$k=\frac{1}{1-MPC}=\frac{1}{1-\beta} \quad (3.13)$$

小思考 为什么 k 是一个大于 1 的正数？制约乘数大小的因素是什么？

以上是从自发投资增加方面说明乘数效应的。事实上，自发支出中各组成部分的增加都存在乘数效应。要注意的是,乘数是一把“双刃剑”,自发支出的减少也会引起均衡国民收入若干倍的减少,乘数效应的发挥具有两面性。

在现实经济运行中,乘数作用的大小要受到一定的限制。最重要的制约因素是要受到经济中闲置资源多少的限制。如果经济中不存在闲置的资源,投资增加并不会引起生产的增加,最终国民收入不但没有增加,反而会刺激物价水平的上升。因此,乘数理论是要说明在一个存在资源闲置的经济中,对于自发支出的各种冲击会怎样影响均衡国民收入的变化。

小思考 为什么战时大量军费开支会导致 GDP 的快速增长?为什么 20 世纪 60 年代或 80 年代的减税会引发一场时间较长的经济扩张?

乘数原理最早由英国经济学家卡恩提出,以后被凯恩斯采用并进一步推广,成为凯恩斯宏观经济理论中的重要组成部分。

专栏 3-3 乘数理论错了吗?

2001 年,美国遭遇“9·11”恐怖袭击,两栋大厦被摧毁。当美国人沮丧万分的时候,有些不知趣的经济学家却跳出来发表了一番令人哭笑不得的言论,说这次恐怖袭击对美国的宏观经济大有好处。

他们的理由是美国国会批准了 400 亿美元的紧急预算,这些钱创造了第一轮的需求和增收,估计 1 年内就会见效,这个开支增加又会继续创造下一轮的需求。经济学家经过一番推算后认为,在美国经济目前不景气的时候,这 400 亿美元的增加开支,可以使国民生产总值最终增加 1 000 亿美元……在一个经济已经不景气的时刻,财政开支的增加不失为一剂强心针。

也有人根据乘数原理得出了相反的结论,乘数原理既然可以放大好处,也同样可以放大坏处。那几幢大楼很值钱,里面死伤的各路精英更是无价之宝,所以美国经济将会节节败退,进入恶性循环。

然而,事实证明,美国经济在“9.11”之后,既没有突飞猛进,也没有一败涂地,两种结论都错了吗?或者是乘数效应错了?

资料来源:王晓月.恭喜你的橱窗被打破了——经济学上的乘数效应[J].大科技,2006(9):40.

二、乘数的类型

在四部门经济中,除了投资乘数以外,还存在政府购买、税收、政府转移支付等乘数,因为这些因素的变动都能够影响消费进而影响国民收入。

根据均衡国民收入的定义，$Y=C+I+G+X-M=\alpha+\beta(Y-T+T_R)+I_0+G_0+X-M$，经过整理有：$Y=(\alpha+I_0+G_0-\beta T+\beta T_R+X_n)/(1-\beta)$，其中，$X_n$ 为净出口，在本章分析中，I_0、G_0、X_n、T、T_R 都被视为常量。显然，公式中的任何一个常量发生变动时，均衡国民收入都会发生变化。在其他常量不变的情况下，考察某一常量变化时，均衡国民收入就会以一定倍数发生变化。由此，得到了更为广义的乘数类型。

(一)投资乘数

投资乘数是指投资变动 1 单位引起国民收入变动的程度。如果 ΔI 表示投资变动，而 ΔY 表示国民收入变动，K_I 表示投资乘数，则：

$$K_I=\frac{\Delta Y}{\Delta I}=\frac{1}{1-\beta} \qquad (3.14)$$

(二)政府支出乘数

政府支出乘数或政府购买乘数是指政府支出变动 1 单位引起国民收入变动的程度。如果 ΔG 表示政府支出变动，而 ΔY 表示国民收入变动，K_G 表示政府支出乘数，则

$$K_G=\frac{\Delta Y}{\Delta G}=\frac{1}{1-\beta} \qquad (3.15)$$

(三)税收乘数

税收乘数是指税收变动 1 单位引起国民收入变动的程度。如果 ΔT 表示税收变动，而 ΔY 表示国民收入变动，K_T 表示政府税收乘数，则：

$$K_T=-\frac{\Delta Y}{\Delta T}=-\frac{\beta}{1-\beta} \qquad (3.16)$$

税收乘数为负值，这表示收入随税收增加而减少，随税收减少而增加。因为税收增加，表明可支配收入的减少，从而消费会相应减少，所以税收变动和总支出变动方向相反。从 3.16 式可以看出，税收乘数的绝对值小于政府支出乘数，这一点说明了税收对国民收入的影响与政府支出对国民收入的影响途径不同，前者是通过消费支出来影响总支出的，而后者是直接影响总支出的。

(四)政府转移支付乘数

政府转移支付乘数是指政府转移支付变动 1 单位引起国民收入变动的程度。如果 ΔTR 表示政府转移支付变动，而 ΔY 表示国民收入变动，K_{TR}表示政府转移支付乘数，则：

$$K_{TR}=\frac{\Delta Y}{\Delta TR}=\frac{\beta}{1-\beta} \qquad (3.17)$$

政府转移支付乘数与税收乘数的值相等，因为它也是通过影响消费支出来影响国民收入的，但是符号与税收乘数相反。

小思考 当政府增加等量的税收收入和政府购买支出时，均衡国民收入会发生怎样的变化？

(五)平衡预算乘数

平衡预算乘数是指政府收入和支出同时以相等数量变动时引起国民收入变动的程度。以 K_B 代表平衡预算乘数，ΔY 表示政府支出和税收各增加同一数量时的国民收入的变动量，$\Delta Y=K_G\Delta G+K_T\Delta T=[1/(1-\beta)]\Delta G-[\beta/(1-\beta)]\Delta T$，如果 $\Delta G=\Delta T$，那么有 $\Delta Y=[1/(1-\beta)]\Delta G-[\beta/(1-\beta)]\Delta G=[(1-\beta)/(1-\beta)]\Delta G=\Delta G$，或 $\Delta Y=K_G\Delta G+K_T\Delta T=[1/(1-\beta)]\Delta T-[\beta/(1-\beta)]\Delta T=[(1-\beta)/(1-\beta)]\Delta T=\Delta T$。最终：

$$K_B=\frac{\Delta Y}{\Delta G}+\frac{\Delta Y}{\Delta T}=\frac{1}{1-\beta}-\frac{\beta}{1-\beta}=1 \quad (3.18)$$

由此可知，政府支出和税收的等量增加，将使国民收入增加一个与 ΔG 或 ΔT 相同的数量。政府支出和税收两者等量的变动不会相互抵消。

(六)对外贸易乘数

对外贸易乘数是指出口变动 1 单位引起国民收入变动多少。如果 ΔX 表示出口的变动，而 ΔY 表示国民收入变动，K_X 表示对外贸易乘数，则

$$K_X=\frac{\Delta Y}{\Delta X}=\frac{1}{1-\beta} \quad (3.19)$$

第三节 缺口理论和宏观经济均衡

与总支出相等的国民收入为均衡的国民收入，均衡的国民收入是否是一国整体经济运行中最理想的最合意的收入或产出水平呢？

凯恩斯理论认为只有当一国经济实现了充分就业时的均衡国民收入水平时，整个经济运行才真正实现了宏观均衡状态。而总收入等于总支出时的国民收入水平，并不一定就是充分就业的国民收入水平。凯恩斯解释说，在短期，由于有效需求不足(有效需求是指与总供给相等时的需求)，经济资源往往得不到充分的利用，从而出现大量资源闲置的现象。当这种有效需求水平较低时，若经济中出现产品过剩现象，企业可以通过解雇工人、增加失业率来减少生产，也可以达到总收入与

总支出的平衡。显然这种均衡并不意味着宏观经济运行状况良好，可能是一种低产出、高失业的低水平均衡状态。而只有在充分就业条件下厂商所计划生产的产品和劳务正好等于国民的总支出时，才算实现宏观经济目标。

本节将围绕充分就业国民收入概念，对宏观经济失衡状态下产生的通货紧缩缺口和通货膨胀缺口现象展开分析和讨论。

一、充分就业国民收入

充分就业国民收入又称潜在国民收入，指一国既定的生产资源（主要指劳动力）得到充分利用后可以生产的最终产品和劳务的市场价值总和。潜在 GDP 是一国正常情况下可以产出的最大产量。经济学中往往用 Y_f 表示充分就业国民收入。

充分就业并不是百分之百的就业，按照凯恩斯在《通论》中的定义，充分就业是指在某一工资水平下，所有愿意接受工作的人都获得了就业机会。当实现了充分就业的国民收入时，不存在需求不足的失业，但这并不意味着不存在失业。充分就业并不排除结构性失业和摩擦性失业等正常失业情况的存在。当前，大多数西方经济学家认为存在 4%—6%的失业是正常而自然的。

显然，均衡国民收入与充分就业国民收入是两个完全不同的概念。均衡国民收入可以等于充分就业的国民收入水平，但也可以小于或大于充分就业的国民收入水平。

二、通货紧缩缺口

当一个国家的均衡国民收入水平 Y_e 小于充分就业国民收入 Y_f 时，这个经济社会就存在过剩的生产能力，当需求不足时失业便出现了，这一状态称为存在通货紧缩缺口，如图 3-9 所示。

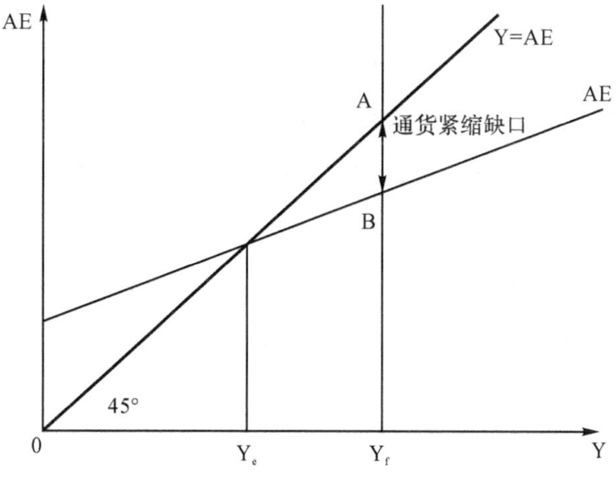

图 3-9 通货紧缩缺口

在图 3-9 中，充分就业国民收入水平为 Y_f，根据定义可知 Y_f 为一既定量，可以用一条垂直于横轴的直线表示。AE 是现实的总支出线，由 AE 经过 45°线决定的均衡国民收入水平为 Y_e，均衡国民收入低于充分就业国民收入。为实现充分就业的国民收入水平，必须把总支出提高到与充分就业国民收入相等的水平。在这里，把在充分就业国民收入水平下总支出低于国民收入水平的垂直距离称为通货紧缩缺口，在图 3-9 中就是 AB 之间的距离。

从这个模型中可以得出这样的结论：解决需求不足失业的方法是政府通过扩张性的财政政策或货币政策，刺激总支出，从而达到消除通货紧缩缺口的目的，最终使均衡国民收入水平达到充分就业国民收入水平。

小思考 结合图 3-9，说明政府购买支出乘数与通货紧缩缺口之间的关系。

专栏 3-4 肯尼迪、凯恩斯和 1964 年减税

当肯尼迪在 1961 年成为美国总统时，他将一些当时最著名的青年经济学家带到华盛顿他的经济顾问委员会工作。这些经济学家属于凯恩斯经济学派，他们把凯恩斯主义思想带到最高层次经济政策讨论中。

该委员会的第一批建议之一是通过减税扩大国民收入。这最终引起 1964 年个人和公司所得税的大幅度削减。减税的目的是要刺激消费和投资支出，从而引起更高水平的收入和就业。当时一个记者问肯尼迪为什么主张减税，肯尼迪回答说："为了刺激经济。你还记得你的 101 号经济学课程吗？"

正如肯尼迪的经济顾问们所预期的，减税通过之后引起了经济繁荣。1964 年实际 GDP 增长是 5.3%，而 1965 年是 6%。失业率从 1963 年的 5.7%下降到 1964 年的 5.2%和 1965 年的 4.5%。

经济学家一直在争论 60 年代这种迅速增长的源泉。一个称为供给学派的团体认为，经济繁荣是由于所得税税率降低的激励效应。根据供给学派的观点，当允许工人保留自己更大部分收入时，他们供给的劳动实际增加了，并扩大了物品与劳务的总供给。但是，凯恩斯主义者强调了减税对总需求的影响。他们把 1964 年减税作为采用扩张性财政政策的一个成功经验，以及对凯恩斯主义经济学的证实。

资料来源：曼昆. 宏观经济学[M]. 梁小民，译. 北京：中国人民大学出版社，2000.

三、通货膨胀缺口

通货膨胀缺口的概念与通货紧缩缺口正好相反。当一个国家的均衡国民收入水平 Y_e 大于充分就业国民收入 Y_f 时，这个经济社会就存在需求过度的问题，把这一状态称为存在通货膨胀缺口，如图 3-10 所示。

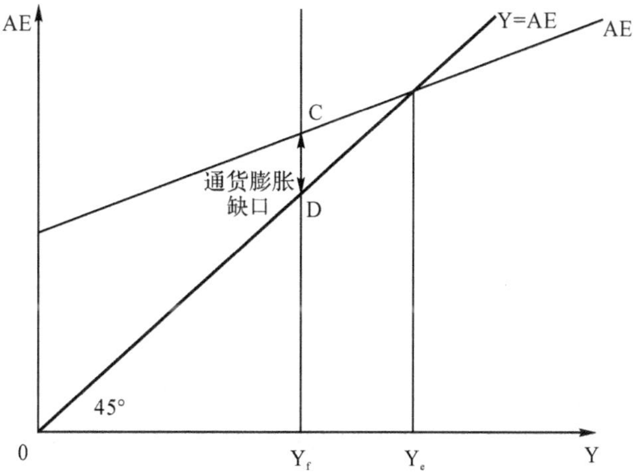

图 3-10　通货膨胀缺口

图 3-10 中，均衡国民收入大于充分就业国民收入水平，为实现充分就业的国民收入水平，必须把总支出降低到与充分就业国民收入相等的水平。由于总支出超出了潜在的国民收入水平，经济存在超额的需求，必然导致价格上涨，产生需求拉上的通货膨胀。在这里，把在充分就业国民收入水平下总支出大于国民收入水平的垂直距离称为通货膨胀缺口，在图 3-10 中就是 CD 之间的距离。

政府可以通过紧缩的财政政策和货币政策消除通货膨胀缺口，最终使得均衡的国民收入 Y_e 等于充分就业的国民收入 Y_f。

小思考　如果通货膨胀的缺口额为 10 亿美元，政府需要变动多少的政府购买支出和税收收入才能消除这一缺口？（假定边际消费倾向为 0.75）

人物介绍

哈佛神童教授

——格里高利·曼昆

格里高利·曼昆（1958—），哈佛大学经济学教授，美国著名的经济学家。他所撰写的经济学教科书《经济学原理》创下经济学著作卖价的吉尼斯世界纪录，在美国被称为“大学出版物中最令人盼望的书”，在中国更是好评如潮。

曾就读于普林斯顿大学、麻省理工学院的曼昆在 29 岁便成为哈佛大学历史上最年轻的终身教授之一，有着哈佛“神童教授”的美誉。

曼昆在读中学时对数学等理工学科和各项公共政策最感兴趣。进入普林斯顿大学接触到经济学后，曼昆立即意识到经济学是他的兴趣所在，因为经济学具有理工学科的分析方法又有重大的社会意义。1980 年曼昆以优异的成绩从普林斯顿大学经济系毕业，进入麻省理工学院继续攻读经济学，在 1985 年取得经济学博士学位，继而进入哈佛大学从事经济学的教学和研究。

在哈佛，曼昆甚至比所教的学生还要年轻，他除了讲授微观经济学、宏观经济学、经济学原理等课程外，还对宏观经济学的许多领域进行研究。29 岁时曼昆被聘为哈佛的终身教授。在美国，终身教授的地位极高，只有在学术上有相当造诣的学者才能获得，而要获得哈佛大学的终身教授必须是各领域前三名的学术带头人。

曼昆是新凯恩斯主义的代表，作为新一代的经济学家，他大量吸收其他经济学流派的精华，努力为凯恩斯主义提供一个新的、坚实的微观基础。令曼昆成名的是他提出的菜单成本理论，这一理论已成为新凯恩斯主义经济学的一个组成部分，提出这一理论的论文《小菜单成本与大经济周期：一个垄断的宏观经济模型》已成为经典。曼昆不仅为凯恩斯主义找到了微观基础，还进行了一系列深入的研究，指出了凯恩斯学派今后的发展方向，成为后凯恩斯宏观经济学的杰出代表人物。

曼昆非常注重教科书的编写，他认为写一本经济学教科书是一种极大的荣誉和职责。因此，曼昆在编写经济学教科书方面声名卓著，在 1992 年成功地出版了《宏观经济学》，此书不仅轰动美国，而且在世界范围内都享有盛誉。1998 年的《经济学原理》是世界上首版最为成功的经济学教科书，此书篇幅简短，通俗易懂，简明扼要，侧重于应用和政策。《经济学原理》多次再版一直畅销不衰。

作为一个有影响的经济学家，曼昆不仅在学术刊物上发表学术论文，而且经常为一些大众化的媒体撰稿，将他所研究的问题与大众沟通，体现出他重实际的治学风格。

用经济学的思维方法去解释现实世界，这是曼昆给我们提供的一种做学问的思路。

后凯恩斯主义者

——弗兰科·莫迪利安尼

弗兰科·莫迪利安尼(1918—2003)，意大利籍美国经济学家。第一个提出储蓄的生命周期假设，由此获得 1985 年的诺贝尔经济学奖。

莫迪利安尼出生于意大利罗马的一个犹太人家庭，17 岁进入罗马大学法律专业，1936 年获得法学学士学位。不久，鉴于欧洲将陷入一场浴血战争，莫迪利安尼与妻子便向美国申请移民签证，并于 1939 年 8 月第二次世界大战爆发的前几天抵达美国纽约。

莫迪利安尼在大学期间曾经参加过一个有关经济学方面的全国竞赛并获得一等奖,这次获奖的经历使他对经济学产生了浓厚的兴趣,但迫于当时法西斯的统治而无法进行经济学的学习和研究。到美国后莫迪利安尼打算转而从事经济学的学习和研究。他幸运地得到了新社会研究学院政治与社会科学研究院的免学费奖学金,从1939年秋开始,进行了3年的经济学训练,打下了扎实的经济学和计量经济学基础。1944年,新社会研究学院授予莫迪利安尼社会科学博士学位。同一年,莫迪利安尼的第一篇论文《利息和货币的流动性偏好理论》在有影响的《经济计量学》杂志上发表。这篇论文为学术界广泛接受,并很快成为凯恩斯主义经济学的经典文献。

1946年,莫迪利安尼申请美国国籍得到批准,成为美国公民。1948年秋,莫迪利安尼荣获声誉很高的芝加哥大学政治经济学奖学金。

莫迪利安尼对经济学理论做出了两个重要贡献:一是家庭储蓄的“生命周期”理论。在20世纪50年代他与美国经济学家布伦伯格和艾伯特·安多共同提出了消费函数理论中的生命周期假说。这一假说以消费者行为理论为基础,提出人的消费是为了一生的效用最大化;二是决定公司及资本成本的市场价值的“莫迪利安尼—米勒”定理。莫迪利安尼与美国经济学家默顿·米勒共同提出了公司资本成本定理,即“莫迪利阿尼—米勒定理”。这一定理提出了在不确定条件下分析资本结构和资本成本之间关系的新见解,并在此基础上发展了投资决策理论。莫迪利安尼对经济学理论做出的两个重要贡献是密切地联系在一起的,两者都说明家庭财富管理的必要性,且都可看成莫迪利安尼对金融市场作用的广泛研究的不同部分。

莫迪利安尼作为一个后凯恩斯主义者,在消费理论和投资理论两个方面都发展了凯恩斯的学说。

莫迪利安尼的主要著作有:《国民收入和国际贸易》(1963)、《计划生产、存货和劳动力》(合著,1960)、1980年出版的三卷集论文集(《宏观经济学论》《储蓄的生命周期假定》《财政理论和其他论文集》)。

本章小结

本章阐述的是凯恩斯建立的以需求为中心的国民收入决定模型。由于该模型仅涉及产品市场,因而称之为简单的国民收入决定模型。在凯恩斯的简单国民收入决定模型中,采取了短期分析方法,在假定总供给不变的条件下说明总支出(总需求)如何决定均衡的国民收入水平及其变动。

国民收入与总支出的关系可以在凯恩斯的45°线图中说明。均衡国民收入就是与总支出水平相一致的收入。当总支出水平上升或下降时，均衡的国民收入水平也会随之增加或减少。在两部门经济体中，总支出由消费支出和投资支出两部分构成，其中，消费随国民收入的提高而增加。储蓄则和消费呈此消彼长的关系。

均衡国民收入的分析方法有收入—支出法(Y=E)和漏出—注入法(W=J)，这两种方法本质相同。

如果总支出发生变化，则会导致均衡国民收入的变化。国民收入变化的幅度取决于乘数，乘数指的是均衡国民收入的变化量与自主支出的变化量的比率。有政府购买乘数、支出乘数、税收乘数、政府转移支付乘数、政府平衡预算乘数和对外贸易乘数。

总收入等于总支出时的国民收入水平，并不一定就是充分就业的国民收入水平。充分就业国民收入是指当资源(主要指劳动力)实现充分就业时所能生产出来的国民收入。当一个国家的均衡国民收入水平小于充分就业国民收入时，就出现了通货紧缩缺口。而均衡国民收入大于充分就业国民收入水平时，就出现了通货膨胀缺口。政府可通过扩张性(或紧缩性)的财政政策消除两种缺口，使均衡国民收入达到充分就业国民收入水平。

本章重点：消费函数和储蓄函数；均衡国民收入的决定条件；乘数的概念和计算；通货膨胀缺口和通货紧缩缺口。

本章难点：用图形表达均衡国民收入的两种决定方法；用简单的国民收入决定模型分析现实经济。

参考文献

[1] 爱德华·夏皮罗.宏观经济分析[M].杨德明，王文均，闵庆全，等，译.北京：中国社会科学出版社，1985.

[2] 曼昆.宏观经济学[M].梁小民，译.北京：中国人民大学出版社，2000.

[3] 宋承先.现代西方经济学：宏观经济学[M].上海：复旦大学出版社，1994.

[4] 约翰·斯罗曼.经济学[M].郭庆旺，译.北京：经济科学出版社，2001.

[5] 高鸿业.西方经济学：宏观部分[M].北京：中国经济出版社，1997.

[6] 梁小民.高级宏观经济学教程[M].北京：北京大学出版社，1993.

[7] 萨缪尔森.萨缪尔森辞典[M].陈迅，白远良，译释.北京：京华出版社，2001.

[8] 梁小民.宏观经济学纵横谈[M].北京：生活·读书·新知三联书店，2002.

[9] 赵英军.西方经济学：宏观部分[M].3版.北京：机械工业出版社，2012.

练　习

一、名词解释

总需求　总供给　均衡国民收入　消费函数　平均消费倾向　边际消费倾向　平均储蓄倾向　边际储蓄倾向　储蓄函数　投资乘数　政府购买乘数　税收乘数　通货膨胀缺口　通货紧缩缺口

二、选择题

1. 简单的凯恩斯国民收入决定理论认为均衡国民收入取决于　（　　）

A. 总供给　　B. 总需求

C. 总收入　　D. 总投资

2. 如果消费曲线是直线，那么在短期，平均消费倾向（　　）边际消费倾向；在长期，平均消费倾向（　　）边际消费倾向。

A. 等于，等于　　B. 大于，等于

C. 大于，小于　　D. 小于，大于

3. 政府购买乘数在下列哪种情况下最大？　（　　）

A. 边际消费倾向较小

B. 边际储蓄倾向较小

C. 平均消费倾向较大

D. 平均储蓄倾向较大

4. 如果边际消费倾向为0.8，当税收和政府购买同时增加100元，均衡的国民收入水平将　（　　）

A. 增加100元　　B. 减少100元

C. 保持不变　　D. 结论不确定

5. 消费函数的斜率取决于　（　　）

A. 边际消费倾向

B. 平均消费倾向

C. 投资量

D. 自发消费

6. 两部门经济体中，均衡国民收入的决定条件是　（　　）

A. 收入等于投资

B. 消费等于储蓄

C. 消费等于投资

D. 储蓄等于投资

7. 当出现通货膨胀缺口时，政府可采取的措施有　（　　）

A. 减少税收

B. 增加投资

C. 减少政府购买

D. 刺激消费需求

8. 假设在两部门经济中，在凯恩斯45°线图中，消费曲线与45°线相交点的产出水平表示　（　　）

A. 均衡的国民收入水平

B. 消费和投资相等

C. 没有任何意义，除非投资刚好为零

D. 储蓄大于零

9. 若净投资大于零，则资本存量（　　）

A. 不变　　B. 减少

C. 增加　　D. 不确定

10. 收入达到均衡时　（　　）

A. 非意愿存货为零

B. 国民收入没有变动的趋势

C. 漏出等于注入

D. 上述都对

11. 计划投资若小于计划储蓄，那么 （　　）

A. 总需求将小于总供给

B. 总需求将大于总供给

C. 漏出小于注入

D. 国民收入均衡

12. 假如某国目前的均衡国民收入为3 600亿元，若政府要把国民收入提高到4 000亿元，在MPS为0.2时，应增加支出 （　　）

A. 20亿元　　B. 30亿元

C. 50亿元　　D. 80亿元

13. 如果由于投资支出下降而导致国民收入下降，可预期 （　　）

A. 消费和储蓄将上升

B. 消费和储蓄将下降

C. 消费将上升储蓄将下降

D. 消费将下降储蓄将上升

14. 45°线表示了（　　）之间的等量关系。

A. 总需求和总支出

B. 总支出和国民收入

C. 总供给和总收入

D. 国民收入和国民产出

15. 在收入—支出分析中，假设总支出位于45°线之上，总存货 （　　）

A. 超过计划存货，所以厂商降低产量

B. 超过计划存货，所以厂商提高产量

C. 少于计划存货，所以厂商降低产量

D. 少于计划存货，所以厂商提高产量

16. 以下哪一项不是总支出的一部分？ （　　）

A. 税收　　B. 投资

C. 政府购买　　D. 消费

17. 乘数发生作用的条件是 （　　）

A. 社会上的各种资源已得到了充分利用

B. 社会上的各种资源未得到充分利用

C. 边际消费倾向大于1

D. 边际储蓄倾向大于1

18. 在两部门经济中，线性消费曲线与45°线之间的垂直距离为 （　　）

A. 储蓄　　B. 自发消费

C. 引致消费　　D. 收入

19. 假定其他条件不变，厂商增加投资将引起 （　　）

A. 国民收入减少，消费水平上升

B. 国民收入增加，消费水平下降

C. 国民收入减少，消费水平提高

D. 国民收入增加，消费水平提高

20. 如果在45°线图上，消费曲线向上移动，这意味着消费者 （　　）

A. 由于增加收入而增加储蓄

B. 由于减少收入而减少储蓄

C. 不是由于收入，而是由于其他原因使储蓄减少

D. 不是由于收入，而是由于其他原因使储蓄增加

三、判断题

1. 政府支出的增加将增加总投资。 （　　）

2. 消费函数和45°线的交点决定均衡的国民收入水平。（　）

3. 在两部门经济中，边际消费倾向和边际储蓄倾向之和恒等于1。（　）

4. 均衡国民收入肯定小于充分就业的国民收入。（　）

5. 减税对国民收入的影响要大于增加等量的投资对国民收入的影响。（　）

6. 均衡国民收入是一国理想的国民收入水平。（　）

7. 投资乘数对国民收入的影响是双向的，而税收乘数则是单向的影响。（　）

8. 长期消费函数不存在自发消费。（　）

9. 如果政府支出的增加量与政府税收的增加量相同时，国民收入水平会增加。（　）

10. 净税收是总税收和政府转移支付的差额。（　）

11. 总支出和总需求是完全等同的概念，具有完全等同的意义。（　）

12. 当一个国家的均衡国民收入小于充分就业国民收入时，这个经济社会存在通货紧缩缺口。（　）

13. 在凯恩斯简单的国民收入决定模型中，投资是一外生变量。（　）

14. 乘数在任何情况下都会发挥作用。（　）

15. 国民收入决定模型是宏观经济学的核心理论。（　）

16. 税收乘数是大于1的正数。（　）

17. 储蓄曲线和横轴的交点代表收入全部用于消费。（　）

18. 增加注入或减少漏出均会提高国民收入水平。（　）

19. 若实际产出位于储蓄曲线和投资曲线交点的右方，则存在超额产出。（　）

20. 将一部分收入从富者转给穷者，将提高国民收入水平。（　）

四、计算题

1. 假设在两部门经济中，$C=50+0.75Y$，$I=I_0=150$（单位：亿元）。试求：

(1)均衡的国民收入、消费、储蓄和投资各为多少？

(2)若投资增加到200，在新的均衡下，收入、消费和储蓄为多少？

(3)如果消费函数的斜率增大或减少，乘数将有何变化？

2. 假定某经济的消费函数为$C=100+0.8Y_d$，Y_d为可支配收入，投资支出$I=50$，政府购买$G=200$，政府转移支付$TR=62.5$，税收$T=250$。单位均为亿元。试求：

(1)均衡的国民收入；

(2)投资乘数、政府购买乘数、税收乘数、转移支付乘数和平衡预算乘数。

3. 在一个三部门经济体中，$C=200+0.75Y_d$，$T=400$，$I=180$，$G=500$。这一经济充分就业时的国民收入水平为2 000。要达到这一目标，可以通过调整政府购买或通过调整税收来实现，问：如果调整政府购买，该进行怎样的调整才能达到充分就业的国民收入水平？如果调整税收，该进行怎样的调整才能达到充分就业的国民收入水平？

五、思考题

1. 按照凯恩斯主义观点，增加储蓄对均衡国民收入会有什么影响？
2. 税收、政府购买和转移支付这三者对总支出的影响方式有何区别？
3. 投资为什么对国民收入具有乘数作用？乘数在经济中发生作用的前提条件是什么？
4. 假设政府采取增加政府购买和减少转移支付同一数量，即 $\Delta G=\Delta T_R$，试问：这一政策将导致均衡收入水平上升还是下降，为什么？

六、作图题

1. 试在一张图上做出用收入支出法和注入漏出法决定同一均衡国民收入的两种画法。
2. 作图说明通货膨胀缺口和通货紧缩缺口。
3. 在一张图上做出消费函数和储蓄函数图。

七、案例讨论

在每个长假期间，外出旅游的人增加，商店里也是人头攒动，于是人们把拉动经济的希望寄托在假日带动的消费上，冠名为假日经济。假日经济真能拉动整个国民经济吗？请用消费函数理论对之进行讨论。

第四章 扩展的国民收入决定理论

在简单的国民收入决定模型中，只涉及产品市场，没有涉及货币市场，没有考虑利率对投资的影响，没有考虑货币因素在总需求分析中的作用。因此，简单的国民收入决定理论只能分析财政政策对总需求的影响，无法分析货币政策对总需求的影响。而在实际经济运行中产品市场和货币市场并非相互独立，它们之间存在着相互的作用和影响。

本章的分析从产品市场扩展到货币市场，并把两个市场结合在一起说明它们的相互关系，这种分析要借助IS—LM模型。和简单的国民收入理论相比，IS—LM模型是第二个层次的国民收入决定理论。在20世纪60年代之前，IS—LM模型被认为是对凯恩斯理论的标准解释。

货币市场到底涉及哪些内容？它与产品市场的关联究竟怎样？IS—LM模型的意义体现在哪里？这就是本章将介绍的内容。

本章最后在产品市场和货币市场均衡的基础上，进一步推导出总需求曲线，并对总供求分析和总供求模型进行了一定的阐述，从而把国民收入决定理论放在一个更现实的层面(物价水平不再既定，总供给不再是一个既定的外生变量)进行分析，总供求分析属于第三层次的国民收入决定理论。

本章的基本概念：货币需求　货币供给　流动性陷阱　IS曲线　LM曲线　IS—LM模型　总需求曲线　总供给曲线

本章的学习目标：掌握货币供求和利率的决定；掌握IS曲线和LM曲线的含义，理解产品市场和货币市场的相互影响；理解IS曲线和LM曲线的推导以及模型的政策含义；理解总供求模型。

第一节　利率的决定

现实生活中，大家对利率都不陌生。当把钱存入银行时，可以得到按存款利率取得的存款利息，如果企业向银行贷款，银行则按贷款利率向企业收取贷款利息，银行则赚取存贷利息之间的差额。

资金借贷是一种普遍的经济现象，利率便是资金借贷的价格。那么利率水平是如何决定的呢？西方经济学家认为利率是由货币的供求所决定的。在此主要介绍凯恩斯的货币理论。

一、货币需求

货币需求是指人们因为某种动机而愿意持有的货币数量，由于货币具有使用上的流动性和灵活性，所以货币需求又称为流动性偏好或灵活性偏好。人们之所以有保持货币在身边的偏好是出于 3 种动机，交易动机、预防动机和投机动机，由这 3 种动机形成的货币需求为交易需求、预防需求和投机需求。

(一)交易需求

交易需求是人们为了应付日常交易而对货币产生的需求。人们出于交易动机所需要的货币量主要取决于收入的大小、收入与支出的时间间隔长短等因素。在凯恩斯的理论中，交易需求量的大小主要由收入决定，收入越高，需求量越大。因此，交易需求是收入的函数。

小思考　在现实经济生活中，货币的交易需求除了收入还要受到哪些因素的影响？

(二)预防需求

预防需求又称为谨慎需求，是为了预防意外支出而对货币产生的需求。该动机的产生是由于人们无法预期未来会出现的难以避免的事件，如失业、疾病或有利的购物机会等，预防需求的数量同样取决于收入的大小，是收入的函数。

由于交易需求和预防需求都是收入的函数，可以把两项需求合并以 L_1 表示，在很多场合，就把 L_1 笼统地称为交易需求，则：

$$L_1 = L_1(Y) \tag{4.1}$$

如图 4-1(a)所示表示交易需求曲线。在图 4-1(a)中，横轴为交易需求 L_1，纵轴为利率 r，交易需求曲线是一条垂线，与利率无关。当然在现实经济生活中 L_1 的大小与利率多少会有一定的关联。但经济学上为了简化分析，假定 L_1 只受收入的影响。

(三)投机需求

投机需求是一种人们为了随时利用市场可能出现的生息机会而获利的目的所持有货币的动机。假定人们的财富以货币、债券这两种形式存在，债券能带来收益，而闲置的货币不能获得收益。凯恩斯认为对货币的投机需求来自于人们对未来利率变动的预期。在现实经济生活中，债券价格与利率呈反向变动，利率上升时，债券价格降低，当人们认为债券价格已经降到正常水平以下就会选择买进债券，手中持有的货币量会减少；反之，利率下降时，债券价格上升，当人们认为价格已经上涨到正常水平以上就会卖出债券，于是手中持有的货币量增加。很显然，投机需求是利率的函数，货币的投机需求同货币市场的利率水平呈反方向变化。如果用 L_2 表示货币的投机需求，那么：

$$L_2 = L_2(r) \tag{4.2}$$

如图 4-1(b)所示表示投机需求曲线。在图 4-1(b)中，随着利率的下降，投机需求增加，当利率下降到一定程度以后，人们认为利率不会再降低了，则对货币的投机需求趋向无限。

专栏 4-1　"钱荒"与证券涨跌那点事儿

2013 年 6 月，作为人民币资金价格指向标的 Shibor 利率大幅上涨，多个利率品种连创新高。6 月 20 日，Shibor 利率几近全线暴涨，仅两周利率小幅下跌，其中隔夜利率大幅飙升超过 500 个基点，利率首次超过 10%，达到 13.444%，该数值创下历史新高；此外，1 周利率亦首次突破 10%，大涨近 300 个基点，达到11.004%，亦创下历史新高。

由于中国央行意在警告国内商业银行不顾资金风险的过度扩张行为，惩罚性地迟迟不肯救市，Shibor 利率高位运行，这种极度恐慌的市场情绪至 6 月 25 日仍在发酵，当日银行间债券市场隔夜回购利率报 10%，7 天利率报 12%，1 个月利率报 9%，均为历史高位；盘中行情异常惨烈，隔夜回购一度成交在 30%，7 天回购利率最高达到 28%，1 个月利率跳涨至 18%，均刷新了银行间的历史纪录。截至收盘，隔夜、7 天回购利率上行幅度逾 300 个基点，分别至 11.65%和 11.449%。

考虑到安抚市场情绪的必要性，6 月 26 日中国央行终于出手救市以缓解钱荒。央行当日发布了维护货币市场稳定的公告，并向银行注入流动性资金，28 日央行行长周小川针对当前金融市场的"钱荒"问题再次表示，央行将继续实施稳健的货币政策，并着力增强政策的前瞻性、针对性和灵活性，适时适度地进行预调微调。央行的一系列救市举措有效地缓解了市场的恐慌情绪，Shibor 利率也逐步回落至正常水平。

与 Shibor 利率持续飙升相对应的是，中国证券市场出现全面暴跌。6 月 20 日，沪深股市暴跌，其中，上证指数从 6 月 19 日的 2 143.45 点下跌至 2 084.02 点，跌幅达 2.77%，而深圳指数则大跌 301.63 点。截至 6 月 25 日，上证指数在短短的 4 个交易日内就下跌 192.67 点，跌幅高达 8.5%，深圳指数下跌 1 020 余点，跌幅约 10.9%。另外，在债券市场上，6 月 20 日国债指数从 138.06 点下跌至 137.92 点，跌幅 0.01%。很显然，市场利率上行与证券市场价格之间呈现了此长彼消的格局，在一定程度上也反映了利率的过度上行，大大降低了公众对投机性货币的需求。

资料来源：中证网：www.cs.com.cn.

货币总需求量是由交易、预防和投机这 3 种动机所决定的全部需求量之和，所以货币总需求函数可以用下式表达：

$$L=L_1+L_2=L_1(Y)+L_2(r) \tag{4.3}$$

或

$$L=kY-hr \tag{4.4}$$

式中，k、h 分别为货币需求对收入变动、货币需求对利率变动的敏感程度。由货币需求函数可知，货币需求的变动由收入和利率共同决定。当利率 r 上升时，债券、股票类资产价格将下降，这时人们的投机需求会减少，进而对货币的总需求减少，反之亦是，当收入增加时，人们会增加对交易性及预防性的货币需求。

这里所提到的货币需求指的是对货币的实际需求，即具有不变购买力的实际货币需求量。如果用 M 代表名义货币量，m 代表实际货币量，P 代表价格指数，则 $m=M/P$。

货币总需求曲线如图 4-1(c)所示，货币总需求曲线是 L_1 与 L_2 的水平叠加。

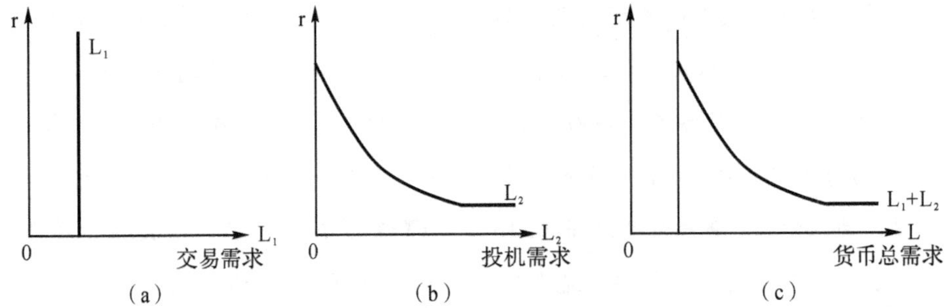

图 4-1　货币总需求

在利率极低时，人们对货币的需求无限，不管有多少货币都愿意持在手中，这种情形称为“流动偏好陷阱”或“灵活偏好陷阱”，因为是由凯恩斯提出的，故又称为“凯恩斯陷阱”。

小思考 为什么会存在流动偏好陷阱？

二、货币供给

货币供给指一个国家在某一时点上由居民和企业持有的政府和银行以外的货币总和。不过一说起货币供给，不少人以为就是央行把印钞厂印刷的纸币向外发行，就像在影片中经常看到的那样随着印钞机的飞快运转，成版的美钞不断地流了出来，央行发行100美元的钞票，流通中就多了100美元的货币。其实开动印钞机只是一种形象的说法，央行发行货币根本不用开动印钞机，只需轻击电脑的数字键盘就可以提供巨大的货币供给，而且流通中的货币量会远大于央行发行的货币量，比如中国人民银行发行了100元人民币，流通中的货币的增加可能就是100元的若干倍。那么货币供给到底是怎么回事呢？为此必须了解什么是货币，什么是基础货币，商业银行是如何创造货币的，等等。

（一）货币供给的计量

货币一词在日常交谈中往往被看成是现金，即通货（包括纸币和硬币）。但是从经济学的角度看，这样定义货币是非常不准确的，或者说是过于狭窄的，通货只是货币中的很小一部分。经济学把货币定义为：在商品和劳务的交易以及债务的偿还中被普遍接受的东西。不管是贝壳、石头、黄金、白银还是印有特殊图案的纸片，只要在交易中被普遍接受就可以充当货币。货币最主要的特征是充当交易的媒介，由于支票也是交易中被普遍接受的交易媒介，因此支票账户存款（活期存款）也属于货币，在西方的金融体系中，类似的资产还有旅行支票和其他支票存款，它们共同的特点是可以直接作为交易媒介来使用，在这一方面它们和通货没有区别，因此都属于货币。这样货币的范围就扩大了。还有些资产，例如银行的储蓄存款本身并不能直接作为交易媒介，但是它们很容易变成通货或活期存款而自身不会蒙受什么损失（这被称为流动性强），这些资产属于更广范围的货币。在美国的经济学教科书中一般把通货、旅行支票、活期存款和其他支票存款定义为M1，被称为狭义货币供应量，这是第一层次的货币。M2是M1加上其他流动性较强的资产，如小额定期存款、储蓄存款、隔日回购协定等。M2被称为广义货币供应量，这是第二层次的货币。

不同国家M1和M2所包含的资产项目并不完全相同，但是划分的标准基本是一致的，M1 所包含的基本是直接可以作为交易媒介的资产，它代表一国经济中的现实购买力，为许多国家央行货币调控的对象。而 M2 是直接可以作为交易媒介的资产，加上一些本身不能直接作为交易媒介，但很容易变为交易媒介的资产，即经过一定的时间和手续后可以转变为购买力，所以称为准货币。在 M2 之上加一些不那么容易变为交易媒介的准货币资产还可以构成货币供应量的第三个层次 M3。如果忽略各种存款之间的差别（即只有一种存款），这也意味着忽略各种 M 之间的区别，货币供给就可以简化为由通货加存款构成。如果通货和存款分别用 C 和 D 表示，那么货币供给 M_s 可以用下式表示：

$$M_s = C + D \tag{4.5}$$

M1 和 M2 是经济学家和政府经常用到的指标。本教材主要将 M1 作为货币供给量。

专栏 4-2　我国货币供应量的指标体系

我国央行将货币供应量划分为 4 个层次。如表 4-1 所示。

M0：流通中的现金

M1：M0＋企业活期存款＋机关团体部队存款＋农村存款

M2：M1＋城乡居民储蓄存款＋企业定期性质的存款＋外币存款＋信托类存款

M3：M2＋金融债券＋商业票据＋大额可转让存单等。此指标我们国家目前没有纳入测算

表 4-1　我国近几年的货币供应量　　（单位：亿元人民币）

年＼货币指示	M0	M1	M2
2009	38 246.97	221 445.81	610 224.52
2010	44 628.17	266 621.54	725 821.79
2011	50 748.46	289 847.7	851 590.9
2012	54 659.77	308 664.23	974 148.8
2013	58 574.44	337 291.05	1 106 524.98
2014	60 259.53	348 056.41	1 228 374.81

资料来源：中国人民银行网：http://www.pbc.gov.cn.

小思考　从货币供应量的统计数据分析我国近几年的货币政策。

把货币分为不同的层次并非是故弄玄虚，也不是经济学家刻意把简单的事情复杂化，而是因为不同货币指标的变动所反映的宏观经济的动态是不一样的。

(二)商业银行存款创造机制

货币供给量的大小不仅取决于中央银行货币发行量的大小，还来自商业银行创造的货币。商业银行在吸收存款发放贷款的过程中创造出了货币，此即为商业银行的存款创造机制。

为了保障国家金融体系的安全稳定和存款者的利益，中央银行以法律形式规定商业银行吸收存款时必须保留一定比例的现金作为准备金，这个比例就是法定准备率。例如，法定准备率是10%，就是商业银行每吸收100元存款，必须持有10元作为准备金，最多只能放贷90元。银行在法定准备金之外自愿持有的准备金，称为超额准备金。在美国，美联储对于商业银行的准备金存款不支付利息，因此商业银行有最大限度地降低准备金的动机。

在实际经济生活中，商业银行会将吸收的各类存款，在扣除法定准备金和超额准备金后根据市场状况和经济环境对外投放贷款，而贷款主体将资金支付给其他人，他人将收到款项的部分或全部再存放到商业银行，如此循环往复，形成了“存款——贷款——存款——贷款”的货币创造机制。换句话说，存款和贷款会通过多次存款、贷款等活动产生出数倍于它的存款，即通常所说的派生存款。

现在通过举例来说明银行是如何创造存款的。假定中央银行在公开市场买进100万元的政府债券，卖出债券的某企业获得一张中央银行开出的100万元的支票，然后该企业将支票存入自己的开户银行A，这样银行A就获得了100万元的存款，即货币供给增加了100万元。但是银行A不会让事情就此结束，假定法定准备率是20%，那么银行A就会将20万元作为法定准备金存入中央银行，而把剩下的80万元贷给客户甲，具体的做法是银行A通过转账将80万元转入客户甲的开户银行B，银行B的存款便增加了80万元。到第二轮结束，整个银行系统的存款共增加了180万元。同理银行B也会提取16万元法定准备金，把剩余的64万元贷放给客户乙，这个过程还将进行下去，银行系统的存款也不断地增加，但存款的增加不是无限的。看一下存款增加的数列并对其求和：

$$100+100\times(1-20\%)+100\times(1-20\%)^2+100\times(1-20\%)^3+\cdots$$

可以看出这是一个等比数列，根据等比数列的求和公式可以算出其和是500，也就是说100万元的初始存款，在法定准备金制度下最终可以使银行系统的存款达到500万元，也就是货币供给可以增加到500万元。

一般地，如果假定初始存款的变动为ΔH，法定准备率为r_d，银行系统存款总

量的变动为 ΔD，那么由等比数列的求和公式可以得到：

$$\Delta D=\frac{1}{r_d}\times\Delta H \tag{4.6}$$

$1/r_d$，称为存款创造乘数，即法定准备金率的倒数：

$$存款创造乘数=\frac{1}{法定准备金率}=\frac{1}{r_d} \tag{4.7}$$

在上述例子中存款创造乘数等于 5，这意味着 1 元初始存款的增加最多可以创造出总额为 5 元的银行存款。货币供给是由通货和存款构成，而存款又是货币供给中最大的组成部分，所以存款的创造过程对于一国货币供给的增加意义重大。当然，如果减少初始存款，其作用则刚好相反。

显然，银行能创造出货币量的大小和准备金率有关，准备金率越高，银行能创造的货币量越小。设想一种极端的情形，假设准备金率是 100%，也就是说银行吸收了一笔存款后要留下 100%作为准备金，如此，银行就不可能有贷款，也就创造不出任何额外的货币。

上述的银行存款创造乘数是在一定的假设条件下进行的，是一个最简单的情景设计，现实的存款创造乘数没有那么大。

小思考　*为什么现实的存款创造乘数要小于简单的存款创造乘数？*

初始存款的变动往往是由基础货币的变动引起的，因此中央银行可以在一定程度上通过控制基础货币来调节货币供应量。

(三)基础货币和货币乘数

基础货币是流通中的现金和银行的准备金之和，由于基础货币具有使货币供给量成倍放大或缩小的功能，因此又称为高能货币或强力货币。

基础货币是央行控制货币供给的主要途径。央行向商业银行发放或收回贷款，在公开市场买卖政府债券，买卖外汇等行为都会导致存款准备金的变动，进而引起商业银行的信贷活动发生变动及整个银行体系存款的增减，最终导致货币供给量的变动。

货币乘数是基础货币转化为货币供应的倍数。如果货币供应为 M_S，基础货币为 M_b，那么有如下表达式：

$$货币乘数=\frac{M_S}{M_b} \tag{4.8}$$

在前面的存款创造乘数中，忽略了公众所持现金的变动、银行超额准备金的变动对存款创造的影响。现在把这些因素都考虑进来的话，最后可推导出货币乘数的公式为：

$$\text{货币乘数}=\frac{1+\text{通货比率}}{\text{法定准备金率}+\text{超额准备金率}+\text{通货比率}} \quad (4.9)$$

其中，通货比率为现金对存款的比率。显然，货币乘数的大小受中央银行、商业银行、公众的行为影响。这就是说，一定时期的货币供给量是由中央银行、商业银行及社会公众等3个部门共同决定的。美国经济学家米什金认为货币供应过程有4位演员：中央银行、银行（存款机构）、存款者（个人和机构）、贷款者（个人和机构）。实际上，最后两位演员就是公众。

如果货币乘数的变动能预测，且其值的变动比较稳定时，中央银行就可以借助控制基础货币的各种措施，适度地创造或减少基础货币量，以调整和控制货币供给量，适应经济运转的正常需要，实现其货币政策目标。

专栏4-3　降准预示基础货币投放方式转变

自我国加入世贸组织以后，由于贸易顺差使外汇占款激增，存款准备金率随之不断提高。因为在我国现有的外汇管制体制下，外汇占款要强制结汇，相当于央行被动投放基础货币，为防止货币超发导致通胀，央行只能提高准备金率对冲，吸收多发的货币，这也是中国M2居高不下的原因，但实际上银行可用的资金并没有看上去的那么多。

从2003年的7%逐步提高至2011年的21%，我国商业银行存款准备金率上涨近3倍，对应的是金融机构外汇占款从3万亿元提升至25万亿元，上涨8倍，外汇占款占人民币存款比重由15%升至32%。可以看出，准备金率提高了14个百分点，外汇占款占存款比重提高了17个百分点，两者基本形成对冲。虽然2011年后已3次下调准备金率，但仍高达近20%，为历史较高水平，更远高于世界平均水平。

但是，近两年来情形渐渐有了变化，我国外汇占款增度显著减慢，2014年外汇占款增量为2003年以来次低；12月外汇占款甚至单月下降1 184亿元，创8年最大下降值；而且，自去年5月外汇占款余额达到历史新高29.5万亿元后，再未突破前期高值，说明尽管我国去年进出口顺差仍然保持较快增长，但是资本外流较大，使外汇占款余额相对稳定甚至下降。进入2015年后，1月人民币兑美元出现大幅走贬之势，人民币兑美元汇率已接近2012年10月以来的新低，这自然将促进1月资本持续外流。同时，依据记录，历年2月的贸易顺差比较低迷，2014年为贸易逆差226亿元，今年2月贸易顺差情况也不容乐观。因此，1月和2月合计的外汇占款很可能呈下降态势，基础货币将因此产生较大缺口，央行公开市场操作难以完全弥补基础货币的缺口，比如通过降准释放较大规模的资金。此外，美元走强，加上人民币宽松预期，资本外流压力仍然较大；并且由于美元以外的货币贬值，导致人民币出口竞争力下降，外贸出口形势更加复杂。从人民币汇率和外贸出口形势看，未来外汇占款增量难以保持以往高增长态势，外汇占款增幅放缓甚至下降可能是趋势性的。

央行历次提高准备金率是为了对冲外汇占款增加；那么，当外汇占款保持平稳甚至开始下降时，降低准备金率就成了央行的反向对冲机制，而央行通过 MLF 等创新工具补充基础货币的同时，通过降准提升货币乘数也是应有之义，目的均是保持市场流动性相对稳定，防范通胀或通缩。

以目前人民币存款总额 110 万亿元测算，这次降准向市场释放了约 6 000 亿元资金，有利于市场资金面进一步宽松，但是部分释放资金会被外汇占款下降所抵消，因此实际释放资金可能有限。降准对于商业银行是利好，可将部分低利率准备金转化为高利率的贷款或投资，有利于提升商业银行净息差，可缓解利率市场化带来的存款成本上升压力，有助于降低系统性金融风险。尽管此前人民币兑美元贬值已部分反映了货币宽松的预期，但此次降准时点早于预期，或将进一步推动人民币贬值，有利于商品出口，但若贬值幅度过大，将加大人民币汇率波动风险，同时人民币国际化进程中也需要相对稳定的人民币币值，届时不排除央行出手影响外汇市场，上周五央行就大幅上调人民币汇率中间价，以稳定人民币信心。

而降准对金融体系最重要的影响在于，转变基础货币投放方式。因为减少商业银行每一元存款的法定准备金，可运用资金增加，都将提高商业银行派生贷款、创造货币的能力，所以未来基础货币的投放模式，将从以往依靠外汇占款增加转向以商业银行派生贷款为主，由外生转变为内生，提高货币政策主动的调控能力。但是，对于降准能否完全对冲外汇占款的减少，则取决于外汇占款减少幅度和商业银行创造货币的能力，理论上这两方面形成对冲，可熨平基础货币的缺口，但在实际中会产生差异，因此还需央行通过公开市场操作，运用 SLO、SLF 等新型货币政策工具，向市场补充或吸收流动性，保持合理流动性，创造良好的货币金融环境。

鉴于我国央行以准备金率调节货币总量的空间较大，若外汇占款进一步减少，或者经济不景气，不排除上半年进一步降准的可能。当然，从根本上说，当前央行货币政策的立场和取向是“补缺口”而非“总量放松”，并非“刺激”而是“调整”，并非“增量”调整而是“存量”调整。因此，降准并不等同于全面宽松，更何况，与西方国家量化宽松的资金规模相比，我国一次降准所释放的资金量规模微不足道。而一次降准也不意味着开启宽松货币政策，只是对基础货币缺口的补充。须知，货币政策并非万能药，就连艾伦·格林斯潘也在日前表示：“货币政策是在整体经济长期力量的背景下操作，除非直接或间接地影响潜在生产率的增长，否则扩张性政策或货币刺激政策不会影响实际 GDP。”

因此，市场对央行这次降准表现相对平静也就可以理解了。降准补充了流动性，增加了资金供应，但也加大了资本项下的不确定性，增加虚拟经济泡沫的风险。降准的目的在于支持实体经济，加大对小微和涉农企业的资金支持力度，但资金到底能否流向实体经济，取决于实体经济风险、金融体制以及银行公司治理和激励机制，只有金融与实体经济形成互利共赢的局面，才能把降准效应落到实处。而且，资金链向实体经济的传导需要有个过程，有一定的滞后性，未必能立竿见影。所以，在这段时间内若经济进一步下滑，央行能否保持定力，还是继续降准，备受考验。因此，要让降准效应真正传导至实体经济，让实体经济自身释放出活力，还需要进一步深化金融经济体制改革，推动经济增长和转型。

资料来源：滕飞. 降准预示基础货币投放方式转变[EB/OL]. [2015-02-14]http://finance.sina.com.cn.

三、货币供求均衡与利率决定

货币供求均衡是指流通中的货币供给与货币需求相一致时的状态，此时供求决定的利率为均衡利率，如图 4-2 所示。为简便起见，假设货币供给量完全由政府决定，则货币供给线为垂线，同时，货币供给量为实际量而非名义量。

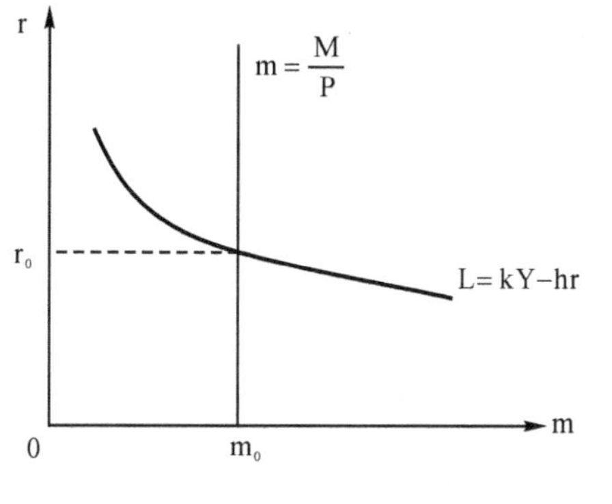

图 4-2　货币供求均衡

图 4-2 中，货币供给和货币需求的交点为货币供求的均衡点，m_0 和 r_0 分别为货币供求相等的均衡量和均衡利率。均衡利率并不是固定不变的。当货币供给、收入水平发生变动时，货币市场的均衡状态也将随之发生变动，由旧的均衡调整至新的均衡，均衡利率也将调整至新的均衡利率水平。

小思考　1. 你认为货币供给是外生的吗？

2. 请具体说明均衡利率的形成。

第二节　IS 曲线

IS—LM 模型是说明产品市场和货币市场同时达到均衡时国民收入和利率决定的模型。要阐述这一模型首先得明确产品市场的均衡 IS 曲线和货币市场的均衡 LM 曲线。

所谓 IS 曲线是指投资 I 和储蓄 S 相等所形成的曲线，在曲线上的点都达到了产品市场的均衡。这是对凯恩斯简单的国民收入决定理论的扩展，在这里，投资不再是一个既定的外生变量，投资是利率的函数。

本节将对产品市场的均衡 IS 曲线进行全面的阐述和分析。

一、IS 曲线的含义

IS 曲线是反映市场利率(r)与国民收入(Y)之间关系的曲线，它描述当产品市场达到均衡，即 I＝S 时，国民收入与利息率之间存在着反方向的变动关系。如图 4-3 所示，IS 曲线是一条从左上方向右下方倾斜的直线。

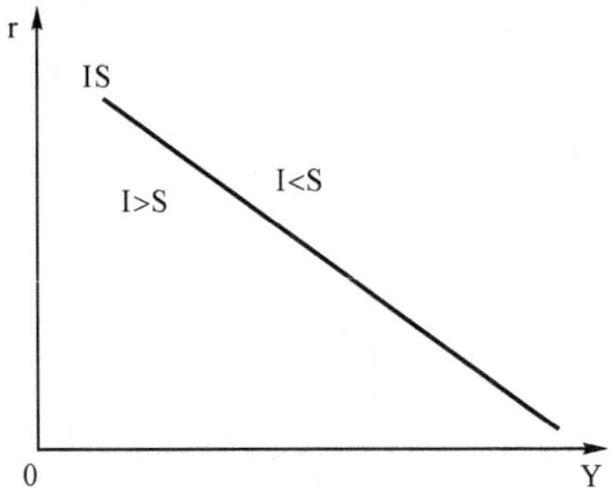

图 4-3　IS 曲线

图 4-3 中隐含了 3 个经济层面的含义：一是处于 IS 曲线上的任何点位都代表 I＝S，即达到产品市场的均衡，偏离 IS 曲线的其他任何点位都表示产品市场失衡；二是均衡的国民收入与利率之间存在反方向变化关系，即当利率提高时，总产出趋于减少，反之当利率降低时，总产出趋于增加；三是如果某一点处于 IS 曲线的右边，表示 I＜S，也就是当前利率水平过高，从而导致投资规模小于储蓄规模。而若某一点处于 IS 曲线的左边，表示 I＞S，也即当前利率水平过低，从而导致投资规模大于储蓄规模。

小思考　是否 IS 曲线只能说明两部门经济均衡时利率与国民收入之间的关系？

二、IS 曲线的推导

因为 IS 曲线最终反映的是利率和国民收入之间的关系，而投资一方面是利率的减函数，另一方面又直接影响国民收入水平。同时，储蓄是国民收入的增函数，因此，可以通过它们之间的联系推导出 IS 曲线。如图 4-4 所示。

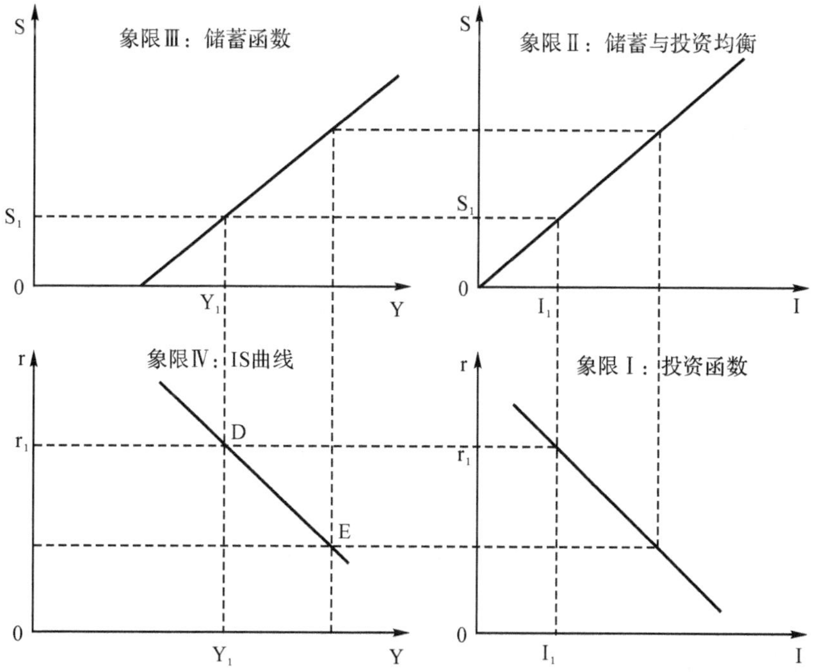

图 4-4　IS 曲线的几何推导

图 4-4 称为四象限图。象限Ⅰ表示的是投资函数，因为投资是利率的减函数，所以投资曲线呈左上方向右下方倾斜。象限Ⅱ引入一条 45°线，在线上的每一点都代表产品市场的均衡，即 I=S。象限Ⅲ则是储蓄函数，储蓄是收入的增函数，随着收入的增加而增加。象限Ⅳ是最终的结果，它表明当投资与储蓄达到均衡时所形成的 IS 曲线。

假设当利率为 r_1 时，投资为 I_1，因为均衡的条件是 I=S，所以对应的应该是 S_1。在储蓄为 S_1 时，国民收入水平应为 Y_1，最后得到 r_1 和 Y_1 的组合点 D。同样，如果利率降低，最终会得到另一利率和国民收入的组合点 E，DE 连起来的即为 IS 曲线。

也可以用代数的方法推导出 IS 曲线。

由于投资是利率的减函数，可表示为 $I=e-dr$，其中 e 是自发投资，r 和 d 分别代表利率和投资对利率的敏感度。储蓄是收入的增函数，记为 $S=-\alpha+(1-\beta)Y$，其中 α 是自发消费，β 为边际消费倾向。这样在两部门经济产品的市场均衡条件下，由 I=S 可得 $e-dr=-\alpha+(1-\beta)Y$，进而 $Y=\frac{\alpha+e}{1-\beta}-\frac{d}{1-\beta}r$ 或 $r=\frac{\alpha+e}{d}-\frac{1-\beta}{d}Y$。

三、IS 曲线的斜率

从 IS 曲线的几何推导可以看出 IS 曲线的斜率主要受投资曲线和储蓄曲线的斜率的影响。投资曲线的斜率取决于投资对利率变动的敏感程度，储蓄曲线的斜率受边际消费倾向的影响。因此，影响 IS 曲线斜率的因素有投资对利率的敏感程度和边际消费倾向的大小。

（一）投资对利率变动的敏感程度

在投资函数中，d 是投资对利率变动的敏感程度，意味着利率变动后对投资变动的影响。如果利率稍做变动会引起投资较大的变动则 d 值较大，投资曲线平缓，而投资变动较大对国民收入的影响也较大。所以，d 值越大，IS 曲线越平坦，反之越陡峭。

（二）边际消费倾向的大小

边际消费倾向越大则边际储蓄倾向越小，储蓄曲线越平缓，从而导致 IS 曲线越平坦；另一方面，边际消费倾向越大投资乘数也越大，投资对国民收入的影响越大，从而使得 IS 曲线越平坦。

如果考虑三部门经济，那么 IS 曲线的斜率还要受税率大小的影响。

小思考 能否从代数方法推导影响 IS 曲线斜率的因素？

四、IS 曲线的移动

从 IS 曲线的几何图形推导可以看出，只要投资函数或储蓄函数发生变动，IS 曲线就会变动。

如果增加自发投资量，会使得 IS 曲线向右移动，其移动的水平距离为 $k\cdot\Delta I$ 单位，其中 $k=1/(1-\beta)$，同理，增加自发消费量，会使得 IS 曲线会向右移动，其移动的水平距离为 $k\cdot\Delta\alpha$ 单位。

在三部门情况下，增加政府购买性支出和减税都属于增加总支出的膨胀性财政政策，会引起 IS 曲线的右移；反之，减少政府购买性支出和增税都属于减少总支出的紧缩性财政政策，会引起 IS 曲线的左移。从而政府可通过有效的财政政策影响国民收入的变动。

小思考 为什么必须是自发支出的变动才能导致IS曲线的移动?

专栏4-4 减税对拉动经济增长的作用

通过减税刺激经济增长,是许多国家常用的手段。减少工薪家庭的收入所得税,特别是减少低收入,多子女家庭以及享受退休金的老年人税收,可以对刺激社会消费需求产生明显作用。美国和英国为保持经济增长,在刺激居民消费和企业投资时,都采用了减税这个手段。日本、俄罗斯、泰国、马来西亚等经济不景气的国家,也都采用了减税政策。减税措施主要有:降低个人所得税税率、调高个人所得税起征点、降低汽车消费税、免征偿还住房贷款的收入所得税、取消酒店的服务税和销售税等。

尽管基于我国税收体制和结构的实际情况,特别是税收秩序尚不规范,实行大规模减税尚不具备条件,但是自2008年经济危机以来,为刺激经济增长,我国在减税方面也采取了一些措施,如2009年将个税起征点提高至3 500元、停征投资方向调节税、下调印花税、降低关税等。如四川省国税局系统在2013年累计减免税收381.6亿元,同比增长24.7%,创1994年以来新高。初步测算,减免税拉动四川全省GDP增长0.2个百分点,创造就业岗位7.9万个。

资料来源:韩振军,张旭东.减税在刺激经济增长方面的作用[EB/OL].2002.3.8.http://www.xinhuanet.com.

小思考 如何理解IS曲线斜率大小与财政政策效果的关系?

第三节 LM曲线

所谓LM曲线是指货币需求L与货币供给M相等所形成的曲线,在曲线上的任何点都意味着达到了货币市场的均衡。

本节将对货币市场的均衡LM曲线做一全面的阐述和分析,阐述的内容和分析的思路与上节相似。

一、LM曲线的含义

LM曲线是一条描述货币市场达到均衡,即L=M时,国民收入与市场利率之间存在正向变动关系的直线,即利率提高时国民收入趋于增加,利率降低时国民收入趋于减少。如图 4-5 所示。

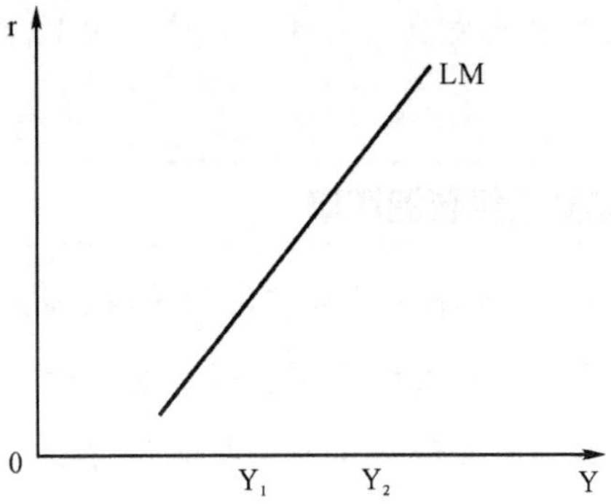

图 4-5　LM 曲线

小思考　图中隐含了哪些经济层面的含义？在 LM 曲线右方的点 Y_1、Y_2 表明什么？

二、LM 曲线的推导

货币需求函数可表示为 $L=L_1(Y)+L_2(r)=kY-hr$，如果货币供给量 m 为一既定量，在货币市场达到均衡时就有 $m=L=L_1(Y)+L_2(r)$，且货币需求也为既定量。那么 L_1 和 L_2 之间应为此消彼长的关系。L_1 与 Y 存在同向关系，L_2 和 r 存在反向关系，由此，在货币供求相等且既定时，可以得到以下的推论：

$$m=L=L_1\downarrow(Y)\downarrow+L_2\uparrow(r)\downarrow$$

国民收入和利率之间存在正向变动关系。

下面着重用几何图形(四象限图)，如图 4-6 所示来推导 LM 曲线。

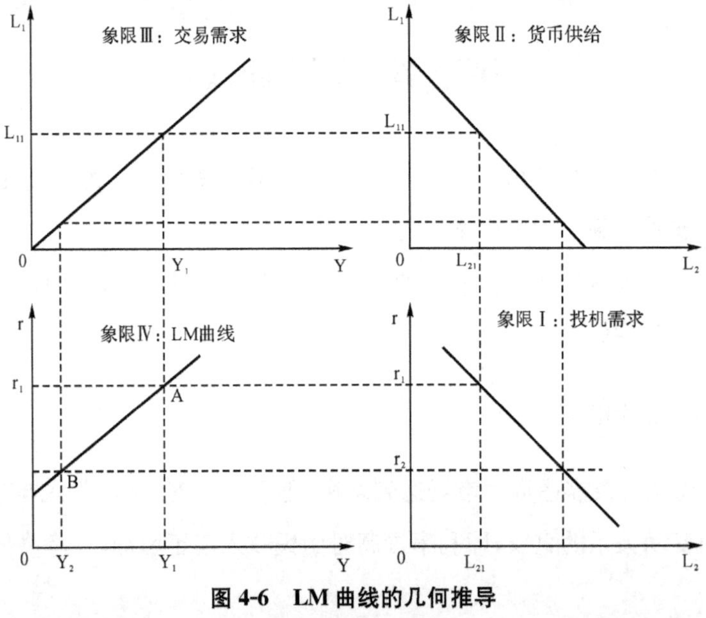

图 4-6　LM 曲线的几何推导

象限Ⅰ表示货币的投机需求函数，因为投机需求是利率的减函数，所以两者成反向变动。象限Ⅱ为一条斜向的45°线，表示给定的货币供给用于货币的交易需求和投机需求的各种可能的组合。在货币供给既定的情况下，货币不是用于交易需求，就是用于投机需求。象限Ⅲ表示的是货币的交易需求函数，交易需求是国民收入的增函数。象限Ⅳ则是最终的结果，它表明当货币市场达到均衡时所形成的LM曲线。

假设利率为r_1，货币的投机需求为L_{21}，当货币供给既定时，货币用于L_{21}后，剩下的即为用于交易需求的L_{11}，由于交易需求是国民收入的增函数，所以交易需求L_{11}对应的国民收入为Y_1，把r_1和Y_1的交点定为A。同样，如果利率下降至r_2，最终可以得到r_2和Y_2的交点B，AB连起来的曲线就是LM曲线。

三、LM曲线的斜率

从推导LM曲线的几何图形可以看出LM曲线的斜率主要受货币的投机需求曲线和交易需求曲线斜率的影响。投机需求曲线的斜率取决于货币投机需求对利率变动的敏感程度h，敏感程度越高，LM曲线越平缓。而交易需求曲线的斜率取决于货币需求对收入的敏感程度k，敏感程度越高，交易需求曲线越陡峭，则LM曲线越陡峭。

在一般情况下，人们认为货币的交易需求函数比较稳定，因此LM曲线的斜率主要受h变动的影响。

当h无穷大时，斜率为零，此时，货币的投机需求趋于无限，即为凯恩斯陷阱或流动偏好陷阱。如图4-7所示的凯恩斯区域，在流动偏好陷阱中，如果政府实行扩张性货币政策，增加货币供给，不能降低利率，也不能增加收入，此时货币政策无效。当h为零时，斜率为无穷大。如果利率上升到很高的水平时，货币的投机需求将等于0，如图4-7中的古典区域。这时候人们为了完成交易，还必须持有一部分货币，即交易需求，但不再为投机目的而持有货币。此时，如果实行扩张性的货币政策，不但会降低利率，还能提高收入。这符合古典学派以及以之为理论基础的货币主义的观点。古典区域和凯恩斯区域之间是中间区域，斜率为正值。

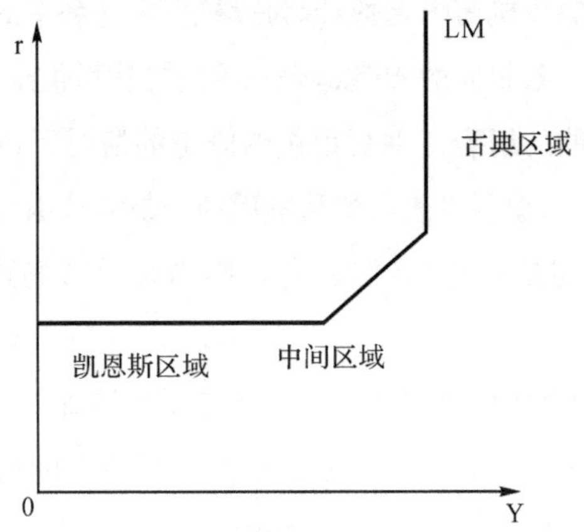

图 4-7 LM 曲线上的三个区域

专栏 4-5 货币虽好 太宽松了既难自救又易伤身

自 2013 年以来，在安倍政府的持续压力下，日本央行宣布重大政策转向，引入 2%的通胀目标，并决定向美联储看齐，自 2014 年起实施无限量宽松措施，由此引发了日元的持续贬值，美元兑日元汇率连破 100、110、120 大关，并激起全球货币战争的担忧。不过综合来看，日本超量化宽松货币政策不仅不能解决自身存在的结构性问题，而且过多货币留存国内，不仅助长了资产价格泡沫和通货膨胀，还延缓了经济结构性问题解决时机，结果可能伤害到自身经济的良性运转，并通过政策溢出效应影响到全球经济的复苏进程。

日本"以邻为壑"的汇率贬值政策，难以达到政策目的的原因在于，日本经济长期衰退是因为政府主导型经济向自由市场型经济转型不顺，从根本上说是一个经济结构性问题。虽然过去日本政府推出新增长战略，但由于日本经济社会长期存在的顽固路径依赖和政策时滞因素影响，日本经济结构转型并不顺畅。应该看到，日本经济并不缺乏货币供应。长期以来，日本奉行零利率政策，日本货币供应量充裕，并不存在对实体经济运转的制约，也没有实现刺激投资和消费增长的政策设计初衷。因此，通过超量化宽松货币政策解决日本长期存在的经济结构性问题，可以说是"南辕北辙"。另外，日本产品出口地主要集中在欧洲和美洲，而两地经济增长前景惨淡，很难设想汇率贬值能够达到政策目的。

资料来源：项峥. 货币虽好 太宽松了既难自救又易伤身[EB/OL]. 2013. 4. 23. http://www.nbd.com.

四、LM 曲线的移动

影响 LM 曲线移动的原因主要为货币供给量的变动、物价水平的变动和货币需求的变动，具体包括以下 4 种情况：

(一)货币供给变动

在货币需求、物价水平不变的条件下，货币供给的变动将使 LM 曲线发生同方向变动，即货币供给量增加时，利率水平下降，会刺激消费和投资的增长，进而使国民收入增加，此时 LM 曲线向右平移。反之，当货币供给减少时，国民收入减少，LM 曲线向左平移。

(二)物价水平变动

在名义货币供求不变的情况下，物价水平上升，LM 曲线左移，实际货币供给减少引起国民收入的减少；反之，物价水平下降，会使 LM 曲线右移，实际货币供给增加刺激国民收入增加。

(三)货币投机需求变动

在其他条件不变的前提下，货币投机需求曲线移动，会使 LM 曲线发生相反方向的移动，即当货币投机需求增加时，货币投机需求曲线右移，导致 LM 曲线左移，引起国民收入水平下降；反之，当货币投机需求减少，国民收入水平会上升。

(四)货币交易需求变动

在其他条件不变时，货币交易需求曲线的移动，会使 LM 曲线发生同方向变动。即当货币交易需求增加时，货币需求曲线会左移，导致 LM 曲线左移，国民收入水平会下降。反之，当货币交易需求减少时，国民收入水平增加。

小思考 *如果 h、k 发生变化，LM 曲线会发生怎样的变动？*

通常情况下，政府扩大货币供给属于增加总需求的膨胀性货币政策，减少货币供给属于减少总需求的紧缩性货币政策。政府通过有效的货币政策，对国民收入的变动施加影响，以达到调控宏观经济运行的目的。

第四节　IS－LM 模型分析

IS－LM 分析是宏观经济分析的一个重要方法，是描述产品市场和货币市场之间相互联系的理论结构。在产品市场上，国民收入取决于由消费、投资、政府支出和净出口构成的总支出或总需求水平，而总需求中的投资需求受利率的影响，利率又由货币供求决定。因此，货币市场会影响产品市场；另一方面，产品市场通过其决定的国民收入影响货币需求，从而影响利率，最终实现对货币市场的影响。由此可见，产品市场和货币市场是相互联系、相互作用的，而收入和利率也只有在这种相互联系、相互作用中才能决定。

描述和分析这两个市场相互联系的理论模型为 IS—LM 模型。20 世纪 30 年代，英国经济学家希克斯提出了这一模型，即把产品和货币两个市场结合起来的一般均衡模型，此模型可用于分析财政政策与货币政策的作用及其相互关系。

一、IS—LM 模型内涵

在产品市场中，IS 曲线所表示的国民收入和利率的每一组合，都代表产品的供求之间可能达到的均衡。在货币市场中，LM 曲线所表示的国民收入和利率的每一组合，都代表货币的供求之间可能达到的均衡。只有 IS 曲线和 LM 曲线的交点所表示的国民收入和利率的组合，才同时满足产品市场和货币市场的相互均衡。

IS—LM 模型旨在说明产品市场与货币市场同时达到均衡时收入与利率决定的模型。产品市场和货币市场同时实现均衡时的国民收入才是均衡的国民收入，此时的利率才是均衡利率。如图 4-8 所示，把 IS 曲线和 LM 曲线放在同一个图形中，可得到 IS 曲线和 LM 曲线交点 E 决定的均衡收入 Y_0 和均衡利率 r_0，Y_0 和 r_0 是同时满足两个市场均衡的国民收入和利率。

小思考 离开 IS—LM 模型的均衡点意味着什么？

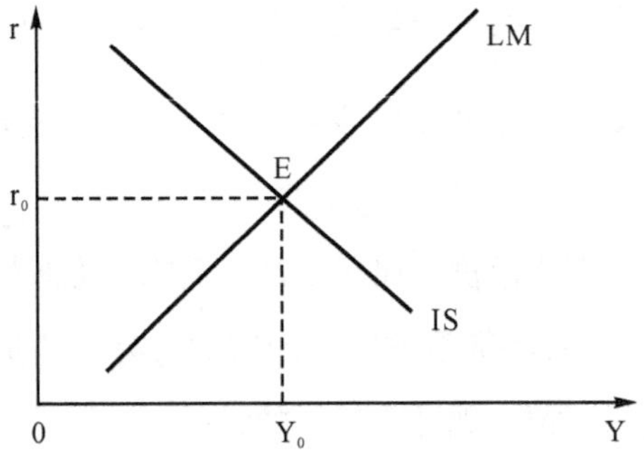

图 4-8 产品市场和货币市场的均衡

二、IS—LM 模型的非均衡分析

如果在图 4-8 中，离开均衡点 E，就意味着有两种可能：只达到一个市场（产品市场或货币市场）的均衡；两个市场都不均衡。如图 4-9 所示。

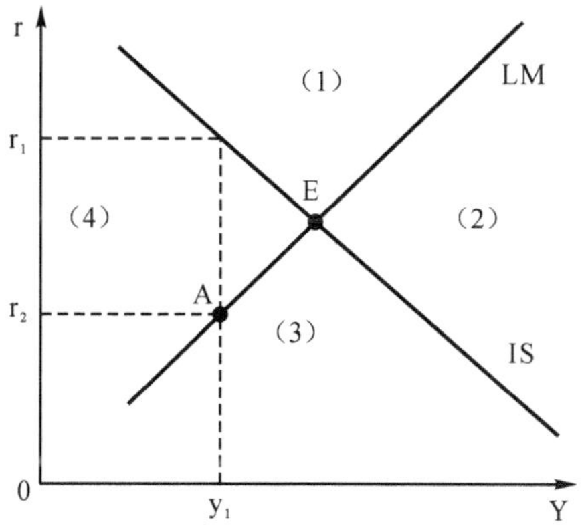

图 4-9　产品市场和货币市场的失衡

从图 4-9 中可以看到，IS 曲线和 LM 曲线把坐标平面分成 4 个区域，处于这 4 个区域的点既没有达到产品市场的均衡，也没有达到货币市场的均衡。先来分析图 4-9 中的 A 点。

当经济处于点 A 时，达到了货币市场均衡，但产品市场不均衡。由于 A 点位于 IS 曲线的左方，所以投资大于储蓄，则生产和收入增加，从而对货币的交易需求增加，投机需求下降，导致利率上升，A 点向 E 点靠拢。

当经济处于所有的非均衡区域(1)，(2)，(3)和(4)时，经济体最终都能通过利率、国民收入的自发调整实现均衡。产品市场和货币市场的非均衡情况如表 4-2 所示：

表 4-2　产品市场和货币市场的非均衡

区域	产品市场	货币市场
1	I<S，有超额产品供给	L<M，有超额货币供给
2	I<S，有超额产品供给	L>M，有超额货币需求
3	I>S，有超额产品需求	L>M，有超额货币需求
4	I>S，有超额产品需求	L<M，有超额货币供给

当经济处于非均衡状态时，市场的自发作用或政府的宏观调控，会促使经济逐步走向均衡。图 4-10 表示的就是从非均衡向均衡的具体调整过程。

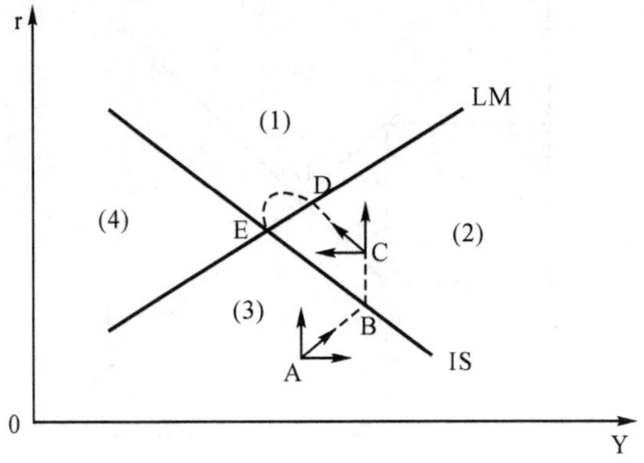

图 4-10　从非均衡向均衡的调整过程

小思考　请具体说明经济从非均衡向均衡的调整。

三、均衡收入和均衡利率的变动

当 IS 曲线和 LM 曲线中的一方或双方出现变动时，就会引起两个市场均衡状态的变动。

(一)IS 曲线移动对均衡收入和利率的影响

在 LM 曲线不变的情况下，IS 曲线向右移动会使均衡收入增加和均衡利率上升，IS 曲线向左移动会使均衡收入减少和均衡利率下降。

如图 4-11 所示，初始的状态为 IS_0 曲线和 LM 曲线相交于 E_0，决定了均衡的

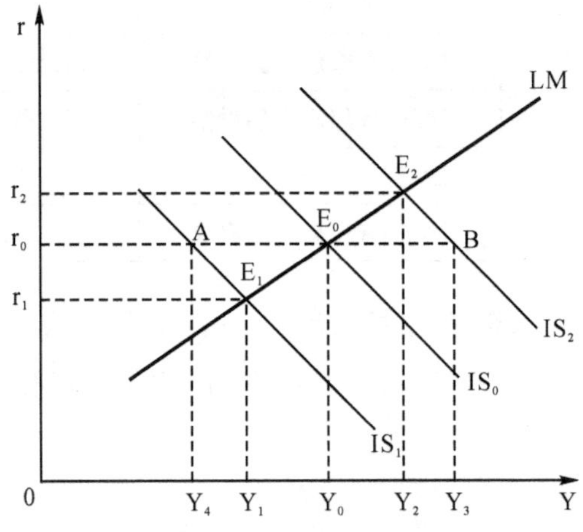

图 4-11　IS 曲线的移动对产品市场和货币市场均衡的影响

利率为 r_0 均衡的国民收入为 Y_0。如果投资需求增加，IS_0 曲线向右上方移至 IS_2，右移的水平距离为投资量与投资乘数的乘积。在利率不变(保持在 r_0)的情况下，

曲线右移后对应的国民收入为 Y_3。事实上，随着 IS_0 曲线移至 IS_2，IS_2 曲线和 LM 曲线相交于 E_2，均衡利率会发生变动，从 r_0 上升到 r_2，利率的上升阻碍了投资的增加，从而使得国民收入只增加到 Y_2 而不是 Y_3。经济学上把 Y_2Y_3 的距离称为"挤出效应"。由于挤出效应的存在，乘数作用的效果减小。

小思考 挤出效应的大小要受哪些因素的影响？

（二）LM 曲线移动对均衡收入和利率的影响

在 IS 曲线不变的情况下，LM 曲线向右移动会使均衡收入增加和均衡利率下降，LM 曲线向左移动会使均衡收入减少和均衡利率上升。

小思考 两条曲线同时移动会对利率和国民收入产生什么影响？如果要消除挤出效应，该采取怎样的政策？

财政政策的实施会导致 IS 曲线的移动，而货币政策和物价水平的变动会影响 LM 曲线的变动，因此，一国采取财政政策和货币政策的效果可以用此模型进行分析。

分析如图 4-12 所示，如果要提高国民收入水平，在 LM 曲线的 3 个区域应如何实施财政政策和货币政策。

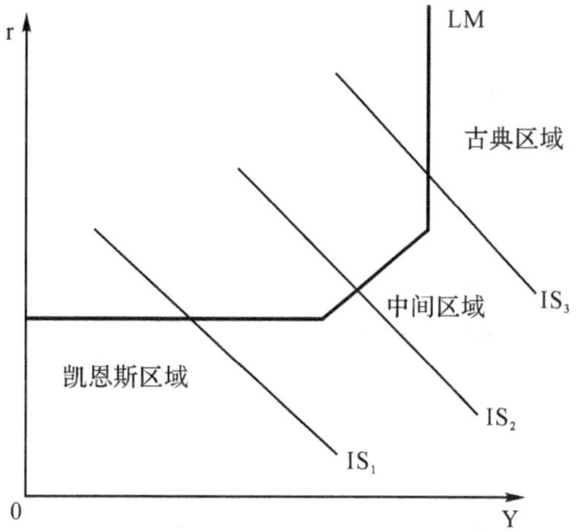

图 4-12　LM 曲线上的 3 个区域和市场均衡

第五节　总供求分析

在前述的国民收入决定理论中，一直暗含了两个假设：总供给是既定的外生变量，均衡的国民收入主要取决于总需求的大小；物价水平既定不变。总需求—总供给分析不再含有这样的假设条件。因此，总供求分析是第三层次的国民收入决定理论，在更高的层面上解释了国民收入水平的决定。

总供求模型是当代宏观经济学的一个重要分析工具，为宏观经济学更综合、更现实地解释经济活动奠定了基础。

一、总需求曲线

总需求曲线是价格水平和需求总量之间呈反方向变动关系的曲线。价格水平越高，总需求量越小；价格水平越低，总需求量越大。可以根据 IS—LM 模型来推导总需求曲线，如图 4-13 所示。

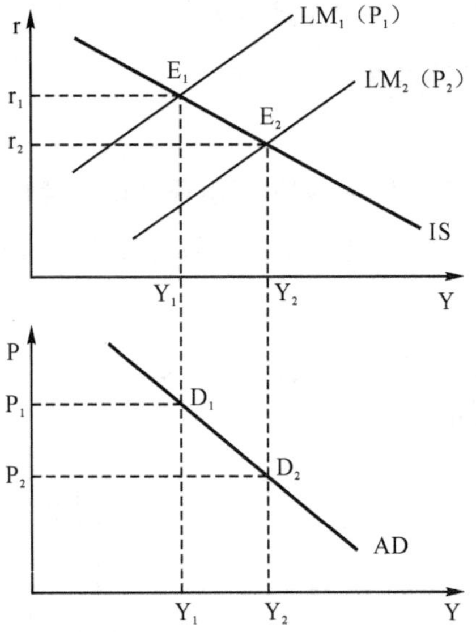

图 4-13　总需求曲线的推导

假设初始均衡点为 IS 曲线与 LM_1 曲线的交点 E_1，均衡的国民收入为 Y_1，此时对应的价格水平是 P_1，于是可以得到总需求曲线上的一个组合点 D_1。现假设价格水平从 P_1 下降到 P_2，货币供应量增加，LM 曲线从 LM_1 移动到 LM_2，均衡点也移至 E_2，则均衡的国民收入为 Y_2。由此，得到对应于价格水平 P_2 的国民收入水平 Y_2，其组合点 D_2 为总需求曲线上的另一点，把 D_1D_2 连接起来的曲线就是总需求曲线 AD。

从上述总需求曲线的推导中进一步得到，总需求曲线是产品市场和货币市场均衡点的轨迹。

小思考　1. 总需求曲线从左上方向右下方倾斜的原因是什么？

2. 请说明总需求曲线和需求曲线的区别。

总需求包括消费、投资、政府支出和净出口，因此，其中任一因素的变动都会导致总需求曲线的移动。总需求增加，总需求曲线右移，反之则左移。由于总需求曲线上的任一点都是 IS 曲线和 LM 曲线的交点，所以，IS 曲线或 LM 曲线的移动都会导致总需求曲线的移动。

二、总供给曲线

总供给曲线是价格水平和社会总产量的各种不同组合点的轨迹，体现的是总供给与价格水平之间的关系。

社会的总供给取决于资源利用的情况，在不同的资源利用情况下，总供给和价格水平之间的关系有所不同。通常来看，一个社会的总供给曲线有 3 种形状，如图 4-14 所示。

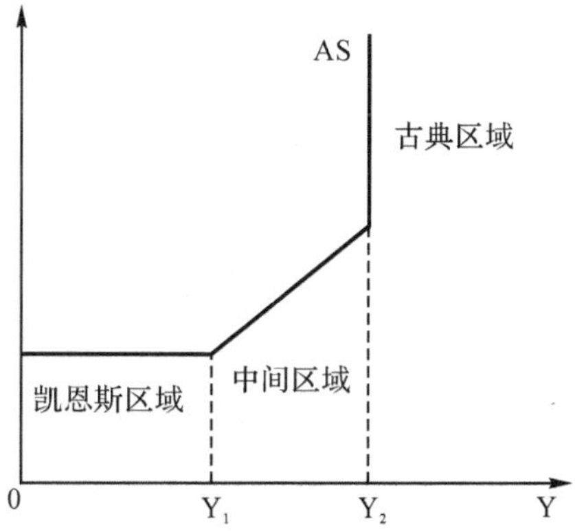

图 4-14　AS 曲线的 3 种形状

(一)水平的总供给曲线

AS 线呈水平状是一种极端的情形。例如大萧条期间由于有效需求严重不足，社会存在大量的闲置设备，大量劳动力失业，此时，企业不必为增加产量而付出更高的成本。这种情形是凯恩斯针对大萧条提出的，故图 4-14 中呈水平的 AS 区域为凯恩斯区域。

(二)向右上倾斜的总供给曲线

向右上倾斜的，呈正斜率的 AS 线被称为短期总供给曲线，即在短期中价格水平和总产量之间具有正向的关系。随着就业量的增加，产量不断提高，有些发展较快的部门趋向充分就业，闲置的资源越来越少，生产成本也越来越高，价格水平不断上升。随着生产的扩张，整个经济趋向充分就业，总供给曲线变得越来越陡峭。

(三)垂直的总供给曲线

垂直的总供给曲线为长期的总供给曲线,也称为古典的总供给曲线。由于产量已达到充分就业的产量,所有资源都得到了充分的利用。因此,无论价格水平发生怎样的变化,产量都不会增加。

小思考 长期总供给受哪些因素的影响?

总供给理论是宏观经济学中最具争议的领域之一,因此,对于总供给曲线的推导也有各种解释。从总体而言,价格水平影响总产量的基本过程为:价格水平影响实际工资,实际工资影响劳动市场的供求,劳动市场的供求影响就业水平,就业量的大小影响总产量的高低。由于经济学家对货币工资的看法存在分歧,因此,总供给曲线会呈现不同的形状。

凯恩斯理论认为短期工资具有刚性,且劳动力具有货币幻觉,即只注重名义工资而忽视实际工资。因此,价格水平上升导致实际工资下降,较低的实际工资促使企业雇用更多的廉价劳动力,较多的劳动力投入到生产中提高了总产量水平。所以,在短期内价格水平和总产量呈同向的关系。

古典经济学家认为,货币工资在长期具有完全的伸缩性。如果价格水平上升,实际工资下降,企业愿意雇用更多的劳动力,但由于对长期而言劳动力注重的是实际工资,所以劳动力不愿意提供劳动,从而出现劳动的供不应求,最终名义工资又会提高到原先的均衡状态,实际工资不变,就业水平不变,产出水平也不变。因此,长期之内价格水平的变动不会导致就业量发生变动,总产量水平也不变。

三、总供求模型

将总需求曲线和总供给曲线结合在一起,就构成总需求—总供给模型,此模型是经济学家分析经济活动的基本工具。

总需求曲线和总供给曲线的交点代表总供求相等,此时的国民收入为均衡的国民收入。在总供求模型中,总需求变动对国民收入和价格水平的影响要考虑总供给曲线的不同情况。如图 4-15 所示。

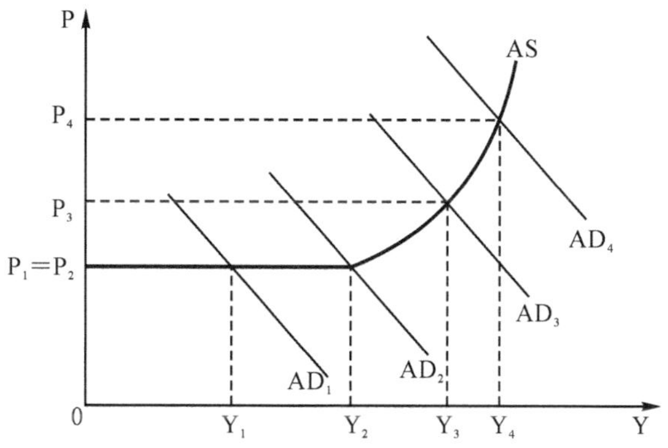

图 4-15　AD 曲线移动的不同效应

总供给曲线越平坦，即一国资源远未达到充分利用时，政府运用一定的政策作用于总需求则越会极大提升国民收入水平。反之，若总供给曲线越陡峭，即一国资源趋于充分利用时，刺激总需求的政策就不可行了，此时考虑的应该是作用于总供给的政策。

专栏 4-6　20 世纪 90 年代日本经济的衰退

20 世纪 90 年代，日本经济在多年迅速增长和极度繁荣之后经历了长期衰退。由于日本经济的长期增长以及日本企业采用终身雇佣制等因素，日本历史上的失业率是极低的，但这次失业率却从 1990 年的 2%上升到 1998 年的 4%。在 1990 年以前的 20 年中，日本的工业生产翻了一番，但 1998 年和 1990 年的 GDP 仍然一样，实际 GDP 停滞，有时甚至还下降。

在政府治理持续性经济衰退的过程中，日本经济出现了典型的零利率、负通胀的经济局面。1995 年 9 月，为了促进经济复苏，日本中央银行采取了把贴现率降到 0.5%的超低利率政策；1999 年 2 月，中央银行为进一步减轻企业利率负担和刺激国内消费，在维持贴现率不变的情况下，将短期利率 0.25%降到 0.15%；同年 3 月份以后，日本央行大规模发行超出市场需求的货币，促使市场利率基本降到"零"。同期，日本的消费物价指数自 1999 年第三季度开始低于上年同期水平，1999 年全年物价水平与上年持平，2000 年负增长 0.4%，2001 年负增长 0.9%。

日本为摆脱经济衰退采取了不少政策措施，但收效甚微。

资料来源：曼昆. 宏观经济学[M]. 梁小民，译. 北京：中国人民大学出版社，2000.

小思考　政策措施收效甚微的原因可能有哪些？

人物介绍

一般均衡理论模式的创建者

——约翰·希克斯

约翰·希克斯(1904—1989),英国著名经济学家,对经济学诸多领域有重大的贡献。

1904年4月8日,希克斯出生于英格兰瓦尔维克郡,13—17岁时在利明顿的格雷弗莱尔斯中学学习,17岁时进入牛津大学学习数学,1923年转入对“哲学、政治学和经济学”的学习并于1925年获硕士学位。1925—1926年他在G. D. H. 科尔指导下研究劳动经济学,1926—1935年希克斯到伦敦经济学院任助教,后来又任讲师,其间于1932年获取伦敦大学博士学位。1972年,希克斯因其在一般均衡理论和福利经济学理论上的贡献,被授予诺贝尔经济学奖。1989年,85岁高龄的希克斯与世长辞,为其经济学家的毕生努力画上句号。

除发表了大量论文之外,希克斯一生中的主要著作包括《工资理论》(1932)、《价值与资本》(1939)、《需求理论的修正》(1956)、《经济史理论》(1969)、《动态经济学方法》(1985)和《货币的市场理论》(1989)。

希克斯是宏观经济学微观化的最早开拓者和微观经济学中一般均衡理论的创建者。在宏观经济学微观化的理论研究中,希克斯是这一领域的先驱,他在凯恩斯《通论》出版后不久发表了两篇书评《凯恩斯先生的就业理论》(书评1,1936)和《凯恩斯先生与“古典学派”——一个受启发的解释》(书评2,1937),1939年他又出版了最具影响力的专著《价值与资本》,对凯恩斯理论做了进一步的研析。希克斯在书评2中,提出了著名的IS-LM分析,即运用一般均衡思想对《通论》的部分内容做了重新表述,这个表述长期以来一直是宏观经济学教科书中的标准内容。在《价值与资本》中,他首先提出了无差异曲线的新方法和替代效应的概念,使一般均衡论获得了重要的发展。其次,他赋予一般均衡理论一种强大的经济实质性,就商品、生产要素、信任和货币的整体性提出了一个完整的均衡模型。希克斯对于福利经济理论最著名的贡献在于:他对不同的经济状况进行比较使用标准的分析及对消费者剩余这个概念的修正。在新的形势下,这个概念对成本效益分析产生了重要的影响。此外,希克斯还在货币理论和商业周期理论领域有重大的建树。

美国凯恩斯学派的坚强核心

——阿尔文·汉森

阿尔文·汉森(1887—1975)是当代美国著名的凯恩斯主义经济学家,享有"美国凯恩斯"的美誉。

汉森1887年出生于美国南达科他州,1910年获得了雅克敦学院学士学位,1915年获得美威斯廉第大学博士学位,1916年秋天,第一次在布朗大学接触经济学,1918年汉森又获得了威斯康星大学的博士学位。一年后,汉森成为明尼苏达大学的经济学教师,此后任职于斯坦福、哥伦比亚等大学当教授,1937年转到哈佛大学任教至1956年退休,1975年他以87岁的高龄与世长辞。在罗斯福实行"新政"时代,曾任政府经济顾问。他在哈佛任教近20年,培养了一批优秀经济学家,诺贝尔经济学奖获得者保罗·萨缪尔森就是其弟子之一。其代表著作有《经济周期理论》(1927)、《财政政策与经济周期》(1941)、《经济政策和充分就业》(1947)、《货币理论与财政政策》(1949)、《凯恩斯学说指南》(1953)。

作为凯恩斯的信徒,汉森最大的贡献是解释并发展了凯恩斯主义。他1953年出版的《凯恩斯学说指南》是当时最畅销的凯恩斯主义入门读物,在凯恩斯主义理论的发展中他有两点最重要的贡献:一是关于补偿性财政政策。凯恩斯的财政政策是以赤字财政为特点的,但战后美国并没有打破财政平衡的框框。汉森认为,政府不应把本期的财政收支平衡作为目标,应该根据实现充分就业的需要来决定支出;二是在充分就业与物价稳定中,应更重视充分就业。在凯恩斯主义的发展上,汉森不仅深化了英国经济学家希克斯提出的IS-LM模型(被称为希克斯—汉森交叉图),还与萨缪尔森一起提出了解释经济周期的乘数—加速原理模型(又称为汉森—萨缪尔森模型)。

汉森作为凯恩斯主义经济政策的倡导者,他在《经济政策与充分就业》《货币理论与财政政策》《美国经济》《六十年代美国经济》等著作中论述了政策问题,特别是强调财政政策的作用,他主张国家干预经济。此外,汉森着重研究了资本主义的经济周期,提出了"长期停滞理论",在税收理论方面,汉森提出了"补偿性的财政政策"。汉森的税收思想主要集中在其《经济政策和充分就业》一书中,重点分析了税收对投资、刺激经济、调节经济、消费和储蓄的影响以及税收结构对消费和储蓄的影响。

本章小结

本章是对简单的国民收入理论的扩展。本章的分析从产品市场扩展到货币市场，并把两个市场结合在一起说明它们的相互关系，同时研究整个国民经济的国民收入和利息率怎样同时达到均衡。最后在产品市场和货币市场均衡的基础上，进一步推导出总需求曲线，并对总供求分析和总供求模型进行了一定的阐述，从而把国民收入决定理论推进到一个更高的层面。

货币需求主要由交易、预防和投机 3 个需求决定。而货币供给则是指一个国家在某一个时点上所保持的不属于政府和银行所有的狭义货币。根据流动性的强弱，货币供给有狭义和广义之分。当货币供求均衡时，所决定的利率和收入为均衡利率和均衡收入。

IS 曲线是反映利率与国民收入之间关系的曲线，即产品市场均衡 I=S 时，国民收入与利率之间存在着反方向变动的关系的曲线。LM 曲线是描述货币市场达到均衡时，即 L=M 时，国民收入与利率之间存在着的同方向变动的曲线。把两条曲线放在一个图形中可得 IS—LM 模型，是描述产品市场和货币市场之间相互联系的理论结构。当经济出现非均衡时，可以通过国民收入和利率的自我调整达到均衡。一国采取财政政策和货币政策的效果可以用此模型进行分析。

总需求曲线是价格水平和需求总量之间呈反方向变动关系的曲线，可以从 IS—LM 模型中推导出总需求曲线。总供给曲线是价格水平和供给总量之间呈正方向变动关系的曲线，根据不同的假设前提总供给曲线有 3 种形状。将总需求曲线和总供给曲线结合在一起，就构成总需求—总供给模型，此模型是经济学家分析经济活动的基本工具。

本章重点：货币供求及均衡利率的决定；流动偏好陷阱的政策含义；IS、LM 曲线的含义、推导、斜率和移动；IS—LM 模型的内涵；总供求曲线的意义：总供求模型的意义。

本章难点：货币供给问题；IS、LM 曲线的推导、斜率和移动；IS—LM 模型的意义；总供求模型的意义。

参考文献

[1] 高鸿业. 宏观经济学原理[M]. 北京：中国人民大学出版社，2012.

[2] 萨缪尔森，诺德豪斯. 宏观经济学[M]. 萧琛，译. 北京：人民邮电出版社，2012.

[3] 米什金. 货币金融学[M]. 李扬，施华强，高培勇，等，译. 北京：中国人民大学出版社，1998.

[4] 赵英军. 西方经济学：宏观部分[M]. 3 版. 北京：机械工业出版社，2012.

[5] 厉以宁. 西方经济学[M]. 北京：高等教育出版社，2002.
[6] 斯蒂格利茨，沃尔什. 经济学[M]. 黄险峰，张帆，译. 北京：中国人民大学出版社，2010.
[7] 黄亚均，袁志刚. 宏观经济学[M]. 北京：高等教育出版社，2000.
[8] 多恩布什，费希尔，斯塔兹等. 宏观经济学[M]. 范家骧，张一驰，等，译. 北京：中国人民大学出版社，2000.

练　　习

一、名词解释

货币需求　投机需求　货币供给　IS 曲线　LM 曲线　IS－LM 模型　流动偏好陷阱　货币乘数　总需求　总供给

二、单选题

1. 当利率降得很低时，人们购买债券的风险　（　　）
   A. 将变得很小
   B. 将变得很大
   C. 可能变大，也可能变小
   D. 不变
2. 如果其他因素既定不变，利率降低，将引起货币的　（　　）
   A. 交易需求量增加
   B. 投机需求量增加
   C. 投机需求量减少
   D. 交易需求量减少
3. 假定其他因素既定不变，在非凯恩斯陷阱中，货币供给增加时，　（　　）
   A. 利率将上升
   B. 利率将下降
   C. 利率不变
   D. 利率可能下降也可能上升
4. 假定其他因素既定不变，在凯恩斯陷阱中，货币供给增加时，　（　　）
   A. 利率将上升
   B. 利率将下降
   C. 利率不变
   D. 利率可能下降也可能上升
5. 假定其他因素不变，投资对利率变动的反应程度提高时，IS 曲线将　（　　）
   A. 平行向右移动
   B. 平行向左移动
   C. 变得更加陡峭
   D. 变得更加平坦
6. 假定其他因素既定不变，自发投资增加时，IS 曲线将　（　　）
   A. 平行向右移动
   B. 平行向左移动
   C. 变得更加陡峭
   D. 变得更加平坦
7. 假定其他因素既定不变，货币的投机需求对利率变动的反应程度提高时，LM 曲线将　（　　）
   A. 平行向右移动
   B. 平行向左移动
   C. 变得更加陡峭
   D. 变得更加平坦
8. 假定其他因素既定不变，货币供给增

加时,LM 曲线将 ( )

A. 平行向右移动

B. 平行向左移动

C. 变得更加陡峭

D. 变得更加平坦

9. 影响货币总需求的因素是 ( )

A. 灵活偏好 B. 流动偏好

C. 收入和利率 D. 收入

10. 在 IS—LM 模型中,如果经济处于中间区域,货币供给增加将 ( )

A. 增加收入,提高利率

B. 减少收入,提高利率

C. 增加收入,降低利率

D. 减少收入,降低利率

11. 在银行的资产负债表中, ( )

A. 存款是负债,贷款是资产

B. 存款是资产,贷款是负债

C. 存款和贷款都是资产

D. 存款和贷款都是负债

12. LM 曲线最终将变得完全垂直,因为 ( )

A. 投资不足以进一步增加收入

B. 货币需求在所有利率水平上都非常有弹性

C. 所有货币供给用于交易目的,因而进一步提高收入是不可能的

D. 全部货币供给都被要求用于投机目的,没有进一步用于提高收入的货币

13. IS 曲线倾斜表示( )之间的关系。

A. 利率与利率影响下的均衡收入

B. 收入与收入影响下的均衡利率

C. 商品与货币市场均衡的收入与利率

D. 政府购买与收入

14. 假定货币供给不变,货币交易需求和预防需求的增加将导致货币的投机需求 ( )

A. 增加 B. 不变

C. 减少 D. 不确定

15. 下列因素中导致 LM 曲线向右移动的是 ( )

A. 利率上升

B. 国民收入增加

C. 货币需求增加

D. 货币供给增加

16. 在 IS 曲线上存在( )储蓄和投资的均衡收入和利率组合点。

A. 一个

B. 两个

C. 无数个

D. 一个或无数个

17. 如果利率和收入都能随供求自动调整,则利率和收入的组合点在 IS 曲线左下方,LM 曲线右下方的区域中,有可能 ( )

A. 利率上升,收入下降

B. 利率上升,收入增加

C. 利率上升,收入不变

D. 以上都可能

18. 货币市场和产品市场同时均衡出现在 ( )

A. 各种收入和利率水平

B. 一种收入和利率水平

C. 各种收入和一种利率水平

D. 一种收入和各种利率水平

19. 下面哪一项不会使总需求曲线向右移动 （　　）

A. 政府支出增加

B. 税收减少

C. 转移支付减少

D. 名义货币供给增加

20. 假定总供给曲线为水平，边际储蓄倾向为 0.25，那么自主性支出增加 10 亿元将使均衡的国民收入水平上升 （　　）

A. 25 亿元　　B. 10 亿元

C. 250 亿元　　D. 40 亿元

三、判断题

1. IS 曲线是描述产品市场达到均衡时，国民收入与价格之间关系的曲线。 （　　）

2. LM 曲线是描述产品市场达到均衡时，国民收入与利率之间关系的曲线。 （　　）

3. 如果某一点处于 IS 曲线的右边，表示 I<S。 （　　）

4. 一般来说，位于 IS 曲线右边的收入和利率的组合，表示货币市场处于非均衡状态，利率为非均衡利率。 （　　）

5. 综合意义上的总供给曲线由三部分组成：水平部分、向右上倾斜部分和垂直部分。 （　　）

6. 在 IS—LM 模型中，在两条曲线的相交之点，产品与货币市场同时实现了均衡，此时收入与利率的组合达到了理想状态，即实现了充分就业状态。 （　　）

7. 在长期，总供给曲线是一条比较陡峭的向右上方倾斜的曲线。 （　　）

8. 名义货币供给量的变动必将使 LM 曲线发生同方向变动。 （　　）

9. 在两部门经济中，β 值变大，IS 曲线的斜率也变大。 （　　）

10. 当 LM 曲线处于凯恩斯区域时，利率处于非常高并且认为不能再高的水平。 （　　）

11. 若经济同时处于 LM 曲线左上方、IS 曲线右上方时，表示存在超额产品供给和超额货币供给。 （　　）

12. 当产品市场和货币市场处于均衡状态时，IS 曲线向右移动会使均衡收入增加和均衡利率上升。 （　　）

13. 货币需求的收入弹性大于零，而利率弹性小于零。 （　　）

14. 影响 IS 曲线移动的原因为自发总支出的变动，增加自发总支出会引起 IS 曲线向左平行移动。 （　　）

15. 在三部门情况下，增加政府税收，IS 曲线向左平移。 （　　）

16. 如果某一点处于 LM 曲线的右边，表示 L>M。 （　　）

17. LM 曲线的斜率由货币交易需求曲线的斜率和货币投机需求曲线的斜率所共同决定。货币需求对利率变动越敏感，LM 曲线越平缓；货币需求对收入变动越敏感，则 LM 曲线越陡峭。 （　　）

18. 当经济处于古典区域时，货币政策

无效。（ ）

19. 在其他条件不变的前提下，货币投机需求曲线移动，会使 LM 曲线发生相反方向的移动。（ ）

20. 非货币资产风险增加时，居民对于货币的需求也将增加。（ ）

四、计算题

1. 某两部门经济中，假定货币需求为 $L=0.2Y-4r$，货币供给为 200 亿元，消费为 $c=100+0.8y$，投资 $i=150$ 亿元。

(1)求 IS 和 LM 方程；

(2)求均衡收入、利率；

(3)若货币供给增加 20 亿元，而货币需求不变，收入、利率、投资和消费有什么变化？

(4)为什么货币供给增加后收入不变而利率下降？

2. 在一个由多家商业银行组成的体系中，假设法定准备金率为 5%，银行的一笔 50 万元新存款能够带来哪些效应？

五、作图题：

1. 用四象限法推导 IS 曲线、LM 曲线。
2. 从 IS—LM 模型推导出总需求曲线。
3. 作图分析挤出效应。

六、思考题

1. 为什么要将产品市场与货币市场联系起来说明国民收入的决定？
2. 影响 IS 曲线、LM 曲线移动的因素有哪些？
3. 什么是货币需求，凯恩斯货币需求理论的主要内容是什么？
4. 论述 IS—LM 曲线的政策含义，该模型对我国当前宏观经济的运行有何启示？
5. LM 曲线的 3 个区域及其经济含义是什么？在这 3 个区域内，货币需求的利率弹性有何不同？
6. 简述 IS 曲线、LM 曲斜率的决定因素？
7. 如何理解商业银行的货币创造机制。
8. 请具体解释总供给曲线 3 种形状的原因。

七、案例讨论题

在北京工作的王先生于 2002 年贷款买了一套北京三环外不足 $100m^2$ 的房子。当时的房价是 4 600 元/m^2，王先生每月拿出收入的一半 1 000 元来还房贷。到了 2007 年左右，王先生的收入水平有了较大的提高，还贷能力也增强了，可以每月还贷 3 500 元。但让王先生不解的是他想提前还贷，银行还不乐意。你能分析其中的原因吗？

第五章 经济增长和经济周期理论

根据《美国传统》杂志的计算，生活于1839—1937年的美国石油巨富洛克菲勒当时所拥有的财富，相当于今天的2 000亿美元，几乎是美国首富比尔·盖茨的4倍。尽管洛克菲勒拥有如此巨额的财富却没能享受到当今普通人的生活便利，那时没有电视、没有电话、没有空调、没有飞机、没有互联网……

凯恩斯曾经说过："在一个发展进步的国家里，100年之后的生活水平将会是今天生活水平的48倍。"今天我们普通人享受着洛克菲勒无法想象的生活得益于经济的不断增长。那么什么是经济增长？什么因素促进了经济增长？经济会持续增长吗？经济增长会呈现怎样的特征？这些就是本章要阐明的问题。

前面论述的宏观经济理论都属于短期分析，对经济增长问题的研究则属于宏观经济理论对长期问题的思考和研究。而经济周期和经济增长又是相伴相生的话题，因为每个国家的经济都是在波动中实现增长的。因此，对经济周期的介绍当属本章的内容。

本章的基本概念：经济增长　经济发展　哈罗德—多马经济增长模型　经济周期　乘数-加速数模型

本章的学习目标：掌握经济增长和经济周期的概念；理解经济增长与经济发展的差异；掌握经济增长的源泉；理解哈罗德—多马模型；理解经济周期的阶段及经济周期性波动的原因；掌握乘数—加速数模型关于经济周期性波动的解释。

第一节　经济增长理论

经济增长理论属于长期经济理论的研究范围，该理论有助于理解现实世界中的一些经济问题，如为什么世界上不同国家的经济增长水平存在着巨大的差异？

为什么日本在战后能经历长时间的经济高速增长，进入21世纪后却陷入了经济的低迷？中国在改革开放以来经济持续高速增长，这样的高速增长能一直维持下去吗？这些都是人们关心的问题，也是经济增长理论试图回答的问题。

一、经济增长与经济发展

经济增长通常被定义为一国一定时期内生产的全部最终产品和劳务总量的扩大以及伴随着产量扩大的长期生产能力的提升。经济增长可以表现为GDP或者人均GDP的增长。一般用经济增长率来衡量经济增长。

以 Y_t 表示t期的国内生产总值，Y_{t-1} 表示前一期的国内生产总值，则t期的经济增长率 G_t 为：

$$G_t=\frac{Y_t-Y_{t-1}}{Y_{t-1}} \tag{5.1}$$

如果以 y_t 表示t期的人均国内生产总值，y_{t-1} 表示前一期的人均国内生产总值，则t期的人均经济增长率 g_t 为：

$$g_t=\frac{y_t-y_{t-1}}{y_{t-1}} \tag{5.2}$$

经济发展是指社会经济活动或国民经济从低级到高级的演进过程，或者可以表述为一国由不发达状态过渡到发达状态的过程。经济发展不仅包括经济增长，而且还包括社会制度，经济结构的变化。

在现实生活中，人们容易把经济增长与经济发展混为一谈，认为经济增长就意味着经济发展，高速增长就是经济的快速发展。从经济学的角度出发，经济增长和经济发展并不等同，两者既有一定的联系又有根本区别。

首先，经济增长是数量的增长，经济发展是质量的提高。经济增长是一个单纯的“量”的概念，它只计算国内生产总值增长的百分比，而经济发展则是比较复杂的“质”的概念。经济发展不仅包括经济增长的速度、增长的平稳程度和结果，而且还包括国民的平均生活质量，如教育水平、健康卫生标准等，以及整个经济结构、社会结构等的总体进步。

其次，经济增长是基础，经济发展是结果。经济发展从经济增长开始，没有经济增长就没有经济发展，但实现了经济增长并不一定能实现经济的发展。经济发展是经济持续增长的结果，国民生活水平的提高、经济结构和社会形态等的进步也都在很大程度上依赖于经济增长。

再次，经济增长是手段，经济发展是目的。经济增长是经济发展的手段，经济发展是经济增长的目的。不能离开经济发展这个目的去一味追求经济增长速度，那样会导致经济发展中的比例失调、经济大起大落和社会不公及社会剧烈动荡。

小思考 你认为我国能把经济增长作为经济改革的着眼点吗？为什么？

专栏 5-1 经济增长累积结果：“70 规则”

美国经济学家曼昆教授用“70 规则”来说明每年的经济增长率对于一国经济水平所具有的“驴打滚”式的复利作用。某个变量年增长率为 X%，则该变量在 70/X年内翻一番，因而称作“70 规则”。从这一规则看，如果甲国经济增长率为 1%，它的 GDP 翻一番需要 70 年，而乙国经济增长率为 3%，翻一番时间仅为 70/3 即 23 年。也就是说，即便甲乙两国人均收入起点水平大体相同，2 个百分点增长率差别在 100 年后会导致 3—4 倍的巨大收入差别，复利式增长可能会在较长时期导致极为惊人的结果。

小思考 根据中国当前的经济增长速度，经济实现翻一番需要多少年？

二、经济增长的源泉

在经济增长问题上，究竟是哪些因素导致了经济增长一直是经济学家关注的重要问题，可以说，自从有了人类，人们就开始关心经济增长问题了。斯密在《国富论》中把经济增长的因素归为专业化与分工引起的劳动生产率的提高以及劳动人数和资本的增加；美国经济学家萨缪尔森和诺德豪斯将人力资源、自然资源、资本投入和技术进步称为“经济增长的 4 个轮子”。

经济增长是总产量的增加，因此，可以借助于总生产函数来研究经济增长的源泉。总生产函数可以表达为：

$$Y=AF(K,N) \tag{5.3}$$

式中，Y 代表总产量，A 代表技术水平，K 代表投入生产的资本量，N 代表投入生产的劳动量。总生产函数说明一国的总产量取决于资本投入量、劳动投入量和技术水平。因此，笼统地说，经济增长的源泉是资本、劳动和技术水平。第二次世界大战以后，一些经济学家开始用定量的方法对影响经济增长的各种因素进行分析，以寻求进一步促进经济增长的有效方法。

(一)库兹涅茨对经济增长因素的分析

诺贝尔经济学奖获得者、美国经济学家库兹涅茨是对经济增长因素进行数量分析的最早开拓者，库兹涅茨认为推动经济增长的因素主要是知识存量的增加、劳动生产率的提高和经济结构方面的变化。

第一，知识存量的增加。库兹涅茨认为，随着社会的发展和进步，人类社会迅速增加了技术知识和社会知识的存量，当这种知识存量被人们利用的时候，它就成为现代经济总量高速增长和结构迅速变化的源泉。

第二，劳动生产率的提高。现代经济增长的特点是人均产值的高增长率。为了弄清什么是导致人均产值高增长率的主要因素，库兹涅茨对劳动投入和资本投入对经济增长的贡献进行了长期的分析。他得出的结论是：以人均产值高增长率为特征的现代经济增长的主要原因是劳动生产率的提高。

第三，经济结构的变化。库兹涅茨认为，发达的资本主义国家在它们经济增长的历史过程中，经济结构转变迅速。而且发达国家经济增长时期的总体增长率和生产结构的转变速度都比它们在实现现代化以前高得多。库兹涅茨把知识力量因素和生产因素与结构因素联系起来，以强调结构因素对经济增长的影响。

(二)索洛对经济增长因素的分析

诺贝尔经济学奖获得者、美国麻省理工学院的经济学家索洛认为产量增长的源泉在于资本和劳动力的增长以及技术的进步，产量增长可用以下方程式表述：

产量增长＝劳动力份额×劳动力增长＋资本份额×资本增长＋技术进步

索洛在20世纪50年代时根据美国1909—1949年间的数据对经济增长的源泉和因素进行了分析，他认为，在1909—1949年间，美国GNP的年平均增长率为2.9％，其中0.32％来源于资本积累的贡献，1.09％来源于劳动力投入增长的贡献，剩余的1.49％则来源于技术进步的贡献。也就是说，有一半多的产量增长是因为技术的进步。索洛衡量技术进步所做贡献的方法被称为“剩余法”或“索洛剩余”。

索洛用美国的资本、劳动小时数和实际GDP数据，估算了资本对每小时劳动实际GDP(即劳动生产率)的影响。他在估算过程中发现了三一规律，即一般而言，在没有技术变革时，每小时劳动的资本增加1％会带来劳动生产率提高1％的三分之一。三一规律被用来计算每小时劳动的资本增加和技术变革对劳动生产率增长的贡献。假定每小时劳动的资本1年增加了3％，劳动生产率1年增加了2.5％，通过三一规律可以得知，资本增长对劳动生产率的贡献是3％的三分之一，即1％。劳动生产率增长的2.5％中的其他部分来自技术进步，也就是说，技术进步的贡献是1.5％。

(三)丹尼森等人对经济增长因素的分析

美国经济学家丹尼森是继索洛之后最全面分析经济增长因素的经济学家。他把经济增长的因素归纳为两大类：第一类是生产要素投入总量的增加；第二类是单位生产要素投入导致产量的增加，也即要素生产率。每一类因素又可进一步细分。

丹尼森在分析了1929—1982年间美国的经济增长历史统计资料后，得出分析结果如表5-1所示：

表5-1 1929—1982年美国人均产出的增长(每一时期内的年平均增长率)

	1929—1948	1948—1973	1973—1982	1929—1982
人均国民收入	1.24	2.26	0.23	1.55
总要素投入	0.23	0.61	0.15	0.38
其中：劳动	0.40	0.18	−0.04	0.20
资本	−0.12	0.48	0.26	0.23
土地	−0.05	−0.05	−0.07	−0.05
单位投入的产出	1.01	1.65	0.08	1.17
其中：知识进步	0.49	1.08	−0.05	0.68
规模经济	0.22	0.32	0.21	0.27
资源配置改善	0.29	0.30	0.07	0.25
法律和人文环境	0.00	−0.04	−0.17	−0.04
其他	0.01	−0.01	0.02	0.01

从表5-1看出，丹尼森把经济增长因素分为两大类：生产要素投入量及生产要素的生产率。第一大类的要素投入量包括劳动、资本和土地，其中土地基本上可以看作是一个固定量。第二大类的要素生产率看作单位要素投入的产出量，影响因素包括知识进步、规模经济、资源配置状况等。丹尼森将影响经济增长的两大类因素归结为6个：劳动、资本、知识进步、规模经济、资源配置及影响要素生产率的其他因素。

丹尼森在1985年出版的《1929—1982年美国经济增长趋势》一书中，给出了美国1929—1982年平均每一年每一种因素对经济增长所做出的贡献。1929—1982年美国国民收入的年平均增长率为2.92%，其中由于总要素投入的增加所导致的国民收入增长率为1.9%，由于单位要素投入的产量增加所导致的国民收入增长率为1.02%。6个因素对国民收入增长的贡献如下：

1. 劳动的增加

劳动的增加使国民收入增加1.34%，占总的国民收入增长的45.89%。丹尼森将劳动投入量的增加分为数量和质量两个方面。数量的增加指就业人数的增加；质量的增加主要包括就业和工时、教育程度等方面的有利变动。

2. 资本的增加

资本的增加使国民收入增加0.56%，占总的国民收入增长的19.18%。丹尼森把资本投入量分为库存、非住宅性建筑物和设备、住宅、国际资产等四类。

3. 知识进步

知识进步使国民收入增加 0.66%，占总的国民收入增长的22.60%。大于资本投入的增加所带来的经济增长，所以知识进步是非常重要的因素。丹尼森认为，知识进步包括技术知识和管理知识的进步，以及运用知识的迅速性。技术进步对经济增长的作用是明显的，但管理知识进步的作用更大。

4. 规模经济

规模经济使国民收入增加 0.23%，占总的国民收入增长的7.88%。当经济活动规模扩大时，各种生产要素按一定的比例增加，就能降低单位成本，提高劳动生产率，这就是规模经济带来的经济增长。

5. 资源配置的改善

资源配置改善使国民收入增加 0.26%，占总的国民收入增长的 8.90%。

6. 其他

由于其他因素的作用，单位投入要素使国民收入增长－0.03%。

总之，丹尼森在进行经济增长因素分析之后得出的结论是：要使经济增长，就要更多的工作，节制消费，增加投资，改善流通环节，发展教育，开发智力，推动科学技术和管理技术的研究，并尽快推广其成果，使之变为生产力，最有效地配置生产资源等。

（四）肯德里克对全部要素生产率的分析

美国经济学家肯德里克在分析经济增长的因素时指出，只有把产出量与全部要素投入的数量及其构成联系起来考察，才能真正把握生产效率的全部变化，这两者的比率才是全要素生产率。从 20 世纪 50 年代开始，肯德里克就根据一定时期的实际统计资料来估算技术进步对产量增长所做的贡献，他计算出 1889—1957 年间美国私营经济领域实际产值的年增长率有一半是生产率增长的结果，可见技术进步对经济增长的重要性。肯德里克也分析了影响生产率提高的因素，他认为这些因素非常复杂，主要有：无形投资的增减，包括对研究、发展、教育、训练的投资；资源配置的合理化程度及其适应经济变化的速度；技术革新的扩散程度；适应经济变化的速度；生产规模的变化；人力资源与自然资源的质量等。至于这些因素各自对生产率的提高有多大的影响，肯德里克并没有做出进一步的分析。

小思考 以上几位经济学家对经济增长因素分析的共同点是什么？

专栏 5-2 克鲁格曼的预言

1994 年，美国经济学家克鲁格曼在《外交》杂志上撰文，指出东南亚国家的高速经济增长是没有牢固基础的“纸老虎”，迟早要崩溃。其原因在于这些国家的经济增长是由投入劳动与增加资本带动的，缺乏技术进步。此论一出，引起东南亚人士的激烈反对。不幸的是他说对了，1997年东南亚金融危机的爆发引起这个地区的严重经济衰退。

克鲁格曼之所以认为东南亚经济增长是“纸老虎”，就是因为这种增长来自劳动与资本的大量增加。仅仅依靠投入来增长，到一定程度就会引起劳动和资本的边际生产力递减，增长必然放慢，甚至衰退。克鲁格曼指出，东南亚经济增长中技术进步的作用不明显，没有起到应有的中心作用。这些国家与地区缺乏技术创新能力，即使像日本这样的经济大国，主要技术也仍然是引进的，缺乏原创造性。像这样的增长，即使没有各种复杂因素引发金融危机，也迟早要出问题。

资料来源：改编自：梁小民. 宏观经济学纵横谈[M]. 北京：生活·读书·新知三联书店，2002.

小思考 我国的经济增长是否也存在同样的问题？

三、经济增长模型

经济增长模型是经济增长理论中的重要内容，它是通过对经济增长过程中储蓄、投资、要素投入量、技术进步等因素之间的数量关系进行分析，探讨经济长期稳定增长的途径。经典的经济增长模型有哈罗德—多马经济增长模型，新古典经济增长模型和新剑桥经济增长模型。这里主要介绍哈罗德—多马模型，其余的模型参见本章附录。

经济学界一般把1939年英国经济学家哈罗德发表的《论动态理论》作为经济增长理论出现的标志。英国经济学家哈罗德和美国经济学家多马分别独立地建立了理论构思和基本论点几乎完全相同的经济增长模型，一般将其称为哈罗德—多马经济增长模型。

哈罗德—多马模型利用凯恩斯宏观经济学的研究成果，以凯恩斯的简单国民收入决定理论为基础，抓住少数几个重要的经济变量，高度抽象地描述了稳态均衡增长的条件，是对凯恩斯主义理论长期化与动态化的结果，成为现代经济增长模型研究的出发点。

(一)模型的基本假定

哈罗德—多马模型主要包含以下假定：全社会使用劳动和资本两种要素生产一种产品，既可用于投资，也可用于消费；资本—产出比保持不变；劳动力按固定不变的比率增长；生产的规模报酬不变：即L/Y、K/Y均不变；技术状态是固定不变的，不存在技术进步，也不存在资本折旧问题，此时资本—产量比 $v=K/Y$ 为一固定值，且等于加速系数 $\alpha=\Delta K/\Delta Y=I/\Delta Y$。

(二)基本模型

在以上的假设前提下，哈罗德主要研究了经济增长率 G 与储蓄率 s 及资本—产量比 v 之间的关系。

由经济增长的定义可知，经济增长率 $G=\Delta Y/Y$，根据 $s=S/Y$，可得 $S=sY$，

因为 $v=\alpha=I/\Delta Y$，所以 $I=v\Delta Y$。在凯恩斯的国民收入决定模型中，两部门均衡的条件为投资与储蓄相等，即 $I=S$，由此可得 $sY=v\Delta Y$，整理后得 $\Delta Y/Y=s/v$，即：

$$G=\frac{s}{v} \tag{5.4}$$

式 5.4 就是哈罗德模型的基本公式，当资本—产量比 v 不变时，经济增长率 G 就取决于储蓄率 s，要想获得一定的经济增长率 G 就必须保证一定的储蓄率 s，同时还要保证一定储蓄率下的社会储蓄量全部转化为投资。

小思考 哈罗德模型的经济学含义是什么？

(三)经济长期稳定增长的条件

在现实的经济活动中，要维持经济稳定的增长，还需要考察一系列的影响因素，哈罗德用实际增长率 G_A、有保证的增长率 G_W 和自然增长率 G_N 来分析经济增长及经济波动。

实际增长率即为实际发生的增长率，它由实际发生的储蓄率和实际的资本—产量比决定。有保证的增长率也称为合意的增长率，指厂商感到满意并愿意继续保持下去的增长率，为合意的储蓄率和意愿的资本—产量比之比。自然增长率指长期中人口增长和技术进步所允许达到的最大增长率，也就是潜在的或最大可能的增长率。

哈罗德认为要实现长期经济稳定增长的条件是实际增长率、有保证的增长率和自然增长率相一致，即：

$$G_A=G_W=G_N \tag{5.5}$$

如果这 3 种增长率不一致，就会引起经济的波动，包括短期波动和长期波动。当实际增长率和有保证的增长率不相同时，会引发经济的短期波动。

当 $G_A<G_W$ 时，厂商愿意增加的投资大于实际需要增加的投资，企业的固定资产和存货就会大于企业家所需要的数量，这时会出现资本过剩，一部分生产能力被

闲置，造成开工不足，厂商必然减少投资，从而使实际增长率进一步小于有保证的增长率，其结果是累积性的收缩，引发经济衰退。

当 $G_A > G_W$ 时，实际需要增加的投资大于厂商愿意增加的投资，企业的固定资产和存货会小于企业家所需要的数量，而社会的总需求超过了企业的生产能力，为了弥补生产能力的不足，厂商会增加投资，从而使实际增长率进一步大于有保证的增长率，其结果是累积性的扩张，经济走向繁荣。

只有当 $G_A = G_W$ 时，实际增长率与有保证的增长率相等，厂商愿意增加的投资等于实际需要增加的投资，总需求处于理想的水平，此时的经济既无失业又无通货膨胀，经济处于稳定、均衡的增长状态。

如果有保证的增长率 G_W 和自然增长率 G_N 不一致，就会导致经济的长期波动。

当 $G_W > G_N$ 时，表明当前厂商愿意的投资增长率超过了人口增长和技术进步所允许的程度，此时，由于生产的增长受到劳动力不足和技术水平的限制，结果是生产效率下降，投资与产量减少，出现大量资本闲置，经济增长受到限制，经济陷入长期的萧条和停滞趋势。

当 $G_W < G_N$ 时，表明当前厂商愿意的投资增长率还没有达到人口增长与技术进步所能允许的程度，说明还存在可供使用的剩余劳动力和潜在的生产率，经济增长有余地，各种自然资源的供给比较充分，使得工资降低，企业利润增加，刺激了投资和生产，从而使经济进入长期繁荣的趋势。

只有当 $G_W = G_N$ 时，表明社会的全部劳动力和生产设备在既定的技术水平下得到了充分利用，即实现了充分就业，这是合乎理想的长期增长状态。

小思考 这种合乎理想的长期增长状态能实现吗？

因为3种增长率的决定因素并不相同，所以要达到经济的长期稳定很不容易。哈罗德—多马模型所指出的稳定增长条件被认为是一条“刃锋”途径，在现实中很难实现。

哈罗德—多马模型从投资的二重效应入手，突出了储蓄率（即积累率）和资本生产率对经济增长的重要影响，其结论是：经济增长率随着储蓄率的增加而提高，随着资本产出比的扩大而降低。该模型成为以后经济增长研究的基础。但由于受到固定技术系数的生产函数假设的束缚，模型所设想的长期有效稳态增长很难实现，这与西方主要资本主义国家增长的典型事实相悖，更多的经济学家正是从前人的不足出发推进了经济增长的进一步研究，提出了新古典经济增长模型、新经济增长模型。

专栏 5-3 收入、储蓄和投资的关系

众所周知,各国之间的贫富差距有些是很大的。那么,是什么原因造成了这样的差距呢?根据索洛模型,如果一国把其大部分收入用于储蓄和投资,它将有一个高稳定状态的资本存量和高水平收入。相反,如果一国只把其收入中的一小部分用来储蓄和投资,其稳定状态的资本存量和收入水平就会变低。但上述结论是否在经验上也可以成立呢?根据一些经济学家的研究数据,大多数国家用于投资的产出比例和人均收入水平之间存在着正相关关系。也就是说,具有高投资率的国家(像美国和日本),通常有高的收入;而具有低投资率的国家(像乌干达和乍得),通常有低的收入。所以,这些经济学家认为,经验数据与索洛模型的预言是一致的,即投资率是一国贫富的关键因素。

当然,这也就进一步引出了另外的问题:为什么各国之间的储蓄率和投资率会有这么大的差距呢?毫无疑问,它们的税收政策、退休形式、金融市场的发达程度以及文化差别与此都有关系,与政治的清廉与腐败、社会的安全与稳定也有关系。

也有人认为,同样的数据也许表明了反向的因果关系:高水平的收入在一定程度上促进了高储蓄和高投资。不过,经济学家们对于上述各种可能的解释中哪一种最为重要,却还没有达成共识。

总的说来,投资率与人均收入之间的密切关系尽管是说明国家间贫富差距的一个重要因素,但显然不是全部原因。例如,墨西哥和津巴布韦的投资率相近,但墨西哥的人均收入比津巴布韦高出 3 倍以上。

资料来源:王志伟.宏观经济学[M].北京:北京大学出版社,2006.

小思考 究竟应该如何看待投资、储蓄和收入的关系呢?

四、新经济增长理论

20 世纪六七十年代以前,占主流地位的增长理论是新古典经济增长理论。该理论承认技术进步在经济增长中的重要作用,但认为技术进步只是促进经济增长的一个外生变量。随着高新技术的发展,技术进步在经济增长中的作用越来越明显,而且高新技术的发展最大限度地开发了人的无限的、积累式的智力资源。新经济增长理论就是在 80 年代中后期以来逐渐形成的一种新的增长理论,用规模报酬递增和内生技术进步来解释一国长期的经济增长,该理论最主要的特征是试图使增长率内生化,强调经济增长不是由外部力量推动的,而是经济系统内部力量作用的产物。技术进步是由人力资本投资、研究开发、知识外溢、劳动分工和专业化、边干边学以及合理的制度激励推动的结果。目前，新经济增长理论仍然处于不断发展和完善之中。

（一）阿罗的“边干边学”模型

此模型是1972年诺贝尔经济学奖获得者、美国经济学家阿罗于1962年提出的。阿罗模型试图将新古典经济增长模型中的外生技术内生化，该模型强调从事生产的过程也是获得知识的学习过程。生产过程中积累了资本品的同时也积累了更多的知识，因为新生产的资本品所含的技术水平在提高。阿罗假设技术进步是投资的副产品，是厂商在生产中积累经验的结果。一个厂商的投资不仅会提高自身的生产率，而且将提高全社会所有其他厂商的生产率。因此，技术进步是经济系统的内生。“边干边学”积累起来的经验使劳动力和固定资产的效率在生产过程中都有所提高，把这种现象称为知识的溢出效应。技术水平随着资本水平的提高而提高，学习参数的提高会促使长期增长率的提高，“边干边学”模型以此来解释经济的长期增长。

在阿罗模型中，技术进步是经济系统的内生变量，由于存在技术溢出，不存在政府干预时的经济均衡状态是一种社会次优状态，均衡的经济增长率将低于社会最优经济增长率。在此背景下，政府可以采取适当的政策提高经济增长率，使经济向着社会福利最大化逼近。

然而，在阿罗模型中，由于技术的溢出效应不够强，内生的技术进步不足以推动经济持续增长，经济增长率取决于人口增长率。如果后者为零，则经济无法实现增长，为了保证经济增长能够实现，必须要求人口以一个外生比率增长。由此可知，阿罗的“边干边学”模型还不是一个标准的内生增长模型。

（二）罗默的知识溢出模型

美国经济学家罗默将阿罗模型向前推进了一步。罗默在他1986年的《收益递增与长期增长》一文中认为，企业通过投资增加资本存量的行为提高了知识的水平。知识是非竞争性的，具有外部效应，这种效应不仅使其自身形成收益递增，而且使物质资本和劳动等其他投入要素也具有收益递增的特性，而这种收益递增会导致经济的长期增长。

在罗默的知识溢出模型中，知识和技术是私人厂商进行意愿投资的产物，像物质资本投资一样，私人厂商进行知识投资也将导致知识资本的边际收益递减。技术进步是经济增长的唯一源泉。他把代表技术的知识分为专业化知识和一般知识，并认为专业化知识具有让拥有者获得垄断利润的“内在经济效应”；一般知识则具有“溢出效应”，让全社会从中受益。罗默认为代表技术的知识像其他物品一样是由资本生产出来的，是厂商有意识投资的产物，所以是经济体系的内生变量。厂商之所以投资于知识的生产，其目的是为了追求新技术带来的高额利润。像物质资本投资一样，私人厂商进行知识投资也将导致知识的边际收益递减。

为了说明即使在人口增长率为零时，知识积累也足以保证经济实现长期增长，罗默假设知识具有足够强的溢出效应，知识溢出足以抵消固定生产要素存在引起的知识资本边际产品递减的趋势，从而使知识投资的社会收效率保持不变或呈递增趋势。他还假定当其他的投入要素给定时，消费品的生产是知识存量的函数。因此，知识积累过程不会中断，经济能够实现长期增长。

（三）卢卡斯的人力资本积累模型

卢卡斯认为人力资本具有内在效应和外部效应，其内在效应表现为提高劳动的生产效率，其外部效应在于提高其他生产要素的生产率，即个人提高自己的人力资本有助于提高所有生产要素的生产率。

人力资本在生产中的积极作用导致生产的规模报酬递增。由于发达国家人口的平均受教育程度较高，人力资本丰富，所以发达国家资本的边际效率和收益率不但不会低于发展中国家，反而可能高于某些落后的发展中国家。因此看到，大量资本不是从发达国家流向最不发达国家，而是从许多发展中国家流向发达国家。

卢卡斯在《论经济发展机制》一文中，用人力资本解释了长期经济增长。他认为人力资本既不同于一般的知识也不同于一般的劳动力。人力资本可以相互传递，其结果不仅提高了投资者本身的生产率，而且也增加了劳动与物质资本的生产率，从而形成了生产的收益递增。拥有大量人力资本的国家会取得较快的经济增长速度，人力资本水平低下则是不发达国家经济增长缓慢的重要原因之一。

人力资本不仅是物质产品生产过程中的重要投入，而且是知识生产或技术研发中的关键要素。如果一个国家重视教育和科学研究，不断增加科学教育投入和人力资本，就可以促进科技创新的技术扩散，推动技术进步和经济持续增长。

（四）斯科特的新经济增长论

英国经济学家斯科特提出了一个资本投资决定技术进步的模型。他认为技术进步是影响经济增长的主要因素，知识与技术进步对劳动力的质量和劳动生产效率都有重要影响，但他强调技术进步的作用与投资不能分开，认为技术进步与投资总是一体的，而不是一个单独的力量，资本投资是技术进步的源泉，资本投资是经济增长的决定性因素。

斯科特新经济增长论还强调了国际贸易在经济增长中的重要地位。现今世界上的发展中国家通过国际贸易可以吸收外国的先进技术和人力资本，从而形成一种特殊的赶超效应，加快本国经济发展步伐。

(五)巴罗的公共产品模型

美国经济学家巴罗在1990年提出的经济增长模型中强调了政府服务对于经济增长的作用。巴罗认为政府是推动经济增长的决定力量。在公共产品模型中，巴罗假设政府提供公共产品，即政府产品具有非竞争性和非排他性的特点，这样，政府活动具有溢出效应。它对于私人厂商而言相当于一种外部经济，政府提供的服务(如基础设施建设)带来了私人厂商生产率和社会生产率的提高，推动了技术进步，使生产表现出规模收益递增，经济得以实现内生性增长的情况。

政府投资提供公共产品是整个经济的一个组成部分，相对于私人经济而言是外部经济。无论政府提供的是公共产品(具有非排他性和非竞争性)，还是具有部分竞争性和非排他性，政府都可以采取适当的税收制度，使分散竞争经济的均衡增长率等于社会最优增长率，提高社会福利水平。

总之，新增长理论从知识和人力资本积累上寻找经济增长的源泉，并致力于研究私人市场力量、公共政策和不同的组织机构如何导致技术进步的不同模式，探讨实现知识和人力资本积累的各种机制。该理论的研究成果，如对加强研究与开发投入的补贴，知识产权的重要性，如何设计公共政策促进知识的创造和积累，跨国公司的角色，贸易对经济增长的冲击等，已经引起理论界和政府部门的高度关注，提高了各国经济增长政策的制定水平。

专栏 5-4　二战后日本和德国为什么能迅速崛起

作为第二次世界大战的两个战败国，日本和德国的经济受到了重创。然而，这两个国家却取得了惊人的成就，在战争的废墟中迅速崛起，成为全球的经济强国。1948—1972年，日本和德国每年人均产出的增长率分别为8.2%和5.7%，而美国同一时期的指标仅为2.2%。是什么原因带来日本和德国的惊人成就呢?

不可否认，美国在马歇尔计划下对欧洲的大量援助和美军占领日本期间对日本的扶持，是德国和日本崛起的一个关键因素，但同时，两国高水平的人力资本同样是不可忽视的“功臣”。在第二次世界大战末期，德国已经培养了一大批工程师和科学家，战后更有大量的熟练劳动力注入德国。德国还拥有系统、广泛、严格的在职培训体系，对提升人力资本也起到了重要的作用。战后日本在人力资本开发上有许多独特的做法，如终身雇佣制、轮岗制以及年工序列制等日本企业用工制度的创新，有助于人们在人力资本上进行投资。美国占领者也对日本的教育体制进行了改革，并鼓励人们到国外接受教育。到20世纪80年代，日本的劳动生产率已跻身于世界最先进国家的行列。

资料来源:曼昆.宏观经济学[M].梁小民,译.北京:中国人民大学出版社,2000.

小思考 中国是否可以从日本和德国的崛起中学到些什么?

专栏 5-5 "亚洲四小龙"的增长奇迹

韩国、新加坡、中国台湾和中国香港的经济起飞始于20世纪60年代,70年代以更高速度增长,GNP年均增长率为9%左右,被称为"经济奇迹"。在80年代上半叶,发展中国家经济处于困难时期,东亚的这4个经济体仍维持较高的增长速度。它们增长的绩效是如此非凡,以至于人们通常把这4个经济体称为"亚洲四小龙"。

"亚洲四小龙"在人类发展史上创造了一个经济增长奇迹,这是毋庸置疑的事实。恰好是它们的快速增长,使其上演了"丑小鸭变天鹅"的童话故事:它们从世界上最贫穷经济体的队伍中脱颖而出,步入富裕的工业化经济体行列。"丑小鸭变天鹅"的诀窍是什么?显然,这是欠发达经济体迫切需要的。

从目前的证据看,最大的诀窍就是一直强调的传统美德:节俭和勤劳。"亚洲四小龙"的经济增长并不主要源于技术进步,主要源于物质资本积累。从20世纪60年代到80年代,"亚洲四小龙"的储蓄率和投资率确实在不断提高。显然,这些国家的高储蓄率和高投资率为经济高速增长做出了巨大的贡献。

资料来源:徐现祥.图解宏观经济学[M].北京:中国人民大学出版社,2014.

小思考 中国也在创造经济增长奇迹,其诀窍是什么?

第二节 经济周期理论

经济增长的历史从来都不是理想中的稳定而持续的增长,虽然有时可以享受多年的经济繁荣,但繁荣终会结束。当经济增长速度放慢,国民收入开始下降,失业人数增加时,经济衰退正渐渐靠近。当然对于经济衰退也不必过于悲观,衰退同样不可能永远持续,当经济达到谷底后便会开始复苏,复苏有可能快也可能慢,有可能恢复不到原先的繁荣状态,但也有可能进入下一轮的经济扩张。经济就是这样周而复始地重复着繁荣、衰退、萧条、扩张这些阶段,呈现出周期性变动的特征。

有人把经济运行比喻成忽上忽下的过山车,那么究竟是什么原因导致经济运行的巨大反差呢?这就是经济周期理论要解释的问题。

一、经济周期的定义与阶段

(一)经济周期的定义

经济周期也称为商业周期,是国民收入及经济活动的周期性波动。经济周期是一种在经济运行中周期性出现的经济扩张与经济紧缩交替更迭、循环往复的现象。美国著名经济学家米切尔和伯恩斯最早给经济周期下了定义:“经济周期是在主要以工商企业形式组织其活动的那些国家的总量经济活动中可以发现的一种波动形态。一个周期包含许多经济领域差不多同时发生的扩张,接下来是同样一般性的衰退、收缩和复苏,后者又融入下一周期的扩张之中;这一系列的变化是反复发生的,但不是定期的;经济周期的持续时间从 1 年以上到 10 年、20 年不等,它们不能再分为具有相同特征的更短的周期。”

一般而言,经济周期是指经济活动沿着总体发展趋势所经历的扩张和收缩。这种扩张与收缩主要表现在总产出、工业生产指数、就业及通货膨胀率、投资、消费等经济变量的上下波动上。在理解经济周期时应注意这样几点:第一,经济周期的中心是国民收入的波动。经济波动实质上是实际国内生产总值与正常经济增长之间的背离。这两者之间的背离程度越大,经济周期就越严重。第二,经济周期是经济中不可避免的经济现象。第三,虽然每次经济周期并不完全相同,但它们却有共同之处,即每个周期都是繁荣与萧条的交替。

(二)经济周期的阶段

经济周期可以分为 4 个阶段:衰退、谷底、扩张、顶峰。其中上升(扩张)阶段与下降(衰退)阶段为两个大阶段,扩张阶段是总需求和经济活动的增长时期,往往伴随着生产、就业、利润、价格、工资的上升,而衰退阶段正好相反。顶峰和谷底为两个转折点,顶峰是经济活动的最高点,也是经济向下的转折点,谷底是经济活动的最低点,也是经济向上的转折点。如图 5-1 所示,是一个典型的表示经济周期的曲线图。

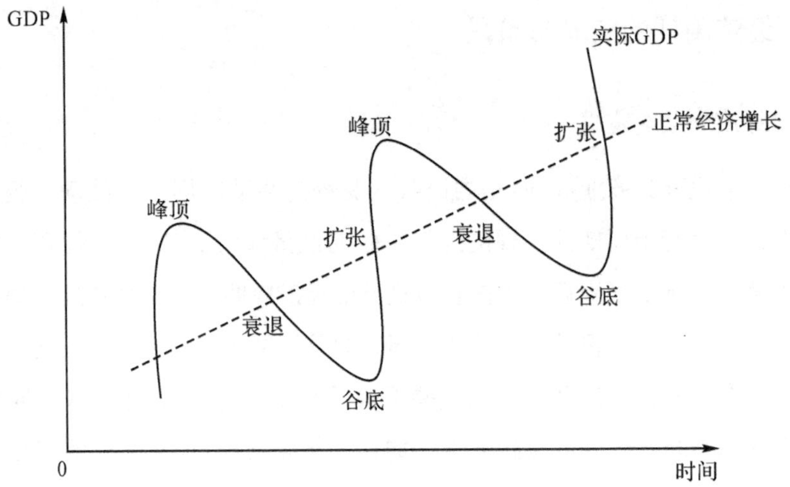

图 5-1　经济周期曲线及其阶段划分

从图 5-1 中看似乎经济的周期性变化具有一定的规律，其实现实中的经济周期是不规则的，这种不规则表现在两个方面：经济周期中每个阶段持续的时间不确定，时长时短；每个阶段的变化幅度不确定，时高时低。经济周期的无规则导致了人们难以对经济周期做出准确的预测。在一般情况下，从一个国家的整体趋势来看，经济活动水平总是在不断上升的。

二、经济周期的类型

按照周期波动对经济发展的影响程度及发生时间的长短，经济学家通常将经济周期划分为短期、中期、中长期、长期 4 种类型。

短周期又称短波，其周期平均长度为 40 个月左右，由美国经济学家基钦在 1923 年提出，被称为“基钦周期”。一般认为它主要是由企业库存投资的变动而产生的。

中周期又称中波，长度约为 8—10 年，是由法国经济学家朱格拉提出的，故称为“朱格拉周期”。一般认为，这一周期是由于固定投资波动而产生的。

中长周期平均长度约为 20 年，由美国经济学家库兹涅茨在 1930 年提出，称为“库兹涅茨周期”。一般认为，这种周期是由于建筑投资的循环变动引起的，故也称其为“建筑周期”。

长周期又称长波，平均长度约为 50 年，由前苏联经济学家康德拉季耶夫于 1926 年提出，称为“康德拉季耶夫周期”。对这种长周期形成原因的解释有很多种，如人口的增加、地理上的新发现、新资源的开发、战争等，但技术进步和革新可能是产生长周期的主要原因。

如图 5-2 所示，是我国从 1971—2011 年的 GDP 增长率数据。

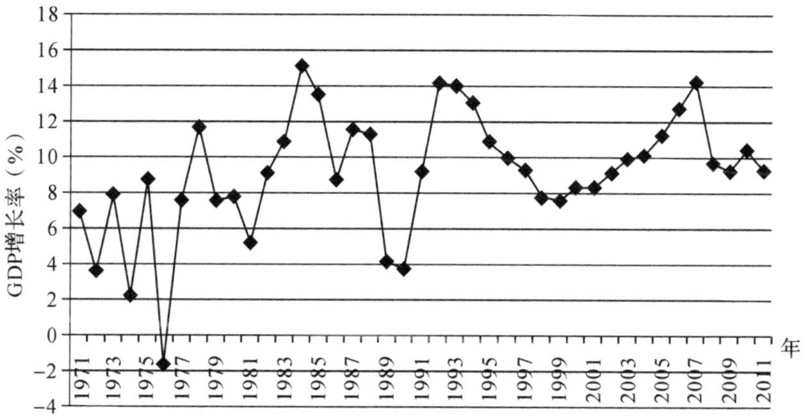

图 5-2　中国 1971—2011 年 GDP 增长率

小思考　分析中国经济增长的周期特征。

专栏 5-6　我国经济增长的周期分析

改革开放 30 多年，中国经济保持了 9.8%以上的增长率，可将 2013 年以前的经济增长划分为 4 轮周期。

第一轮是 1978—1984 年，处于体制改革的探索时期。这一时期我国经济持续 3 年增速都低于 8%，1981 年的经济增速只有 5.2%，出现了所谓的经济硬着陆，形成了这轮周期的最低点，这轮周期我国经济年均增速只有 9.47%，经济增速呈现出 V 字形走势，呈现出大起大落、忽冷忽热的增长格局，投资驱动和体制问题是造成上述走势的根本原因。

第二轮是 1985—1992 年，处于体制改革的突破时期。这一时期我国经济形成了 1989 年 4.4%与 1990 年 3.84%的两次明显谷底，这轮周期我国经济年均增速是 9.6%，经济增速呈现出 W 型走势，沿袭了大起大落、忽冷忽热的增长格局，体制改革的难题与内部经济波动特别突出。

第三轮是 1993—2003 年，处于明确向市场经济体制转轨时期。我国经济第一次走出了一放就活、一收就死、大起大落、忽冷忽热的前两轮周期性表现，在体制转型挑战中，中国经济第一次开创了年均 9.8%以上的增长周期，这一轮增长的底部是 1999 年的 7.6%，这是在对抗 1998 年东南亚金融危机与长江特大洪水的内外冲击下所取得的成绩，这一轮经济发展使得中国经济第一次走出硬着陆的周期性表现，显现了中国经济的自主性。

第四轮是 2004—2013 年，年均增速接近 10.3%，实现了又好又快的经济增长时期，出现了中国领涨全球的崭新发展现象，中国成为美国第一大债权国，甚至正在成为稳定全球经济不可或缺的主导性力量。2012年和2013年成为本轮增长周期的一个明显底部，但年度增速仍然高于1999年经济增速。这一时期的经济增长，充分发挥了我国低成本竞争的国际比较优势，但也使得转方式、调结构愈发迫切。

可以看出，前两轮周期都是处于旧体制下进行的内部改革探索期，最大的风险和冲击主要来自内部因素，外部因素冲击并不显著；后两轮周期都面对了外部要素的冲击，特别是第四轮周期时全球金融危机恶化了我国外向型经济发展的外部环境，如果能够有效利用这一战略机遇，促动我国经济的内部循环和产业转型升级，则我国经济发展不均衡的区域差距将提供广阔的经济发展空间和动力，因此要充分释放经济增长的区域动力。

从4轮增长的表现来看，我国经济快速发展的态势并没改变，中国经济仍处于大有作为的战略机遇期，但左右这个战略机遇期的主导性因素并不来自外部世界，而是源自内部增长因素的充分调动和发挥。和平与发展仍然是世界大趋势，外部世界的风云变化与经济起伏会恶化中国经济增长的外部环境，但并不能够改变中国经济持续增长的既有态势，内部因素才是中国抢抓战略机遇期的决定性因素。只要能够把内部的问题与矛盾解决好，就始终能够掌握住解决好外部问题与矛盾的主动性，开辟崭新的增长周期。

资料来源：张建君.我国经济增长的周期分析及前景[J].中国国情国力，2014(3)：28—30.

小思考 你认为目前我国经济增长中最大的问题是什么？

专栏5-7 保姆公司危机

20世纪70年代，斯威尼夫妇俩是一家保姆合作社的会员。这是一些主要在美国国会工作的年轻夫妇成立的组织，他们愿意彼此之间充当保姆，照顾其他人的孩子。这家公司较大，有150对夫妇，这意味着它有足够的保姆，也可以使这个公司运转起来，特别是让每个会员都有活可干，也意味着这不是一个无足轻重的照顾孩子的游戏。

与许多其他的机构一样，国会山保姆公司通过印刷临时票券来解决问题：每做一个小时的保姆工作可以得到一个单位的票券。在照顾别人的孩子时，担任保姆的夫妇可以从对方获得相应的票券。这套制度设计得很科学，它可以自动保证每对夫妇照顾别人孩子的时间，与别人照顾自己孩子的时间刚好相等。

但事情并不那么简单。人们发现这个制度需要相当数量的票券来流通。连续有几个晚上空闲、又没有马上外出计划的夫妇，要为未来打算积蓄一些票券，这种积蓄行为意味着其他人储蓄的票券会相应减少，因为其他人要把孩子送过来照顾。

时间一长，每对夫妇都要积蓄足够的票券，以方便自己外出时可以利用。而国会山保姆公司印刷票券的过程很复杂，夫妇们在加入公司时可以得到一些票券，但在离开时必须偿还；同时，人们还要以票券的形式向管理公司的人员支付工资，等等。到一定时间以后，流通中的票券就不够了，少到无法满足会员需求的程度了。

这个结果很突然。那些觉得自己积蓄的票券不够的夫妇，都急于帮别人照顾孩子，自己不愿再外出。由于一对夫妇外出，就意味着给别人提供了照顾别人孩子的机会；这又反过来造成夫妇们更加不愿意外出，如此循环，保姆工作就更少了……

资料来源：克鲁格曼．萧条经济学的回归[M]．朱文晖，王玉清，译．北京：中国人民大学出版社，1999.

小思考 你从这个故事中感悟到了什么？

三、经济周期的原因

1825 年英国爆发了世界上第一次经济危机，自此以后，经济波动问题逐渐成为引人关注的宏观经济现象。很多经济学家对经济周期原因做出了各种理论解释，众多的经济周期理论可以概括为两大类：外生论和内生论。外生论认为经济周期的原因在于市场经济体制之外的某些因素，如科学发明、技术改良、发现新的资源、气候变化、战争、政治事件等。内生论则把经济周期的原因归结为市场经济体制之内的某些因素，如投资、消费、储蓄、政府购买等。

下面对各种经济周期理论做一个简要的介绍，并着重讨论凯恩斯主义的经济周期理论，即用乘数—加速数模型来解释经济的周期性波动。

（一）外生经济周期理论

1. 强调自然因素的周期理论

这种理论把经济周期波动的原因最终归结为经济体系以外的太阳黑子等宇宙天体活动，以及气候、季节变动等自然因素。认为 10 年一次的太阳黑子活动周期或 8 年一次的降雨周期会影响地球的气候变化，而气候变化的周期会影响到农业收成的丰歉，从而形成农业生产的周期性波动。农业的周期波动必然影响到工商业，最终形成整个经济的周期波动。

2. 强调创新因素的周期理论

创新周期论认为，引起经济波动的主要因素是创新，包括技术创新和制度创新。熊彼特认为由于创新的多样性、复杂性，形成了经济活动中的多周期，即短周期、中周期、长周期，并用创新理论解释 3 种周期，他认为，3 种周期中每一个周期都是与一定创新活动紧密联系在一起的。短周期对于创新活动影响较小和实现的期限较短，中周期是中等程度的创新所引起的经济波动，长周期的依据在于影响比较深远、实现所需期限较长的创新。

制度创新也是经济波动的根源，持这种观点的学者认为，由于各种制度的兴起和衰落，引起了经济增长的繁荣和衰退。

3. 强调政治因素的周期理论

该理论认为，经济扩张和衰退的交替是政府交替执行扩张性政策和紧缩性政策的结果，每届到期的政府为了良好的政绩以争取选民会采取扩张性的经济政策，而新一届政府上台后就要采取经济紧缩政策，以消除经济扩张政策所带来的经济问题。政府的干预作为外在冲击导致了经济的周期性波动。

(二)内生经济周期理论

1. 消费不足的周期理论

这种理论认为，经济衰退的原因在于收入中用于储蓄的部分所占比例过大，而用于消费的部分所占比例过小，即消费不足。而消费品需求不足又引起投资品的需求不足，进而使整个经济出现生产过剩型危机。

2. 投资过度的周期理论

该理论认为经济衰退的原因在于投资过多而不是过少。所谓投资过多，是指资本的部门的发展超过了消费品部门，即与消费品生产相比，资本品的生产有了过度的发展。经济扩张时，资本品比消费品增长得快；经济衰退时，资本品下降速度也比消费品快。正是资本品投资的波动，造成了整个经济的波动。

3. 信用过度的周期理论

信用过度论把经济周期波动看成是一种纯货币现象，认为经济波动是银行货币和信用波动的结果。银行货币和信用的扩张导致利率下降，引起投资增加，经济走向繁荣；反之，银行货币和信用的紧缩导致利率上升，投资下降，经济走向衰退。

4. 强调心理因素的周期理论

心理周期论是运用人们心理上的乐观预期和悲观预期的交替，来说明经济繁荣和萧条的交替：一段时期内，人们的心情很好，对未来充满了乐观的预期，这时，投资和生产就要增加，经济走向繁荣；而在另一段时期内，人们的心情不是很好，对未来悲观失望，这时的投资和生产都是下降的，经济走向衰退。

(三)内外结合的经济周期理论：乘数—加速数理论

凯恩斯主义者认为，形成经济周期波动的主要原因在于资本边际效率的变动具有周期性。企业投资的不稳定导致了国民产出的不稳定，从而导致经济周期性地波动。萨缪尔森提出的乘数—加速数模型，试图把内、外部因素结合在一起，来对经济周期做出解释。一方面，萨缪尔森用加速原理说明收入对投资的作用，另一方面又用乘数效应说明投资对收入的作用，两者形成了一个相互决定的体系。因为乘数原理在前面的章节中已涉及，在此不再赘述。

1. 加速原理

加速原理分析的是国民收入增加和它所引起的投资之间的关系，在没有闲置生产能力的情况下，国民收入的增加必然引起有效需求的提高，引起资本存量的增加，并且资本存量增加量 ΔK 是国民收入增加量 ΔY 的一个倍数 α，这个倍数 α 即为加速数。

$$\alpha=\frac{\Delta K}{\Delta Y} \tag{5.6}$$

为了理解加速原理，引入一个概念：资本—产出比。所谓资本—产出比是指生产单位产出所需要的资本量，即：

$$v=\frac{K}{Y} \tag{5.7}$$

式中，v 为资本—产出比，K 为资本数量，Y 为产出数量。

假如某企业资本总量为 2 000 万元，年产值为 1 000 万元，则资本—产出比为 2，表示平均每 1 元产值需要 2 元的资本。在技术水平不变的条件下，假如该企业要增加 1 000 万元的产值，就必须按资本—产出比率来增加相应的资本存量，即增加 2 000 万元的资本，所以此时的资本—产出比就等于加速数。

$$\alpha=\frac{\Delta K}{\Delta Y}=\frac{K}{Y}=v \tag{5.8}$$

加速原理包含下述假设条件：(1)技术水平不变，资本—产出比为一常量并等于加速数；(2)企业没有闲置的生产设备，已有设备已达到充分利用，要增加产量必须投资增加新设备。下面通过举例说明加速原理对投资的作用过程。

假设某企业在技术条件不变的前提下，资本—产出比等于加速数且等于 2，产量等于销量，即产出等于收入，折旧每年为 200 万元，根据每年的产出可推导出资本量、净投资、折旧、总投资的相互关系，如表 5-2 所示：

表 5-2　某企业与产出相关的数据　　　　(万元)

年份	产出	资本量	净投资	折旧	总投资
0	1 000	2 000	—	—	—
1	1 000	2 000	0	200	200
2	2 000	4 000	2 000	200	2 200
3	3 000	6 000	2 000	200	2 200
4	3 500	7 000	1 000	200	1 200
5	3 500	7 000	0	200	200
6	3 400	6 800	−200	200	0

从表5-2中可以看出，在第1年，由于产出与上年持平，净投资为0，总投资只有折旧200万元。第2年，由于产出比上年增加了1 000万元，净投资为2 000万元，总投资为2 200万元，比上年的200万元扩大了11倍。第3年，产出又比上年增加了1 000万元，净投资为2 000万元，总投资为2 200万元，虽然产出还在增加，但增加的速度与上年持平，投资也与上年持平，不再增加。第4年，产出比上年增加了500万元，净投资为1 000万元，总投资为1 200万元，这时产出还在增加，但因为增加的速度比上年慢，投资已开始下降，从上年的2 200万元下降到1 200万元，近乎下降一半。第5年，产出与上年持平，净投资为0，总投资为200万元，回复到第1年的投资水平，只要产出不增加，投资就仅为折旧。第6年，产出比上年下降100万元，净投资减少200万元，正好与折旧抵消，总投资为0，说明只要产出有所下降，哪怕只下降一点点，投资都会完全消失！

上述例子说明了产出或者收入的变化引起了投资加速的变化：如果产出不增加，投资仅为折旧；如果产出快速增加，投资更快地增长；如果产出维持一定速度增加，投资规模不变；如果产出增加速度放慢，投资快速下降；如果产出稍有下降，投资完全消失。

小思考 如何才能导致投资的增长率不断上扬？

2.乘数—加速数的相互作用

从乘数原理和加速原理可以得知，国民收入和投资之间是相互作用、相互影响的。投资增加，会通过乘数作用带来国民收入倍数的增长；国民收入快速增长，会通过加速数的作用促使企业的投资以更快的速度增长。而投资的增长又促使国民收入成倍地增长(乘数作用)，国民收入的增长导致投资不断扩大(加速原理)，如此循环，投资和国民收入之间相互促进，不断增长，于是整个经济进入扩张阶段。

但是一个经济体中的资源总量是有限的，经济不可能无限扩张，一旦经济体中的闲置资源不足，进入资源的瓶颈，乘数就不再发生作用，国民收入不再快速增长，投资开始下降(加速原理)；一旦投资下降，国民收入就会成倍下降(乘数原理)，国民收入的下降会导致投资完全消失(加速原理)；如此循环，国民收入会持续下降，经济进入衰退阶段。

在经济衰退阶段企业不再投资，会造成资本设备的逐年减少，当资本存量减少到一定程度，即与当年的国民收入相适应，此时就会有企业进行必要的设备更新，同时经济体中又存在大量的闲置资源，一旦投资有所增加，就会出现乘数和加速数的相互作用，国民收入逐步上升，经济复苏，开始新一轮的扩张。

3. 乘数—加速数模型

萨缪尔森从最简单的国民收入决定方程 Y=C+I+G 出发，运用乘数和加速原理，给出了如下模型：

$$Y_t=C_t+I_t+G_t$$

$$C_t=\beta Y_{t-1}$$

$$I_t=\alpha(C_t-C_{t-1})+I_0 \quad (5.9)$$

这个模型中，第一个方程是产品市场均衡的条件，为了简便，假定政府购买是一个外生变量，$G=G_0$（常数）。第二个方程为消费函数，表明本期消费是上一期收入的线性函数，其中为边际消费倾向，同时假定自发消费为零。第三个方程为加速原理，本期投资依赖于本期与前期消费的改变量，其中 α 为加速数，I_0 为每时期的折旧，假定其为常量。

根据这一模型，举例说明经济的周期性波动。假设边际消费倾向 β=0.5，则投资乘数为 2，再假定加速数 α=12，每期的政府购买都为 1 亿元，每期的折旧也为 1 亿元。同时不考虑第 1 期以前的情况，假定从上期国民收入中来的本期消费为零，净投资也为零，总投资为 1 亿元，则第 1 期的国民收入总额就为 2 亿元。

第 2 期的政府购买仍为 1 亿元，由于第 1 期的收入为 2 亿元，则第 2 期的消费 $C_2=\beta Y_1=0.5\times2=1$ 亿元，第 2 期的投资 $I_2=\alpha(C_2-C_1)+I_0=2\times(1-0)+1=3$ 亿元，由此，第 2 期的国民收入 $Y_2=C_2+I_2+G_2=1+3+1=5$ 亿元。用同样的方法算出以后各期的国民收入，见如表 5-3 所示。

表 5-3 乘数—加速数的相互作用 （亿元）

时期(t)	政府购买(C_t)	消费(C_t)	投资(I_t)	国民收入(Y_t)	经济变化趋势
1	1	0	1	2	—
2	1	1	3	5	扩张
3	1	2.5	4	7.5	扩张
4	1	3.75	3.5	8.25	扩张
5	1	4.125	1.75	6.875	衰退
6	1	3.437 5	0	4.437 5	衰退
7	1	2.218 75	0	3.218 75	衰退
8	1	1.609 375	0	2.609 375	衰退
9	1	1.304 687 5	0.390 625	2.695 312 5	扩张
10	1	1.347 656 25	1.085 937 5	3.433 593 75	扩张
11	1	1.716 796 875	1.738 281 25	4.455 078 125	扩张
12	1	2.227 539 063	2.021 484 375	5.249 023 438	扩张

续 表

时期(t)	政府购买(C_t)	消费(C_t)	投资(I_t)	国民收入(Y_t)	经济变化趋势
13	1	2.624 511 719	1.793 945 313	5.418 457 031	扩张
14	1	2.709 228 516	1.169 433 594	4.878 662 109	衰退
15	1	2.439 331 055	0.460 205 078	3.899 536 133	衰退
16	1	1.949 7680 66	0.020 874 023	2.970 642 09	衰退
17	1	1.485 321 045	0.071 105 957	2.556 427 002	衰退
18	1	1.278 213 501	0.585 784 912	2.863 998 413	扩张
19	1	1.431 999 207	1.307 571 411	3.739 570 618	扩张
20	1	1.869 785 309	1.875 572 205	4.745 357 513	扩张

乘数与加速数的相互作用实际上也就是消费、投资和国民收入之间的相互作用。投资影响收入和消费(乘数作用),反过来,收入和消费又影响投资(加速数作用)。因此,经济周期性波动的根源在于经济体系本身而不是其他因素。为了维持经济的长期稳定,减少经济的周期性波动,政府可以通过宏观经济政策的调控对经济进行必要的干预。

小思考 为什么经济波动是正常的、必然的现象?

专栏 5-8 真实经济周期理论

1973 年和 1975 年的石油价格上涨和生产率的下降显示,供给一方的强烈震荡同样给经济周期带来了很大的影响。在这样的背景下,真实经济周期理论应运而生。这种理论认为,供给的波动才是导致经济周期的本质原因,这种供给波动表现为真实经济因素的变化,包括技术进步引起的生产率变动、能源价格波动引起的外部冲击等,他们这种强调真实因素的经济波动理论因此被称为真实经济周期理论。

该理论的代表人物是基德兰德和普雷斯科特,他们在 2004 年获得了诺贝尔经济学奖。

他们认为,技术冲击通常发生在某一个部门内,但是个别部门的技术变化能够迅速传导到整个经济中去。例如,机械行业出现了机器人,而后,其他能从这项新技术中获益的行业,诸如仪器制造企业、汽车生产企业等,将向生产机器人的企业订货,对机器人的需求因此而增长,生产机器人的企业就会更多雇用工人,同时使得生产和使用机器人的企业工人的实际工资增加,工人收入中的一部分用于消费,会带动其他部门的需求,从而引起整个经济的波动。

现代经济正处于科技创新层出不穷、资源环境的影响日趋重要、人们对生活质量愈益关注的时代，因此经济本身越来越多地受到来自供给方面的冲击，如技术进步、油价波动、环境政策的变化等。真实经济周期理论非常有助于更好地理解现代经济的特点和现代经济波动的影响因素。

资料来源：李刚，张震. 经济学乱炖[M]. 上海：上海人民出版社，2012.

人物介绍

创新经济学之父

——约瑟夫·熊彼特

约瑟夫·熊彼特(1883—1950)是美籍奥国经济学家，当代西方经济学的重要代表人物之一。

熊彼特出生于奥匈帝国摩拉维亚省特利希镇的一个织布厂主的家庭。他幼年就读于维也纳的一个贵族中学，学生时代就阅读了大量的书籍，并开始注意社会问题。1901—1906年在维也纳大学学习，当时正是奥地利经济学的发展时期。受门格尔等经济学家的影响，熊彼特对经济学产生了很大的兴趣，并从1903年开始研究经济学。在对众多经济学家理论研究的基础上，熊彼特逐步形成了自己的观点。

经济发展和经济周期理论是熊彼特经济理论的重要组成部分，而创新理论是熊彼特研究经济发展和经济周期理论的核心和基础。

熊彼特认为，所谓发展就是创新，就是把人们所能支配的生产要素用新的方法、新的组织组合起来，而实现创新的主体是企业家。他把创新看成是经济发展的一个最重要的因素。这是熊彼特对经济理论的一大贡献。

熊彼特又以“创新理论”为依据，提出了他的经济周期理论。他认为，一种创新通过扩散，会刺激大规模的投资，引起经济高涨，一旦投资机会消失，便转入了衰退期。由于创新的引进不是连续平稳的，而是时高时低，所以经济也就表现为周期性的波浪运动，这样便产生了经济周期。历史上的创新千差万别，对经济发展的影响也大小不同，因而周期有长有短。

熊彼特一生富有传奇色彩，扮演着众多的角色，优秀的学生、教授、学者、银行总裁、政府大臣、商人、历史学家等等，所有这些角色交汇在一起，使他的一生都游走在极端和矛盾之中。但作为一名经济学家，熊彼特是一位巨人。

熊彼特的主要著作有：《经济发展理论》(1934)、《商业周期：资本主义过程理论的、历史的、统计的分析》(1939)、《资本主义、社会主义与民主》(1942)、《经济分析史》(1954)。

增长理论的杰出构建者

——罗伯特·默顿·索洛

罗伯特·默顿·索洛(1924—),美国经济学家,经济增长之父,1987年诺贝尔经济学奖得主。

索洛1924年生于纽约布鲁克林。1940年进入哈佛大学学习,不久第二次世界大战爆发,1942年加入美国军队,参加了在意大利的战争。1945年退役重返哈佛大学,在里昂惕夫的指导下,索洛走向了经济学者之路。于1947年获哈佛大学经济学学士学位,1949年获哈佛大学硕士学位,1951年获哈佛大学哲学博士学位,从1954年起一直在麻省理工学院任教。除了做教授外,索洛还在学术界和政界兼职,曾任波士顿联邦储备银行董事、董事会主席,白宫首席经济顾问,收入委员会主席,美国经济学会会长等职务。1961年被美国经济学会授予人称"小诺贝尔经济学奖"的"约翰·贝茨·克拉克奖"。

索洛对经济学的贡献主要在于修正了20世纪40年代在经济学界占垄断地位的哈罗德—多马经济增长模型,创立了新古典经济增长模型,又被人们称为索洛模型,直到现在该模型仍然是经济增长理论中不可或缺的内容。新古典增长模型认为,经济增长取决于资本、劳动、资本与劳动在生产中的组合比例,以及技术进步等因素。技术进步在此模型中是个外生变量,表现为增长率中资本与劳动做出贡献之外的"余数"。他提出长期的经济增长主要依靠技术进步,而不是依靠资本和劳动的投入。

索洛获得1987年的诺贝尔经济学奖是因为他在1956年提出了一个用以说明存量的增加是如何使人均产值增长的数学方程式,它可用来衡量各种生产要素对发展所做出的贡献。根据这一方程式,国民经济最终会达到这样一种发展阶段:在那个阶段以后,经济增长将只取决于技术的进步。诺贝尔奖奖金委员会主席林德贝克认为,正是索洛的理论,使工业国家愿意把更多的资源投入大学和科学研究事业,这些方面是促使经济发展的"突击队"。

本章小结

本章对经济增长和经济周期问题进行了阐述和分析。为更好地理解现实的经济活动打下了基础。

经济增长表现为一国GDP或者人均GDP的增长,它与经济发展既有联系又有区别。经济增长的源泉主要是要素投入及技术进步(要素生产率)。

能体现资本积累重要性的是哈罗德—多马经济增长模型,该模型说明由储蓄而来的投资或资本积累在经济增长中的重要意义。哈罗德—多马经济增长模型还提出了经济实现充分就业均衡增长的条件。

新经济增长理论用规模报酬递增和内生技术进步来说明一国长期经济增长,该理论最主要的特征是试图使增长率内生化,强调经济增长不是由外部力量推动的,而是经济系统内部力量作用的产物。

经济增长会呈现波动的特征,经济波动即为经济周期。经济周期是指经济活动沿着总体发展趋势所经历的扩张和收缩。可划分为 4 个阶段:顶峰、衰退、谷底、扩张。引起经济周期性波动的原因多种多样,乘数—加速数模型对经济周期的解释得到较多的认可。

乘数与加速数的相互作用实际上也就是消费、投资和国民收入之间的相互作用。因此,经济周期性波动的根源在于经济体系本身而不是其他因素。为了维持经济的长期稳定,减少经济的周期性波动,政府可以通过宏观经济政策的调控对经济进行必要的干预。

本章重点:经济增长的概念;经济增长的源泉;哈罗德-多马模型;经济周期的概念;经济周期的阶段;乘数—加速数模型。

本章难点:对哈罗德—多马模型的理解;对乘数—加速数模型的掌握。

参考文献

[1] 萨缪尔森,诺德豪斯. 宏观经济学[M]. 萧琛,译. 北京:人民邮电出版社, 2012.
[2] 曼昆. 宏观经济学[M]. 梁小民,译. 北京:中国人民大学出版社, 2000.
[3] 曼昆. 经济学原理[M]. 北京:北京大学出版社, 2012.
[4] 约翰·斯罗曼. 经济学[M]. 郭庆旺,译. 北京:经济科学出版社,2001.
[5] 高鸿业. 西方经济学[M]. 北京:中国经济出版社, 1997.
[6] 卢锋. 经济学原理[M]. 北京:北京大学出版社, 2002.
[7] 王健,王双进. 西方经济学: 宏观部分[M]. 北京:中国计量出版社, 2008.
[8] 周纪昌. 宏观经济学[M]. 上海:立信会计出版社, 2008.
[9] 李翀. 宏观经济学[M]. 北京:北京师范大学出版社, 2008.
[10] 李刚,张震. 经济学乱炖[M]. 上海:上海人民出版社,2012.
[11] 克鲁格曼. 萧条经济学的回归[M]. 朱文晖,王玉清,译. 北京:中国人民大学出版社,1999.
[12] 徐现祥. 图解宏观经济学[M]. 北京:中国人民大学出版社,2014.

附录:新古典经济增长模型和新剑桥增长模型

一、新古典经济增长模型

在哈罗德—多马经济增长模型中,实现充分就业的均衡增长条件是很难实现的，为了说明资本主义经济可以实现持续的稳定增长，西方经济学家提出了各种增长模型，其中最为流行的是新古典经济增长模型。

1956年初，美国经济学家索洛发表了《经济增长理论》一文，最早提出了这一模型。同年11月，英国经济学家斯旺在《经济增长与资本积累》一文中提出了类似的模型，故一般称为索洛—斯旺模型。后来，英国经济学家米德于1961年在《经济增长的一个新古典理论》一文中，也系统地提出了基本相同的模型，由于他们的模型和古典经济学家相同，把充分就业视为必然的趋势，因此，经济学家称这种理论为"新古典经济增长理论"。

新古典经济增长模型主要包括以下几个假设条件：第一，全社会只有一种产品；第二，假定有资本和劳动两种生产要素，这两种生产要素是能互相替代的，即能够以可变的比例来组合；第三，规模报酬不变，但资本或劳动的边际生产力递减；第四，储蓄函数 $S=sY$，s 为边际储蓄倾向，是一常数，且 $0<s<1$；第五，劳动力按一定的比例 n 增长。

新古典经济增长理论模型的推导过程如下。

假设总产出生产函数为 $Y=F(K,L)$，根据规模报酬不变的假设，有 $\lambda Y=F(\lambda K,\lambda L)$，令 $\lambda=1/L$，则有 $Y/L=F(K/L,1)$，记为 $f(k)=F(K/L,1)$。于是可以将生产函数写为人均形式：$y=f(K)$，$y=Y/L$ 为人均产出，$k=K/L$ 为人均资本。

图5.1附显示了人均生产函数 $y=f(K)$。这条曲线反映了资本报酬递减规律：随着每个工人拥有的资本量上升，每个工人的产量也增加，但增加的速度是递减的。

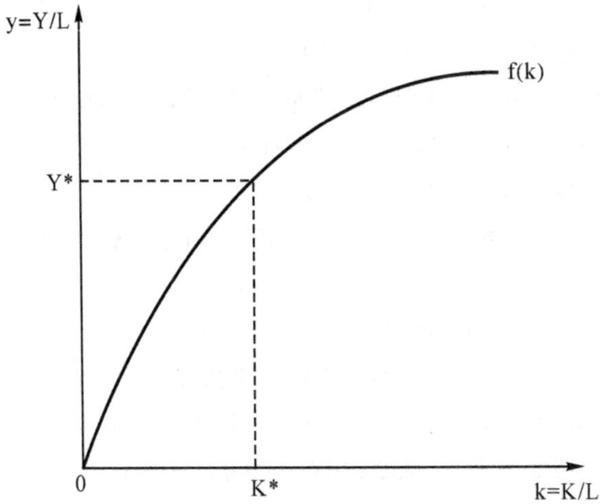

图5.1附　人均产量和人均资本量

(一)新古典经济增长模型的基本方程

长期中资本增量的变化取决于每年的投资数量，假设每年的储蓄均转化为投资，则每年资本增量可以表示为：

$$\Delta K = sY - \delta K \qquad (5.1附)$$

式中，ΔK 表示资本的增长，s 表示经济中的储蓄率，sY 表示经济中的储蓄水平，δ 表示资本折旧率，δK 表示资本折旧量。如果假定经济中的人口数量不变，则等式中两边同除以人口数量 L，可得：

$$\Delta k = sf(k) - \delta k \qquad (5.2附)$$

式中，$\Delta k = \Delta K/L$ 表示人均资本存量的增长，sf(k)表示人均储蓄量，δk 表示人均资本折旧量。长期中，由于边际生产力递减，所以在储蓄率水平稳定的情况下，人均储蓄水平呈现递减的变化趋势；另一方面，假设折旧率稳定，长期中，资本折旧数量随着资本量的变化等比例变化。由于储蓄和资本折旧的变化趋势，可推出长期中储蓄水平将等于资本折旧量，最终人均资本拥有量趋于稳定。现实中，人口数量一般会持续增长，假定人口的增长率为 n，为使人均资本保持不变，资本必须和人口以相同速度增长，则人均资本存量变化为：

$$\Delta k = sf(k) - (\delta + n)k \qquad (5.3附)$$

上式即为索洛模型的基本方程式，它表示人均储蓄不仅要补偿资本折旧 δk，还要补偿由于人口增加形成的人均资本存量的降低 nk。如果人均资本增量 $\Delta k = 0$，则人均产量不变，经济处于稳定状态，即稳定状态时人均储蓄（sf(k)）正好提供了充足的投资来抵消折旧（δk）和为新增的劳动力装备的资本设备（nk），这两项总计为（$\delta + n$）k 的人均储蓄被称为资本广化，而如果人均储蓄超过这个数额，使得人均资本存量的增长（$\Delta k > 0$）所需要的投资被称为资本深化，这将带来人均产量的上升。反之，如果人均储蓄不足，人均资本量会下降（$\Delta k < 0$），最终导致人均产量也下降。

需要注意的是，稳定状态虽然意味着人均产量和人均资本量的值是固定的，但总产量和资本存量都在增长。在稳定状态中，总产量和总的资本存量的增长率均与劳动力的增长率相等，也就是 n。

（二）经济稳态的调整

在新古典经济增长模型中，经济稳态指的是一种长期均衡状态。在稳态时，人均资本达到均衡值并维持在均衡水平不变，在忽略了技术变化的条件下，人均产量也达到稳定状态。

利用图 5.2 附可以分析稳态的调整过程。这一调整过程的关键在于储蓄率和投资率与折旧率和人口增长率之间的关系。

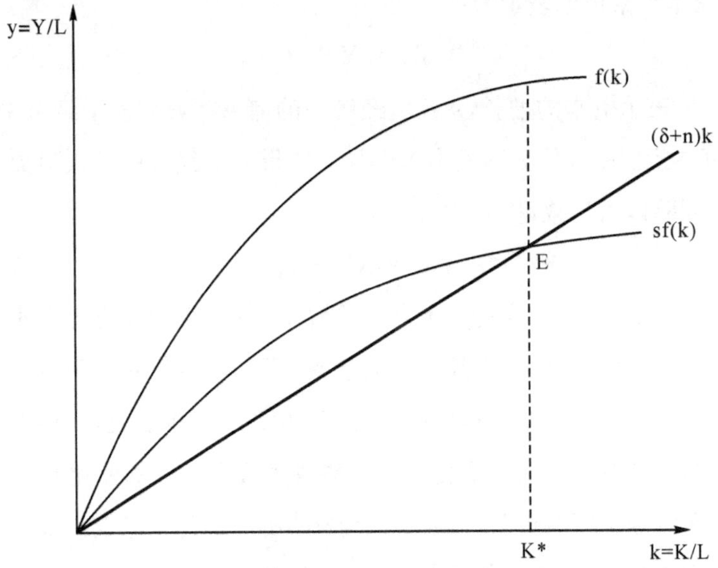

图 5.2 附　经济增长的稳态

由于个人储蓄是其收入中的一个固定部分，并且 $0<s<1$，所以曲线表明了人均储蓄水平。人均储蓄曲线与人均生产函数曲线具有相同的形状，但在生产函数曲线的下方。直线 $(\delta+n)k$ 则显示了为保持人均资本不变而需要的投资额。

根据稳定状态的条件，在 $sf(k)=(\delta+n)k$ 时，在图 5.2 附中表示为两者的交点 E，经济达到稳态。而在 E 点的左侧，$sf(k)>(\delta+n)k$ 时，k 就会上升，调整过程一直进行到 E 点对应的 k^* 为止。由于实际的和意愿投资完全吻合，人均资本量既不上升也不下降，所以最终达到了稳态。而在 E 点的右侧，情况正好相反，人均资本 k 有下降的趋势，最终达到 k^*。

稳态时 k 和 y 都固定不变。由于人均收入不变，总收入以和人口相同的速度增长，即增长率为 n。由此可以推论：稳态增长率不受储蓄率的影响，这是新古典经济增长理论的关键结论之一。

(三)储蓄率的增加

储蓄率的增加提高了产量的短期增长率，它并不影响产量的长期增长率，但它提高了人均资本和产量的长期水平。在图 5.3 附中，经济最初位于 E 点的稳态均衡，在这点储蓄恰好与要求的投资相匹配。现在储蓄率增加，由 s 增加到 s′，这引起储蓄曲线上移至虚线位置。

在 E 点，虽然初始状态下到达了稳态均衡，但现在储蓄相对于投资已经上升，额外的储蓄转化为投资后使得人均资本存量上升。人均资本存量将持续上升直至到达 E′点，人均资本和人均产量也都上升。

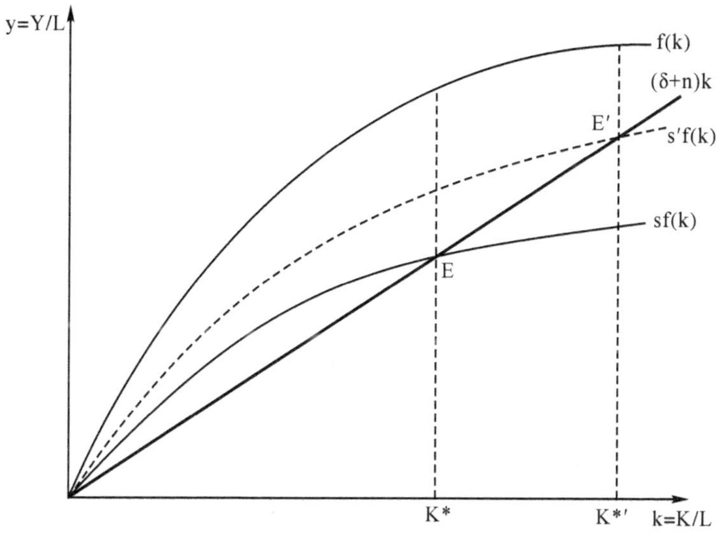

图 5.3 附　储蓄率的增加对稳态的影响

从短期来看，储蓄率的提高导致了产量增长率和人均产量增长率的增加，这可以简单地从图 5.3 附中人均资本量从初始稳态的 k^* 上升到新稳态中的 $k^{*\prime}$ 这一事实中看出。但从长期来看，在 E′点，经济重新回到其稳定增长率 n。即在规模报酬不变的生产函数中，储蓄率的增加在长期仅仅提高了人均产量和资本水平，而没有提高人均产量增长率。

人口增长率的上升会降低人均资本的稳态水平，进而降低人均产量的稳态水平。很多发展中国家由于人口增长过快，资本广化占用了太多的资本，因而使人均资本减少，进一步导致人均收入水平的降低。有些国家虽然储蓄率相同，但由于人口增长率的不同会使人均收入有很大的不同。

从上面的讨论可以看出，要提高一个国家的劳动生产率，必须提高稳态的人均资本水平，使稳态点向右移动。稳态点向右移动的途径有 3 条：一是采用新技术，提高 f(k) 曲线的位置；二是提高储蓄率，提高 sf(k) 曲线的位置；三是控制人口增长率，降低 $(\delta+n)k$ 线的位置。

二、新剑桥经济增长模型

新剑桥经济增长模型是在哈罗德—多马经济增长模型基础上发展起来的。其主要倡导者是琼·罗宾逊、卡尔多和意大利经济学家帕西内蒂，由于他们均在英国剑桥大学任教，而又背离以马歇尔为首的剑桥学派的传统，故名“新剑桥学派”，后人将他们的模型称为新剑桥经济增长模型。

(一)新剑桥经济增长模型的基本假设

1. 资本—产量比率 v 固定不变

2. 国民收入分为利润收入与工资收入两部分，社会成员要么是利润收入者，要么是工资收入者。

以 P 代表利润，W 代表工资，Y 代表国民收入，则 $P+W=Y$，$\frac{P}{Y}$为利润占收入比重，$\frac{W}{Y}$为工资占收入比重，且$\frac{P}{Y}+\frac{W}{Y}=1$。

3. 利润收入者的储蓄倾向 S_p 与工资收入者的储蓄倾向 S_w 都是稳定不变的，但利润收入者的储蓄倾向大于工资收入者的储蓄倾向，即 $S_p>S_w$

整个社会的储蓄倾向 S 为两种收入者储蓄倾向的加权平均数：

$$S=S_p\cdot\frac{P}{Y}+S_W\cdot\frac{W}{Y}$$

(二)新剑桥经济增长模型的基本公式

将上式代入哈罗德—多马经济增长模型的基本公式 $G=\frac{s}{v}$，则：

$$G=\frac{s}{v}=\frac{S_p\cdot\frac{P}{Y}+S_W\cdot\frac{W}{Y}}{v} \qquad (5.4\text{附})$$

上式即为新剑桥经济增长模型的基本公式，根据假设，式中的资本一产量比率 v、利润收入者的储蓄倾向 S_p 和工资收入者的储蓄倾向 S_w 都是稳定不变的，即经济增长仅由利润占收入比重$\frac{P}{Y}$和工资占收入比重$\frac{W}{Y}$决定，又因为$\frac{P}{Y}+\frac{W}{Y}=1$，所以可以认为经济增长 G 只随着利润占收入的比重$\frac{P}{Y}$变化而变化。由此，新剑桥经济学家认为可以采用调整利润收入者和工资收入者的收入在国民收入中所占比重的办法来实现经济的长期稳定增长。

(三)经济稳定增长的条件

1. 当 $S_W=0$ 时，$S=S_p\cdot\frac{P}{Y}$

在这种情况下，如果有保证的增长率小于自然增长率 $G_W<G_N$，在资本一产量比率 v 不变的条件下，可以通过增加利润在国民收入中的比重来提高社会平均储蓄倾向 S，从而使有保证的增长率等于自然增长率，实现经济的稳定增长。

设 $G_N=8\%$，$v=3$，$\frac{P}{Y}=30\%$，$S_P=50\%$，则

$$G_W=\frac{S}{v}=\frac{S_p\cdot\frac{P}{Y}}{v}=\frac{50\%\times30\%}{3}=5\%<G_N。$$

假如提高利润占收入的比重$\frac{P}{Y}=48\%$,则

$$G_W=\frac{S}{v}=\frac{S_p\cdot\frac{P}{Y}}{v}=\frac{50\%\times48\%}{3}=8\%=G_N。$$

反之,如果有保证的增长率大于自然增长率$G_W>G_N$,在v不变的条件下,就可以通过减少利润在国民收入中的比重来降低社会平均储蓄倾向S,从而使$G_W=G_N$,实现稳定增长。

2. 当$S_p>S_W>0$时,$S=S_p\cdot\frac{P}{Y}+S_w\cdot\frac{W}{Y}$

在这种情况下,如果有保证的增长率小于自然增长率$G_W<G_N$,在资本—产出比率v不变的条件下,同样可以通过增加利润在国民收入中的比重降低工资在国民收入中的比重来提高社会平均储蓄倾向S,从而使有保证的增长率等于自然增长率,实现经济的稳定增长。

设$G_N=8\%$,$v=3$,$\frac{P}{Y}=40\%$,$S_p=30\%$,$\frac{W}{Y}=60\%$,$S_W=10\%$,则

$$G_W=\frac{S}{v}=\frac{S_p\cdot\frac{P}{Y}+S_W\cdot\frac{W}{Y}}{v}=\frac{30\%\times40\%+10\%+60\%}{3}=6\%<G_N。$$

假如提高利润占收入的比重$\frac{P}{Y}=70\%$,降低工资占收入的比重$\frac{W}{Y}=30\%$,则

$$G_W=\frac{S}{v}=\frac{S_P\cdot\frac{P}{Y}+S_W\cdot\frac{W}{Y}}{v}=\frac{30\%\times70\%+10\%\times30\%}{3}=8\%=G_N$$

反之,如果有保证的增长率大于自然增长率$G_W>G_N$,在资本—产出比率v不变的条件下,同样可以通过减少利润在国民收入中的比重增加工资在国民收入中比重的来降低社会平均储蓄倾向S,从而使有保证的增长率等于自然增长率,实现经济的稳定增长。

(四)经济增长中国民收入分配变动趋势

新剑桥经济增长模型认为经济改变着收入分配,而且经济增长是以加剧收入分配的不平等为前提的,经济增长的结果也必然加剧收入分配的不平等,依据公式$S=S_p\cdot\frac{P}{Y}+S_W\cdot\frac{W}{Y}$,$\frac{P}{Y}+\frac{W}{Y}=1$,以及均衡条件投资与储蓄相等,将平均储蓄倾向S转化为投资率$\frac{I}{Y}$,得出以下公式:

$$\frac{P}{Y}=\frac{1}{S_p-S_W}\cdot\frac{1}{Y}-\frac{S_W}{S_p-S_W} \qquad (5.5\text{附})$$

从式 5.5 附中可以看出，利润占收入的比重$\frac{P}{Y}$取决于 3 个因素，即投资率$\frac{I}{Y}$、利润收入者的储蓄倾向 S_P 及工资收入者的储蓄倾向 S_W。

如果 $S_P=1, S_W=0$，则分配公式变成：$\frac{P}{Y}=\frac{I}{Y}$。

它说明投资率越高，利润占收入的比重就越大。

如果 $S_P<1, S_W=0$，则分配公式变成：$\frac{P}{Y}=\frac{1}{S_P}\cdot\frac{I}{Y}$。

它说明利润占收入的比重取决于两个因素，即投资率$\frac{I}{Y}$和利润收入者的储蓄倾向 S_P。如果利润收入者的储蓄倾向 S_P 稳定，那么投资率$\frac{I}{Y}$越高，利润占收入的比重$\frac{P}{Y}$就越大，即国民收入的分配越有利于利润收入者。由于投资率与经济增长的正相关性说明，经济增长率越高，国民收入分配越有利于利润收入者，而不利于工资收入者，也就是说，经济增长的结果会拉大利润和工资在收入中所占比重的差距，使工资在国民收入中所占的比重趋于下降。

(五)新剑桥经济增长模型的结论

新剑桥经济增长模型把经济增长与收入分配结合起来，说明了经济增长中收入分配的变化趋势以及收入分配关系对经济增长的影响，这一模型的主要结论如下：

(1)要实现经济稳定的增长，根本方法不是调节资本—产量比或促进技术进步，而是调节社会平均储蓄倾向，而储蓄倾向的改变就是要改变利润收入和工资收入在国民收入中所占的比重。

(2)在经济增长中收入分配有利于利润收入者而不利于工资收入者。利润在国民收入中的比重越来越大，工资在国民收入中的比重越来越小，可利用这一理论解释经济增长过程中出现贫富两极分化的情况。

(3)经济增长加剧了收入分配的比例失调，收入分配比例失调反过来又制约了经济增长并可能激化贫富矛盾，导致经济和社会矛盾的出现。要解决经济与社会矛盾问题，根本的途径不是实现经济持续高速增长，而是实现收入分配的均等化。

练　习

一、名词解释

经济增长　经济发展　哈罗德—多马模型　经济周期　乘数—加速数模型

二、选择题

1. 潜在经济增长在图形上表现为　（　　）

A. 生产可能性曲线内的某一点向曲线上的移动

B. 生产可能性曲线外的某一点向曲线上的移动

C. 生产可能性曲线上的某一点沿曲线移动

D. 生产可能性曲线向外移动

2. 根据哈罗德—多马模型，当有保证的增长率小于实际增长率时，经济将出现　（　　）

A. 均衡增长

B. 累积性的扩张

C. 累积性的收缩

D. 实际产出水平进一步提高

3. 根据哈罗德—多马的分析，当有保证的增长率大于实际增长率时，经济会　（　　）

A. 持续高涨　B. 均衡增长

C. 衰退萧条　D. 无法确定

4. 经济增长的最基本特征是　（　　）

A. 国民生产总值的增加

B. 技术进步

C. 制度与意识的相应调整

D. 以上 3 个都是

5. 在经济增长中起着最大作用的因素是　（　　）

A. 资本　B. 劳动

C. 技术进步　D. 制度

6. 假定资本量为 100 万元，所生产的产量为 50 万元，则资本—产量比率为　（　　）

A. 0.5　B. 2

C. 0.67　D. 1.5

7. 根据哈罗德模型，当资本—产量比率为 4，储蓄率为 20%时，则经济增长率为　（　　）

A. 5%　B. 80%

C. 20%　D. 15%

8. 假如要使经济增长率从 5%提高到 8%，在储蓄率为 20%的条件下，根据哈罗德模型，资本—产量比率应该是　（　　）

A. 4　B. 2.5

C. 6　D. 5

9. 根据哈罗德模型，当有保证的增长率大于实际增长率时，经济中将出现　（　　）

A. 均衡增长

B. 累积性的扩张

C. 累积性的收缩

D. 不能确定

10. 在实际的资本—产量比率大于合意的资本—产量比率时，企业的反应是　（　　）

A. 增加投资

B. 减少投资

C. 保持原投资水平

D. 增雇工人

11. 经济增长的标志是 ( )

A. 城市化步伐的加快

B. 社会福利水平的提高

C. 工资水平的提高

D. 社会生产能力的不断提高

12. 经济周期是指 ( )

A. 国民收入上升和下降的交替过程

B. 人均国民收入上升与下降的交替过程

C. 国民收入增长率上升和下降的交替过程

D. 以上都正确

13. 经济周期的中心是 ( )

A. 利率波动

B. 通胀率波动

C. 国民收入波动

D. 就业率波动

14. 加速原理认为 ( )

A. 消费增加导致 GDP 数倍增加

B. GDP 数量增加会引起投资数倍增加

C. GDP 增长会导致消费数倍增加

D. 投资增加会引起 GDP 数倍增加

15. 当经济达到顶峰时，会因( )而转入衰退。

A. 加速系数下降

B. 边际消费倾向提高

C. 加速系数上升

D. 总投资为零

三、判断题

1. 经济增长意味着经济发展。 ( )

2. 哈罗德认为，如果有保证的增长率大于实际增长率经济将出现高涨。 ( )

3. 哈罗德指出，如果实际增长率等于有保证的增长率，则经济将在充分就业的状态下均衡增长。 ( )

4. 如果实现了哈罗德的自然增长率，社会资源将得到充分利用。 ( )

5. 假定其他条件不变，投资的减少会导致国民收入水平下降，从而使投资进一步减少。 ( )

6. 乘数的作用导致国民收入增加，加速数的作用导致国民收入减少。因此，乘数和加速数的交织作用造成经济的周期性波动。 ( )

7. 加速原理是一种用外部因素的变化来解释经济周期的原理。 ( )

8. 在资本—产量比率不变的前提下，加速系数等于资本—产量比率。 ( )

9. 存在闲置设备的情况下，加速原理仍然有效。 ( )

10. 较低的储蓄导致较高的利率，它将导致较低的投资。 ( )

11. 一国出现经济周期是一种不正常的现象。 ( )

12. 资本产出比上升意味着资本品更富有生命力。 ( )

13. 经济增长主要与经济中生产潜力的增长及生产能力得到利用的程度有关系。 ( )

14. 经济增长的目标可以沿着一条笔直的道路实现。 ( )

15. 人力资本指的是能提高人们生产率的教育和技能。 ( )

16. 哈罗德—多马模型认为经济活动自身可以自动趋向于均衡增长途径。 ( )

17. 新经济增长理论认为技术进步是促进经济增长的外生力量。 ( )

18. 当经济沿着生产可能性曲线上的一点移动到另一点时，表明经济增长了。 ( )

四、计算题

1. 假设实际储蓄率为 0.4，实际资本—产量比率为 3，合意储蓄率为 0.5，合意的资本—产量比率为 4，自然增长率为 8%，请计算：

A：(1)实际增长率；(2)有保证的增长率。

B：(1)在以上的假设时，短期中经济中会出现累积性扩张，还是累积性收缩，或稳定增长？

(2)长期中是长期停滞，或是长期繁荣，或稳定增长？

2. 假设边际消费倾向为 0.75，加速系数为 2，每年政府支出为 1 000 万元，自发投资均为 900 万元，第二年国民收入为 6 000 万元，比上年增加 400 万元，求第三年、第四年的总投资。

3. 已知资本增长率为 2%，劳动增长率为 0.8%，产出增长率为 3.1%，资本的国民收入份额 $\alpha=0.25$，在这些条件下，技术进步对经济增长的贡献为多少？

五、思考题

1. 分析经济增长与经济发展的关系。

2. 经济增长的源泉是什么？

3. 均衡增长率、实际增长率和自然增长率的含义是什么？三者不相等时社会经济将出现什么情况。

4. 试述形成经济周期的原因。

5. 乘数原理与加速数原理之间有何联系与区别？乘数—加速数模型是如何解释经济周期。

6. 阐述哈罗德—多马经济增长模型的经济意义。

7. 新经济增长理论与以前的经济增长理论有何区别，其意义体现在哪里？

六、案例讨论

有人认为刺激消费能导致经济增长，因为消费是拉动一国总需求的三驾马车之一。也有人认为正好相反，增加储蓄才能促进一国的经济增长。你同意哪种观点，请说明理由。

第六章 失业与通货膨胀

失业和通货膨胀是世界各国普遍面临的经济和社会现象，失业率和通货膨胀率都是大众在日常经济生活中颇为敏感的经济指标。经济学家萨缪尔森对于失业的出现曾给人们描绘了这样的场景：劳动力失去了赖以生存的工作岗位；政治家失去了惯常的理智；国民经济失去了发展的动力。的确，劳动力失去工作很痛苦，但如果一般物价水平持续上升，人们的菜篮子越拎越沉也很痛苦。所以，经济学上把失业率与通货膨胀率之和称为痛苦指数有一定道理。

人人都期盼国泰民安。既然失业和通货膨胀在现实中难以避免，有必要对之进行一定的了解。那么失业和通货膨胀具体有哪些类型？其存在的原因是什么？如何使失业率和通货膨胀率控制在一个合理的区域内？本章要对这些问题进行介绍和分析。

本章的基本概念：失业　摩擦性失业　结构性失业　周期性失业　充分就业　自然失业率　通货膨胀　需求拉上的通货膨胀　成本推进的通货膨胀　菲利普斯曲线

本章的学习目标：理解失业和通货膨胀的概念；掌握失业和通货膨胀的类型和原因；了解失业和通货膨胀对经济的影响；了解失业和通货膨胀的治理。

第一节　失　业

家境优越的小田大学毕业了，自视甚高的她想找一份轻松且收入丰厚的工作。但美好的愿望毕竟不是现实，屡屡碰壁的小田因不愿降低要求而一直待在家里。宠爱着女儿的父母也认可孩子的选择。目前我国大学毕业生中境况类似小田的大有人在。人们对这种“高不成，低不就”而没有工作的“啃老族”颇有非议。那么，小田属于失业者吗？如果是，她属于哪种失业？对社会影响大的是何种失业？对于失业政府如何应对？

一、失业的类型

（一）失业的定义和衡量

1982年，在国际劳工组织召开的国际劳工统计大会上，给失业下了标准定义，失业是指在调查期间内达到一定年龄并满足以下条件者：没有工作；目前可以工作；正在寻找工作。所以，失业是指那些在规定的劳动年龄内，具有劳动能力，正在积极寻找工作但是没有工作的人所处的状况，处于失业的劳动者为失业者。

不同的国家对法定就业年龄有不同的规定。在我国，16周岁为法定就业年龄。

失业率是衡量一国失业状况的基本指标，指失业人数占总劳动力人数的比例，具体可以表示为：

$$\text{失业率}=\frac{\text{失业人数}}{\text{劳动力总数(失业人数+就业人数)}}\times 100\% \qquad (6.1)$$

实际上，在世界各国，统计失业率都不是一件容易的事，原因在于对失业者的界定有困难。例如，有些失业者实际在从事地下经济的工作；有些人由于寻找工作一直没有成功，丧失了信心从而退出了劳动力队伍。前者计入失业人数会扩大实际失业者，后者不计入失业人数会缩小实际失业者。因此，为了尽可能对失业率进行正确的估算，各国都确定了不同的计算方法。例如，美国劳工统计局根据具体的情况，确定了7个失业率统计标准，有长期失业率、成人失业率、全职工作失业率等。如表6-1所示为美国近11年的失业率数据。

我国的失业人口统计，只覆盖城镇人口，没有涉及农村人口。我国官方公布的失业率为“城镇登记失业率”，由人力资源和社会保障部每季度公布一次。而城镇登记失业率自2002年以来一直保持在4%—4.3%的水平。显然，我国目前还缺乏一套科学的失业统计指标体系。

表6-1 美国历年失业率 （%）

年份＼月	1	2	3	4	5	6	7	8	9	10	11	12
2004	5.7	5.6	5.8	5.6	5.6	5.6	5.5	5.4	5.4	5.5	5.4	5.4
2005	5.3	5.4	5.2	5.2	5.1	5.0	5.0	4.9	5.0	5.0	5.0	4.9
2006	4.7	4.8	4.7	4.7	4.6	4.6	4.7	4.7	4.5	4.4	4.5	4.4
2007	4.6	4.5	4.4	4.5	4.4	4.6	4.7	4.6	4.7	4.7	4.7	5.0

续　表

月＼年份	1	2	3	4	5	6	7	8	9	10	11	12
2008	5.0	4.9	5.1	5.0	5.4	5.6	5.8	6.1	6.1	6.5	6.8	7.3
2009	7.8	8.3	8.7	9.0	9.4	9.5	9.5	9.6	9.8	10.0	9.9	9.9
2010	9.7	9.8	9.9	9.9	9.6	9.4	9.5	9.5	9.5	9.5	9.8	9.4
2011	9.1	9.0	9.0	9.1	9.0	9.1	9.0	9.0	9.0	8.8	8.6	8.5
2012	8.2	8.3	8.2	8.2	8.2	8.2	8.2	8.1	7.8	7.8	7.8	7.9
2013	7.9	7.7	7.5	7.5	7.5	7.5	7.3	7.2	7.2	7.2	7.0	6.7
2014	6.6	6.7	6.7	6.3	6.3	6.1	6.2	6.1	5.9	5.8	5.8	5.6

资料来源：美国劳工统计局网站：http//www.bls.gov.

小思考　你认为就法定就业年龄而言，如何改变能有利于降低失业率？

（二）失业的类型

对于一个经济社会的运行而言，存在失业现象是一件很正常的事，有些失业是经济中不可避免的现象，对社会经济的正常运行影响不大。但大萧条时期的失业就另当别论了。下面将失业按产生的原因进行分类。

1.摩擦性失业

摩擦性失业指人们在寻找工作或转换工作过程中出现的失业。此失业是由于劳动力供求双方的某些摩擦而导致的，故称为"摩擦性失业"。如大学毕业生要找到与之专业相匹配的工作需要花费一定的时间；有些人对已有的工作岗位不适应，要重新找工作；有些人由于在工作单位人际关系处理不好而被解雇，得重新再找工作。

有人认为季节性失业和自愿失业也属于摩擦性失业。季节性失业指由于某些行业生产受季节性因素的影响而引起的失业，如农业、旅游业等，对劳动力的需求状况受季节的影响，在需求淡季便会出现失业。自愿失业指不愿意接受现行工资而导致的失业。

小思考　小田属于哪种类型的失业？你觉得她能领取失业津贴吗？

摩擦性失业量的大小取决于劳动力流动性的大小和寻找工作所需花费的时间。一国劳动力流动性越大、越频繁，寻找新工作所要花费的时间就越长，摩擦性失业量就越大。而劳动力流动性大小要受到很多因素的影响，信息不畅通则是导致搜寻新工作花费时间较长的主要原因。

摩擦性失业可以是自愿的，也可以是非自愿的，但从总体而言，对社会的影响不大。

2. 结构性失业

结构性失业是由于经济结构的变化，劳动力的供求不匹配而造成的失业。随着社会需求的改变和生产技术的进步，各国的经济结构都在发生变化，有些行业日渐衰落，有些行业逐渐兴起。行业的衰落必然游离出大量剩余的劳动力，与此相反，新兴的行业对劳动力的需求则非常旺盛。尽管劳动力市场供求总量是均衡的，但由于技术等方面的原因，处于衰退行业的失业人员与新兴行业的工作职能不匹配，劳动力供求双方差异甚大。

结构性失业往往伴随着经济结构的升级和调整而出现，是经济发展的必然结果和代价。与摩擦性失业相比，结构性失业具有时间长且带有区域、群体性特征。

小思考 比较摩擦性失业和结构性失业的异同。

摩擦性失业和结构性失业在一国的经济运行中难以避免，它们的存在与社会总需求水平和经济周期无关。所以摩擦性失业和结构性失业均属于自然失业和均衡失业。

3. 周期性失业

周期性失业指由于经济衰退，总体经济活动低迷，对劳动力总需求不足引起的失业，又称为“需求不足的失业”。周期性失业也是凯恩斯所分析的非自愿失业。

凯恩斯经济学产生于大萧条，大萧条时期出现的失业前所未有。凯恩斯提出宏观经济学的首要目的就是解决失业问题。他认为由于消费需求和投资需求的不足最终导致总需求的不足，对劳动力的需求又是一种“引致需求”。因此，总需求的不足导致对劳动力需求的不足，从而引发需求不足的失业，如图 6-1 所示。

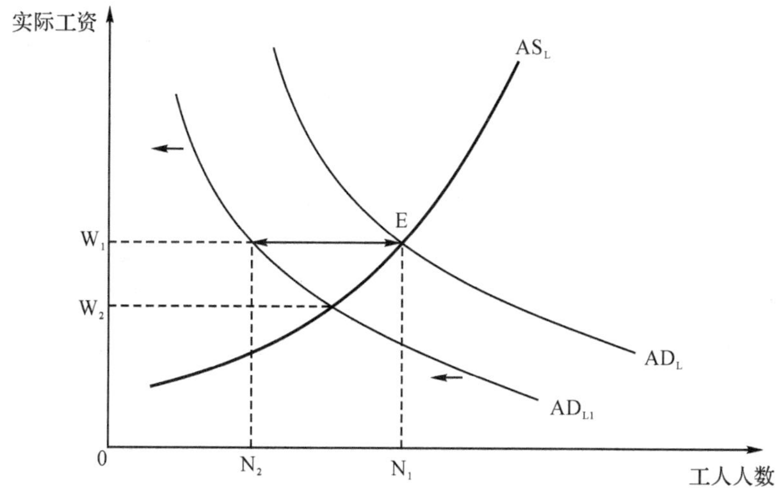

图 6-1 总需求减少造成周期性失业

AD_L 是劳动力的需求曲线，AS_L 为劳动力的供给曲线。当劳动力市场达到均衡时，劳动力供求相等，此时的就业人数为 N_1，工资水平为 W_1。由于经济衰退，总需求下降，导致对劳动力总需求减少，劳动力的需求曲线从 AD_L 向左下方移至 AD_{L1}；由于短期中工资的刚性，所以工资水平仍然保留在 W_1，劳动供给超过劳动需求，劳动力供过于求的数量为 N_1N_2，此即为周期性失业。

周期性失业的大小受到经济周期严重程度的影响，如在大萧条时期的 1933 年，美国的周期性失业率高达 25%。从图 6-1 可以看到，周期性失业属于非均衡失业，也就是说，当存在周期性失业时，劳动力市场处于一种非均衡状态，人们愿意接受现行工资，但还是无法找到工作。因此，凯恩斯把周期性失业称为非自愿失业。

在论及失业的原因时，有些经济学家认为工资刚性是导致失业的一大原因。所谓工资刚性指工资不能调整到使劳动市场供求相均衡。如果工资具有灵活性，那么当劳动力供过于求时，实际工资将下降，劳动市场出清。但现实经济中有很多原因会导致工资刚性（见专栏 6-1），从而出现失业。

专栏 6-1　刚性工资与刚性价格

刚性工资和价格对于需求不足的失业的产生具有重大意义，可以说，工资和价格具有刚性是需求不足失业产生的一个必要条件。古典经济学家认为工资是灵活的，因而不会有周期性失业。绝大多数经济学家认为，工资是刚性的，即使工资可以对劳动力供求的变化做出反应，其调整过程也会十分缓慢。刚性工资的假定并不意味着工资率是外生给定的，而是说工资率在某种程度上不依赖于劳动的供给和需求，而且不能立即得到调整。

讨论刚性工资时，一般都使用刚性价格的假定。关于刚性工资与价格产生的原因，一般认为有以下几种：一是不确定性。由于存在交易成本和不完全的预期，当厂商面临需求的变动时，并不能很快判断出这种需求变动是暂时的还是持续的，而频繁变动价格会使交易成本上升，这会使价格具有某种刚性。二是合同。由于某些合同的存在，价格在短期内被固定了而难以根据市场供求进行调整，例如工资合同，在合同有效期内，工资是不能根据市场的供求情况而调整的。三是市场形势和经济权力。在一个非完全竞争的市场上，由于垄断势力的存在，会使价格具有某种刚性，特别是在劳动力市场上，由于工会的存在，会使工资率具有刚性。最后是政府对价格和工资的控制。

资料来源：萨缪尔森. 萨缪尔森辞典[M]. 陈迅，白远良，译释. 北京：京华出版社，2001.

小思考　政府采取最低工资法案对失业是否有影响？为什么？

效率工资同样会导致工资刚性。效率工资理论认为高于市场出清工资水平的工资会刺激工人们更努力工作以留在高薪企业中。1914 年福特汽车公司开始向工人支付每天 5 美元的工资，而当时的均衡工资水平大约是 2—3 美元，显然福特的工资水平远远高于劳动力市场的工资水平。效率工资强调高工资促使高效率，结果却导致工资刚性。

小思考 效率工资为什么能提高工作效率？

（三）充分就业

充分就业指在某一工资水平下，所有愿意接受工作的人都能获得就业机会。但充分就业并不意味着人人都有工作，充分就业不等于零失业率。如前所述，摩擦性失业和结构性失业在各国经济运行中不可避免，均为自然失业或正常失业，因此充分就业与自然失业并不矛盾。

经济学上把摩擦性失业率与结构性失业率之和称为自然失业率，这是一个国家能够长期持续存在的最低失业率。当经济中的实际失业率等于自然失业率时，一国经济就处于长期均衡状态，经济即达到充分就业。换句话说，只要经济中不存在周期性失业，就达到了充分就业。实际失业率与自然失业率之间的差别为周期性失业率。

每个国家在不同时期自然失业率有差别，不同的国家自然失业率也会有差别。影响自然失业率高低的因素有很多，包括劳动力流动性的大小和一些制度方面的因素。美国在 20 世纪 60 年代由于女性劳动力的比例上升，导致自然失业率的上升；到了 70—80 年代，年轻劳动力的比例上升，年轻人的职业流动性比较大且频繁，所以自然失业率也比较高；而在 90 年代，随着年轻劳动力的比例下降，自然失业率也随之下降。

尽管目前没有关于自然失业率的官方度量，但许多经济学家认为可以对自然失业率进行估算。在 21 世纪的前 10 年，自然失业率应在 5.5%以下。

小思考 你认为影响自然失业率的具体因素有哪些？

专栏 6-2 为什么欧洲的失业率一般比美国高

从 20 世纪 80 年代以来，欧洲的失业率平均高于美国，这必然反映出欧洲的自然失业率相对于美国上升了。原因有三：

第一，慷慨的欧洲失业保险津贴。欧洲国家付给失业工人的津贴占工资的百分比比美国要高得多，工人领取津贴的时间也要长得多，常常以年计算。欧洲这些慷慨的津贴降低了工作搜寻的成本，增加了失业持续时间，提高了自然失业率。

第二，强大的欧洲工会。欧洲工会比美国强大得多，在美国，工会在集体谈判中只代表不到15%的工人，而在法国、德国、意大利和西班牙这一比例高于60%，工会设定的高于市场出清水平的工资率使得劳动需求量低于供给量，导致更高的失业率。

第三，严格的工作规则。欧洲政府给企业强加的工作规则能增加失业。例如，欧洲企业要解雇工人要比美国企业困难得多，结果，欧洲企业创造新工作岗位的意愿较弱。因此，在欧洲，在衰落行业丢掉工作的工人在成长行业找不到充足的新工作机会，从而使结构性失业率更高。

资料来源：米什金.宏观经济学[M].卢远瞻，等，译.北京：中国人民大学出版社，2012.

二、失业对经济的影响

失业对于个人、家庭、经济乃至社会稳定都会带来一定的影响。在此仅讨论失业对经济的影响。

劳动力是重要的生产要素。失业不仅意味着劳动力这一生产要素的闲置，还意味着生产设备等其他生产要素的闲置，是资源的巨大浪费。因此，失业在经济上的最大损失是实际国民收入的减少。美国著名经济学家奥肯曾在20世纪60年代提出过“奥肯定律”来说明实际国民收入与失业率之间的关系。

奥肯利用美国从1947年第二季度到1960年第四季度失业率和实际国民收入变化的资料，估算出反映两者变化关系的一个数值。其内容为：失业率如果超过充分就业的界限，失业率每降低1%，实际国民收入必然增加2.5%；反之，失业率每增加1%，实际国民收入会减少2.5%。奥肯论证了失业率与国民收入增长呈反方向的变动关系。至于失业率和实际国民收入增长率之间1∶2.5的关系是根据以往多年数据借助计量经济学的方法估算得出的一个平均值。在不同时期两者之间的比率是发生变化的。

奥肯定律的最终结论是：如果要让失业率下降，实际国民收入的增长必须超过潜在国民收入的增长。

小思考 奥肯定律给我们带来怎样的启示？

自然失业在某种程度上对经济还存在着有利的影响，劳动力的有效配置正是通过劳动力的不断流动得以实现的。当然从总体而言，失业率的上升肯定是弊大于利。

三、失业的对策

对应不同类型、不同原因引起的失业，经济学家提出了许多对付失业的政策。

（一）降低自然失业率的对策

自然失业包括摩擦性失业和结构性失业。前者存在的主要原因是劳动力市场的信息不完全和组织不完善及某些制度因素；后者存在的主要原因是劳动力供求的不匹配。据此，可以采取下述措施加以解决：

（1）完善劳动力市场信息运行机制，促使劳动力市场更有效地运转，缩短寻找工作的时间。

（2）削减政府福利开支，对失业救济金征税，从制度上抑制自然失业率的上升。

（3）加强对劳动力的技术培训，促使其更新技术，符合新形势下对劳动力的需求。

（二）降低周期性失业率的对策

周期性失业的原因在于需求的不足。所以，解决需求不足的失业当然是刺激总需求。

凯恩斯认为，有效需求不足是导致周期性失业的原因。所谓有效需求指总供给和总需求达到均衡时的总需求，主要由消费需求和投资需求组成。凯恩斯从三大基本心理规律来诠释有效需求不足的原因。

首先，边际消费倾向递减规律决定了消费需求的不足。凯恩斯认为无论是对于消费者个人还是家庭，乃至整个社会，都存在着边际消费倾向递减，随着收入的增加，消费所占的比例会越来越小，最终导致消费需求的不足。

其次，资本边际效率递减规律和流动偏好规律决定投资需求的不足。资本边际效率指资本预期利润率，即增加一单位投资预期可得的利润率。由于投资越多对资本设备的需求越多，资本设备的价格会越高，从而投资的成本越大。另一方面，投资越多产品的供给越多，产品的价格会下降，所以，投资的预期利润率会下降。投资是利率的函数，所以，投资的高低还受到利率的影响，而流动性偏好的存在阻止了利率的无限下降。消费需求和投资需求的不足使得有效需求不足，从而导致经济萧条，出现需求不足的失业。

为了解决有效需求不足问题，凯恩斯提出要刺激消费需求，运用扩张的财政政策减税、增加政府支出，还可以采取扩张的货币政策来降低利率，刺激投资需求。

尽管各种理论提出了解决失业的对策，但失业问题非常复杂，它不仅是个经济问题，还是个复杂的社会现象。所以，失业必然成为经济学家和社会学者长期关注的话题。

小思考 如果不存在工资刚性，能解决周期性失业吗？

第二节 通货膨胀

20世纪80年代，“万元户”在中国是富裕的代名词，是人们追求物质生活最直接、最明确的目标。一些地方甚至以万元户的多少来衡量当地的发展速度，出现了不少“万元户”村、“万元户”乡镇等。而30多年后的今天，哪怕个人月收入达到1万元，也未必能过上让人羡慕的生活。因为，物价在不断往上扬，如今1万元与当年1万元的购买力有着天壤之别。

和失业一样，通货膨胀是宏观经济运行中一种常见的现象。普通民众对货币的购买力相当敏感，人们会想方设法躲避通货膨胀可能带来的损失。应该如何认识通货膨胀呢？

一、通货膨胀的概念和衡量

西方经济学界对通货膨胀的定义有各种各样的表述，比较常见的定义为：通货膨胀指一般物价水平的持续上升。首先，通货膨胀不是指个别商品或劳务的价格上升，也不是指所有的商品和劳务的价格上升，而是指一般物价水平，即社会各类商品和劳务价格的加权平均值的上升。其次，通货膨胀不是指一般物价水平的一时上升，而是持续一段时间的上升。

通货膨胀的轻重程度可通过通货膨胀率来衡量。通货膨胀率指一般物价水平在一定时期（通常为一年）内的上涨率。而一般物价水平又通常用价格指数来计量。如果以P_{t-1}表示t−1期的一般物价水平，则t期的通货膨胀率为：

$$\text{通货膨胀率}_t=\frac{P_t-P_{t-1}}{P_{t-1}}\times 100\% \qquad (6.2)$$

小思考 假设某国t年和t+1年的价格指数分别为124.2和128.6，则t+1年的通货膨胀率是多少？

价格指数包括消费价格指数、生产价格指数和GDP折算指数。

消费价格指数（Consumer Price Index, CPI）是根据与居民生活有关的产品及劳务价格统计出来的物价变动指标，通常作为观察通货膨胀水平的重要指标。世界上许多国家都很重视CPI，因为它能比较准确地表现消费价格变动的趋势。

按照国际通行做法，我国CPI的调查内容包括食品、烟酒及用品、衣着、家庭设备用品及服务、医疗保健及个人用品、交通和通信、娱乐教育文化用品及服务、居住8大类263个基本分类约700个规格品种的商品和服务项目。编制CPI所用权重是依据全国12万户城乡居民家庭调查资料中的消费支出构成确定的。随着人民生活水平的提高，我国居民消费结构也在不断变化。因此，我国的CPI权重每年都做一些小调整，每5年做一次大调整。由于消费价格指数与民众的生活水平密切相关，所以在一般情况下所指的物价指数常常就是指消费价格指数。

生产价格指数(Producer Price Index, PPI)主要衡量企业购买的一篮子物品的总费用，是反映某一时期生产领域价格变动情况的重要经济指标。目前我国编制PPI所涉及的调查产品有4 000多种，覆盖39个工业行业大类。因为生产价格指数的变动往往是消费价格指数变动的前奏，所以这个指标也是一国制定经济政策的重要依据。

消费价格指数反映消费环节的价格水平，而生产价格指数反映生产环节的价格水平，相对来说能够比较综合地反映整体价格水平的变动指标是前面提到过的GDP折算指数。

小思考 假设某国某年的GDP为1 500亿元，按基期价格计算为1 350亿元，请问GDP折算指数是多少？通货膨胀率是多少？

专栏6-3 通货膨胀率不等于生活费用指数

按理说，消费物价指数计算所选的一篮子物品与劳务是消费者常用的。这些物价的变动应该是消费者生活费用指数的变动。但实际上，这两者之间确实密切相关，但并不完全相同，而且这种差别还是相当重要的。

首先，消费者存在替代倾向。消费者往往要用价格较低的物品替代价格较高的物品。消费物价指数反映这些物价总水平的变动，并不反映各种物品的具体价格与各种物品之间的相对价格。比如，消费者买橘子和苹果。如果橘子价格上升幅度大而苹果价格没变，反映在消费物价指数上，一定是上升了。但消费者的这种替代是经常发生的。这样，消费物价指数就高估了生活费用指数。

其次，消费物价指数反映不出新物品引进对生活费用的影响。新物品使消费者有了更多的选择。但由于新物品并没有包括在固定的一篮子物品中，所以，消费物价指数反映不出这种变化。

最后也是最重要的，消费物价指数无法反映产品质量的变动。在物品价格的变动中，有些物品价格上升可以称为通货膨胀，会使生活费用指数提高。例如，质量相同的面包、蔬菜、水果由于供给减少，价格上升。这种价格上升包括在小物价指数中，反映了生活费用增加。但另一些物品价格上升是因为质量得到了改进。例如，汽车的价格上升了10%，这是因为汽车马力更大、行驶更安全或操作更简便了。消费物价指数只反映出物价水平上升了，而反映不出是由于什么原因上升。

资料来源：梁小民. 宏观经济学纵横谈[M]. 北京：生活・读书・新知三联书店，2002.

小思考 专栏解答了我们日常生活中的哪种疑问？

二、通货膨胀的类型

划分通货膨胀类型的标准有许多种，这里介绍两种常见的类型。

(一)按通货膨胀的严重程度为标准

(1)温和的通货膨胀。通胀率在10%以内，物价相对比较稳定。有些学者甚至认为温和的通货膨胀是经济增长的“润滑剂”。

(2)奔腾的通货膨胀。通胀率达到了两位数，并且有加剧的趋势。此时，货币购买力明显下降，对经济生活会产生不利的影响。

(3)超速的通货膨胀。又称为恶性通货膨胀，通胀率在100%以上。当发生此类通胀时，物价飞速上涨，货币购买力急剧下降，人们急于把手中的货币换成实物，经济秩序遭到严重破坏，最终将导致货币体系乃至国民经济的崩溃。我国在国民党统治时期曾发生过恶性通货膨胀。据说当时在发工资的那天，人们扛着装钱的麻袋飞奔至米店买米，跑得慢些的人就比较惨，因为等他们赶到米店时米价又上涨了。

(二)按人们对通货膨胀的预期为标准

按这种方法可以把通货膨胀区分为两类：未预期到的和预期到的通货膨胀。前者指价格水平上升速度超出了人们的预期，后者刚好相反。

小思考 对于未预期到的和预期到的通货膨胀，哪种对经济生活的影响较小？为什么？

专栏 6-4 津巴布韦的恶性通货膨胀

津巴布韦从2000年开始爆发了严重的通货膨胀，当年的通胀率为55.9%，从那以后，津巴布韦的通胀问题便如猛虎出笼，再也控制不住了，通胀率一路飙升。

2006年，年通胀率达到1 042.7%，此后形势持续恶化，到2009年初，达到231 000 000%。如此高的通胀率催生了国内很多奇观：津巴布韦拥有全球最多的百万富翁，但它却是全球最穷的国家之一。

津巴布韦的纸币最小面额是500津元，最大面额是5万津元，而一卷卫生纸的价格已达到15万津元。你可以看到一位老大妈抱着总值3万亿津元的钞票坐公车，只为了支付约合3.5元人民币的车费，司机也懒得清点，收下就对了。人们去餐馆吃饭也要用一大沓钞票结账，一堆堆钞票堆在餐桌上，给人的感觉就像坐在拉斯维加斯的赌桌旁一样。

物价飞涨，生活质量下降，人们只有更加拼命地赚钱才能维持正常生活。首都哈拉雷的大街小巷里，每天清晨5点就已经挤满了找工作的人。图书馆关闭了，因为偷书的人太多了，有些人总是想办法偷点书和报纸出去卖掉，虽然换来的只是少得可怜的一点钱。

钞票一天天贬值，人们开始青睐物物交换这种原始的方式。工人更愿意领到实物抵作工资。

资料来源：杨黎民，薛宇. 谁也逃不掉的通货膨胀大周期[M]. 北京：人民邮电出版社，2013.

小思考 发生恶性通货膨胀，会引发哪些现象的发生？这些现象对经济产生怎样的影响？

三、通货膨胀的原因

通货膨胀是一种过热的经济现象，产生的原因可以从需求和供给的角度进行解释。

(一)需求拉上的通货膨胀

需求拉上的通货膨胀指总需求过度增长所导致的通货膨胀。当总需求的增长超过总供给的增长时，就会出现过多的货币追逐过少的商品现象，于是导致物价上涨。结果如图6-2所示。

横轴为总产量(国民收入)，纵轴为价格水平，从图6-2中可以看出，在总供给不变的情况下，物价的变动情况要视总供给的弹性而定。如果社会还存在大量的闲置资源时，总供给弹性无限，此时总产量很低，总需求的增加不会引起价格水平的上涨。在图6-2中，当总产量从零增加到Y_1，价格水平始终稳定，一直保持在P_1；当总产量达到Y_1以后，随着经济的扩张，就会出现由于劳动力、原材料等生产要素的不足而引起的成本上升，最终导致物价水平上扬；当一国所有的资源都已得到充分利用时，总产量达到最大，此时总供给弹性为零，过度的需求只能导致物价的直线上扬。

导致总需求增加的因素很多，可以是货币供应量的增加引起的，也可以是消费需求、投资需求或出口的增加引起的。

小思考 你认为 2010 年以来我国的通货膨胀从需求的角度考虑是由哪种需求的增加引起的？

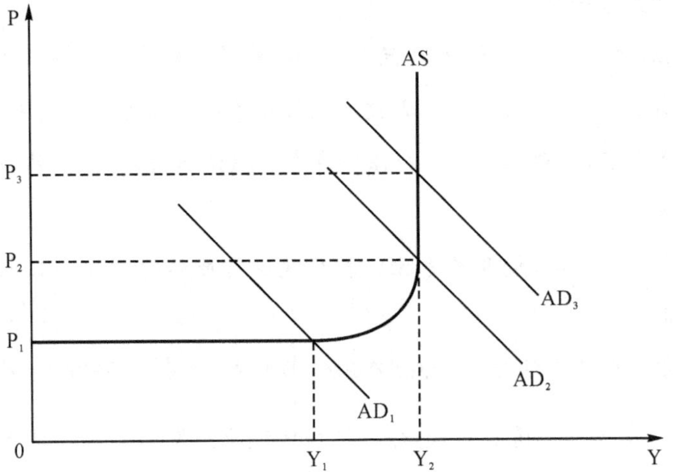

图 6-2 需求拉上的通货膨胀

(二)成本推进的通货膨胀

成本推进的通货膨胀又称供给型通货膨胀，指由于供给方成本提高而导致的一般物价水平上涨。此理论是从供给方面去解释通胀原因，如图 6-3 所示。

图 6-3 中，总需求不变，由于成本的上升，总供给曲线从 AS_1 上移至 AS_2，与以前的均衡相比，产量减少，价格水平上升。

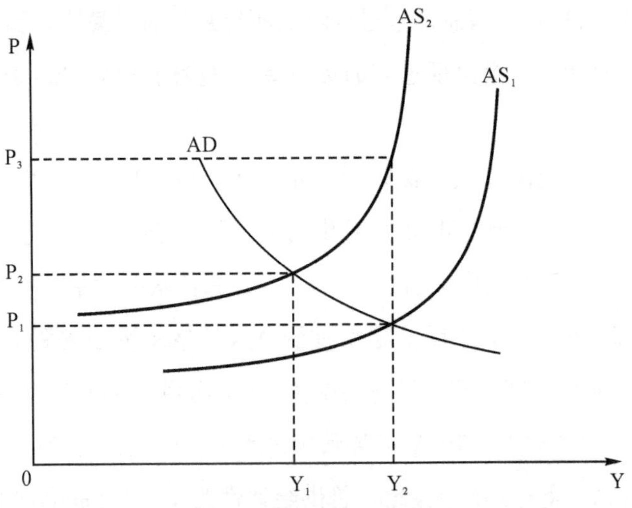

图 6-3 成本推进的通货膨胀

经济学家又把成本推进的通货膨胀分成 3 类:工资推动型、利润推动型和进口成本推动型通货膨胀。

1. 工资推动型通货膨胀

工资推动型通货膨胀指由于工资提高所导致的一般物价水平的上涨。在不完全竞争的劳动市场上,如果某工会通过集体议价的方式争得了工资的上涨,同时工资的增长率超过了生产率的增长率,这就意味着成本提高,最终会导致一般物价水平的上涨。在此过程中,还会形成工资—物价螺旋上升,即工资增加→成本上升→物价上扬(工人要求增加工资)→工资增加→成本上升→物价进一步上扬……

在现实中,很难确定工资推动对通货膨胀的影响到底有多大,因为工会的力量不同,并非所有的工会都有能力在集体议价中获胜。

小思考 *形成工资推动型通货膨胀所需具备的条件有哪些?*

2. 利润推动型通货膨胀

利润推动型通货膨胀指垄断和寡头垄断企业为了追求更高的利润,凭借其操纵市场的能力使商品价格提高,致使价格上升的速度超过成本增长的速度,最终导致一般物价水平的上涨。

3. 进口成本推动型通货膨胀

如果一个国家生产所需的原材料依靠进口,那么,进口商品的价格上升会引发一般物价水平的上涨。其形成过程与工资推动型通胀是一样的。例如在 20 世纪 70 年代的石油危机期间,由于石油价格急剧上涨,导致以进口石油为原料的西方国家的生产成本大幅上升,进而引发通货膨胀。

把通货膨胀区分为需求拉上型和成本推动型是一种静态分析方法,只能说明通货膨胀的起因。在现实经济中,通货膨胀的发生总是包含着需求和供给两方面的共同作用,单方面的作用不足以导致一般物价水平的持续上升。

除了需求和供给的变动可以导致通货膨胀以外,社会经济结构的变动会引发结构性通货膨胀,同时人们对通货膨胀的预期也会引发通货膨胀。

四、通货膨胀的影响

通货膨胀对经济的影响主要表现在对产量、就业量的影响以及对收入分配的影响。如果发生的是预期到的通货膨胀,由于人们已预期到未来要发生的通货膨胀,所以,他们的经济行为已把预期到的通胀率考虑在内,因此,此类通胀对经济的影响不大,或者说,预期到的通货膨胀的成本非常小。故在此主要涉及的是未预期到的通货膨胀对经济的影响。

(一)通货膨胀的产量效应

通货膨胀的产量效应指通胀对产量和就业水平的影响。许多经济学家认为，由于在通胀发生时，一般物价水平的上升速度超过了货币工资的上升速度，所以实际利润是增加的，于是产量和就业量会增加。

小思考 通货膨胀能刺激生产必须具备哪些条件?

(二)通货膨胀的收入分配效应

凯恩斯认为通过连续的通货膨胀，政府可以秘密地、不为人知地剥夺人民的财富，在使多数人贫穷的过程中，却使少数人暴富。的确，通货膨胀对社会不同集团的人会产生不同的影响。

首先，通胀有利于债务人不利于债权人。因为借贷的债务契约是根据签约时的通胀率来确定名义利率的，未来的通胀率提高导致实际利率下降。

其次，通胀有利于雇主不利于工人。因为发生通胀后，产品价格的调整快于工资的调整，导致实际工资的下降，实际利润的增加。

第三，通胀有利于政府不利于公众。因为通胀引起的名义工资增加会导致税收的增加，此为“通货膨胀税”，公众的实际收入下降。

就整个经济而言，通货膨胀会带来巨大的收入和财富再分配。例如，到2011年底，我国国债发行额达到了17 100亿元，如果价格水平每上升1%，这些资产的实际价值将减少397.7亿元。

五、通货膨胀的治理

经济学家对于如何治理通货膨胀提出了许多对策。由于通胀的原因不同，治理的措施也要根据具体的情形而定。

(一)需求管理政策

需求管理政策主要应对需求拉上的通货膨胀。其主要内容为紧缩的财政政策和货币政策。通过增加税收、减少支出来抑制消费需求和投资需求，通过提高法定准备金率和再贴现率及公开市场业务来减少货币供应量、提高利率，尽可能使货币供应的增长速度和经济增长率相一致。

(二)供给管理政策

由于成本推进的通货膨胀起因在供给方，所以要从供给的角度进行治理。

1. 收入政策

收入政策又称工资—物价管制政策，是西方政府为了抑制通货膨胀而采取的限制货币工资和物价的政策。收入政策的主要内容为工资物价指导和工资物价管制。

工资物价指导指政府根据长期劳动生产率增长趋势来确定工资和物价的增长率，要求把工资和物价的增长率限制在社会劳动生产率的平均增长率以内，说服工会和企业参照执行。

工资物价管制是由政府颁布法令对工资和物价实行管制，甚至可以进行暂时的冻结。与工资物价指导相比，这是一种强硬的措施，在通胀比较严重时实施。

美国在20世纪60年代到70年代曾采取过上述政策来对付通胀。

小思考 你认为收入政策有效吗？在实施过程中可能存在什么问题？

2. 指数化政策

指数化是一种能对工资、利息等因价格水平变化而遭受的损失予以部分补偿的机制。收入指数化可以把工资、养老金、保险金、利息、税收等与通胀率挂钩，即把各种名义收入指数化，使其按通胀率的变动而进行调整，抵消通胀对收入的影响。指数化政策不仅可以减少通胀带来的损失，还可以削弱通胀的动机。利率指数化无疑还会抑制消费和投资需求，有利于抑制过热的经济。

除此之外，供给管理还有人力政策和经济增长政策，目的在于增加人力资本的投资，提高劳动生产率，推动经济和科技的发展，促使产量的增加。

专栏 6-5 中国的通货膨胀回顾

20世纪70年代末期，我国高度集中的计划体制被打破，自此，我国的通货膨胀从以隐蔽性为主转为公开性。从改革开放至今，大约经历了5次通货膨胀。

1979年开始，我国进行了一系列的价格改革。1979年政府提高了粮食、棉花等18种主要农产品的收购价格，提高了蔬菜、水产品等8种副食品的价格；1980年提高了煤炭、铁矿石、生铁、水泥等产品的出厂价。到1980年底，货币流通量比1978年增长了63.3%，引发了开放后的第一次通货膨胀，1980年通胀率达到6%。这次通胀源于价格改革的因素，也是中国引入市场手段付出的制度成本。

1986年后，由于工资改革、大规模的基建投入、商品价格的逐步放开，市场对货币的需求量增大，央行通过发行第四套人民币和发行大额面钞的方式应对货币的需求，引发了新一轮的通货膨胀，民众对通胀的预期导致了各大城市的抢购风潮。1988年的通胀率达到18.5%。中央实行全面的紧缩政策，物价有所下降。

1991年底，我国80%的物价放开，基本实现了物价的市场化。1992—1993年，国家全面放开了商品限额供应的限制，由市场供求关系来自由定价，曾统一定价的商品也考虑成本和市场需求，重新做了调整。企业投资过热使原材料上升了40%。1993年，国内货币供应量增长了35%以上，通胀率为13.2%，1994年更是达到高峰21.7%。经过3年治理，1996年实现了经济的"软着陆"，通胀得到了有效控制。

进入21世纪，我国的通胀变得温和，但次数比较频繁。2004年，因为粮价的上涨和煤电油运输的紧张，导致CPI一直上升到5%。2007—2008年，物价上涨和资产价格暴涨交织在一起。央行开始加息，在强有力的紧缩性货币政策下，通胀率回落。目前我国经济正步入增速下台阶、质量上台阶的新常态，国内温和通货膨胀的格局将持续，如表6-2所示。

表6-2　中国近10年通货膨胀率　　(%)

年份	2005	2006	2007	2008	2009	2010	2011	2012	2013	2014
CPI	1.8	1.5	4.8	5.9	−0.7	3.3	5.4	2.6	2.6	2
PPI	4.9	3	3.1	6.9	−5.4	5.5	6	−1.7	−1.9	−1.9

资料来源：国家统计局网站：http://www.stats.gov.cn.

第三节　失业与通货膨胀

尽管人们都不喜欢失业和通货膨胀，但它们又是宏观经济运行中不可避免的现象，在现实经济中，低失业率和低通胀率两者不可兼得。既然不能两全其美，政府只能在失业和通货膨胀之间进行权衡取舍。

新西兰经济学家菲利普斯最早对失业率和通货膨胀之间的关系进行了研究，对各国政府制定经济政策产生了深远的影响。

一、菲利普斯曲线

1958年，经济学家菲利普斯在研究英国1861—1957年近100年的货币工资变动率和失业率的统计资料后发现这两个变量之间存在着负相关关系，即货币工资的变动率是失业率的递减函数。如图6-4所示。

横轴为失业率，纵轴为货币工资增长率，从左上方向右下方倾斜的曲线就是原始的菲利普斯曲线。

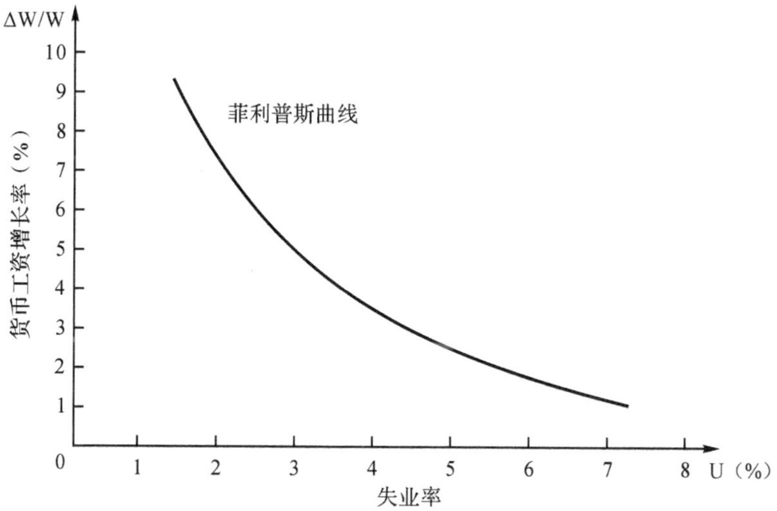

图 6-4　未经改造的菲利普斯曲线

菲利普斯只描述了货币工资增长率与失业率之间的关系，后来这一曲线经美国著名经济学家萨缪尔森和索洛的演化，用美国的数据替换了英国的数据，并用物价上涨率代替了货币工资增长率，得出了短期内通胀率和失业率之间的替换关系。

经济学上所提及的原始菲利普斯曲线指的就是经过改造后的曲线，这一曲线描述的是失业率和通胀率之间的替代关系，两者此消彼长，失业率越低，通胀率越高，失业率越高，通胀率越低。如图 6-5 所示。

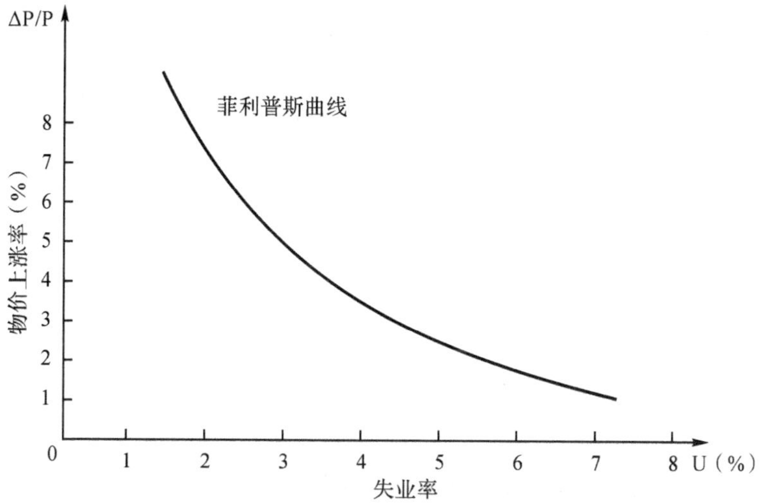

图 6-5　改造后的菲利普斯曲线

菲利普斯曲线意味着当决策者面临失业和通胀时，可以通过采取紧缩性宏观经济政策，以较高的失业率来降低通胀率，也可以采取扩张性宏观经济政策，以较高的通胀率来降低失业率。

每个社会对于通胀率和失业率都有一个可以接受的程度。假设3%的通胀率和4%的失业率都可为某个国家接受，不会对经济造成一定的威胁，那么，这两个比率为临界点，在临界点内，政府不必采取任何干预措施。只有在临界点外的不安全区域，政府才需要对失业和通胀进行权衡取舍。

二、菲利普斯曲线的修正

20世纪70年代以前，菲利普斯曲线很好地描述了美国失业率和通胀率之间的替代关系。但进入70年代以后，原始的菲利普斯曲线失灵了，西方一些发达的市场经济国家出现了高失业率和高通胀率并存的“滞胀”现象。“滞胀”的出现使菲利普斯曲线受到质疑，于是经济学家对菲利普斯曲线进行了修正。其中较有代表性的是货币学派和理性预期学派的观点。

货币学派引进预期因素来说明菲利普斯曲线。在短期内，由于人们来不及调整对通货膨胀的预期，预期的通胀率低于实际的通胀率，实际工资下降，利润增加，刺激投资，导致失业率下降。所以短期菲利普斯曲线还是体现了失业率和通胀率之间的替代关系。但在长期，人们会根据实际情况调整预期，预期的通胀率和实际的通胀率一致，工人要求增加名义工资，实际工资不变，失业率不会发生变化，因此，长期菲利普斯曲线是一条垂线，表明失业率和通胀率之间不存在替代。如图6-6所示。

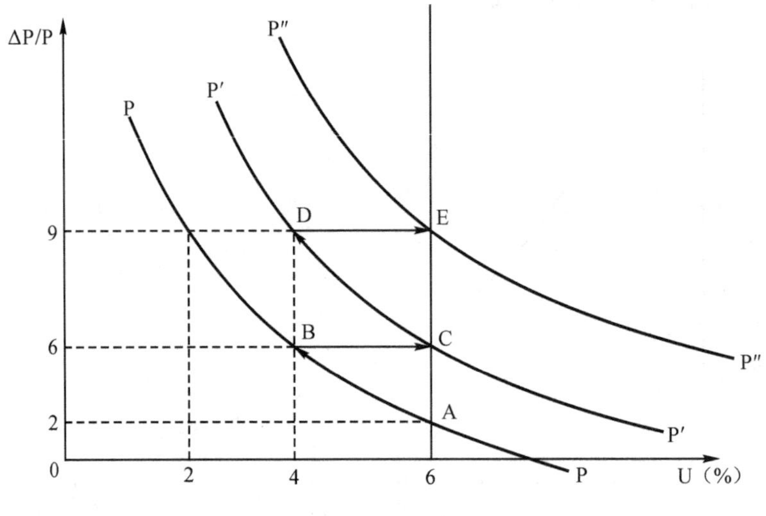

图6-6　短期和长期的菲利普斯曲线

根据图6-6，假定该国经济处于6%的失业率和2%的通胀率水平上，即位于菲利普斯曲线PP上的A点。该国政府认为6%的失业率过高，应调整到4%，于是政府采取措施刺激经济，而人们预期的通胀率是2%，名义工资也是根据2%的预期来确定的。随着经济的扩张，物价水平逐渐上升，企业有利可图，就扩大生产规模，就业率上升，失业率下降，在短期，经济从A点移至B点，失业率下降到了4%，但通胀率从2%上升到了6%。因此，短期菲利普斯曲线仍然能以高的通胀为代价获取较低的失业率。显然，存在短期菲利普斯曲线的关键在于人们预期的通胀率要低于实际通胀率。

从长期来看，工人认识到了他们的名义工资是按2%的通胀率来确定的，而实际通胀率是6%，也就是说，工人的实际工资下降，工人要求提高名义工资至实际工资水平。工资的上升意味着成本的增加，盈利下降到原有的水平，企业缩减生产规模，失业率又上升，该国经济从B点移至C点，失业率又恢复到了原先的6%，但通胀率也达到了6%。此时的经济已在菲利普斯曲线P′P′上了，短期菲利普斯曲线从PP右移到了P′P′。同样如果政府觉得失业率过高，要想通过扩张来降低失业率的话，结果会和前述相同，菲利普斯曲线将继续右移。将A、C、E点连接就形成长期菲利普斯曲线，一条垂线。

货币学派的最终结论是：政府的宏观经济政策短期有效，长期无效。货币学派使用的是适应性预期，即人们根据以往的经验来形成并调整对未来的预期。

理性预期学派运用的是理性预期的概念，即预期值与以后发生的实际值一致。按照这一预期，无论是短期还是长期，预期的通胀率和实际的通胀率都一致，因此，菲利普斯曲线是一条垂线。如果政府进行人为调节，菲利普斯曲线有可能变成具有正相关的曲线。理性预期学派的最终结论是政府的宏观经济政策无效。

最后要说明的是通货紧缩是与通货膨胀相反的一种经济现象，通货紧缩意味着经济衰退。治理通货紧缩同样是令决策者困扰的问题。尽管从理论上说，理解通货紧缩只要与通货膨胀相反就可以，但在现实中要解决通货紧缩可能比治理通货膨胀还要复杂。

通货膨胀和通货紧缩相比，当然是通货膨胀更常见。

人物介绍

新自由主义代表人物

——哈耶克

哈耶克是20世纪著名的经济学家，他的自由主义思想在学术界有着相当大的影响。1992年哈耶克去世，讣告中称他为20世纪思想史上的中心人物。但世人对于哈耶克的学术思想一直充满着各种争议，甚至对于1974年的诺贝尔经济学奖是否应该授予哈耶克也充满着争议。

哈耶克(1899—1992)出生于奥匈帝国的首都维也纳。他的父亲是一名医生，祖父和外祖父也都是学者，幸福和谐、充满学术气息的家庭氛围对哈耶克的成长影响很大。大约在十四五岁时，哈耶克就读了达尔文的进化论著作，适者生存、自由演化发展的观念一直影响着日后哈耶克的学术思想。

第一次世界大战结束后，哈耶克进入维也纳大学学习，在大学期间他的聪慧、博学得到了充分的展现，众多著名经济学家，尤其是奥地利学派的门格尔、维赛尔、庞巴维克等指引着哈耶克的经济学之路。哈耶克于 1921 年和 1923 年分别获得法学和政治学的博士学位。

在 20 世纪 20 年代后期，哈耶克撰写了大量的论文，货币和商业周期理论是当时他研究的主要课题，其理论观点主要集中在 1929—1933 年间出版的两部著作《货币理论与商业周期》和《价格与生产》中。哈耶克认为商业周期的根源在于资本的过度投资拉长了生产周期，而现实不存在足以完成这一过程的真实储蓄，最终导致经济失衡。

从 1935 年起，哈耶克陆续发表了以社会主义计算为中心的文章，他认为高度集权的经济不能导致资源的合理配置，其反对集权经济的最经典论述就是 1944 年出版的《通向奴役的道路》。这本著作令哈耶克名声大噪，他赢得了政治思想家的声誉，但与专业经济学家的距离也越来越远，在经济学领域，人们对他不屑一顾。

1950 年，哈耶克被美国芝加哥大学聘为社会伦理学教授，主持讨论课的主题基本上是自由主义。1960 年，哈耶克发表的《自由宪章》被认为是现代自由主义的主要宣言，主要阐述了自由主义的传统和秩序问题。在《自由宪章》的基础上，哈耶克又花了 16 年时间完成了另一部自由主义的论著《法、立法与自由》。哈耶克认为自由指的是一种个人不受别人专断的意志所强制的状态，同时这样的自由又是在法律之下的自由，以法治为本的自由秩序，具有最高的生产效率，从而也能使人们享受到最高的生活水平。

哈耶克的一生坚定不移地信奉自由主义，市场经济的理论在哈耶克的自由理论中占有十分重要的地位。他认为市场经济是社会经济生活中最典型的自发秩序，如果市场的选择功能被破坏了，经济就会停止发展。但尊重市场机制并不意味着要完全排斥政府的行为，要排斥的是对市场经济会造成伤害的政府行为。

从 20 世纪 60 年代开始哈耶克的身体状况就不是很好，在 1969—1974 年间他更是经历了几次严重的心力衰竭。在 1974 年获得诺贝尔经济学奖后，哈耶克的身体和精神状况不断好转，他又重新活跃在学术舞台上，到世界各地发表演讲，宣传自由主义理论，批评社会主义和凯恩斯主义的经济政策，英国前首相撒切尔夫人也公然称哈耶克是她 80 年代最重要的哲学导师。

货币学派的创始人

——米尔顿·弗里德曼

弗里德曼(1912—2006)是货币学派的创始人,也是美国芝加哥学派的主要代表人物之一。

弗里德曼出生在美国纽约,后来搬到新泽西州的一个小镇。先后就读于华盛顿公立学校和哥伦布学校。12岁进入拉维中学读书,这段时间的学习给他在语言、数学和历史这几门课程中打下了良好的基础。1932年,弗里德曼从路特吉斯大学(美国历史最悠久的学校之一)毕业,获得该校经济学和数学双学位。大学毕业后,弗里德曼继续到芝加哥大学进行经济学的学习,他认为在"大萧条"时期,成为一个经济学家似乎比成为一个应用数学家或是精算师更符合时代的要求。

在芝加哥大学经济系就读研究生期间,一些著名的学者以及来自全世界的一群优秀的研究生使弗里德曼在学术上大有长进。1934年他到哥伦比亚大学学习,进一步开阔了他的眼界。

毕业后,迫于生活的压力弗里德曼为罗斯福新政工作,1941—1943年,他出任美国财政部顾问,研究战时税务政策,曾支持凯恩斯主义的税赋政策。1946年他获哥伦比亚大学颁发的博士学位,随后回到芝加哥大学教授经济理论,直至退休。

在芝加哥大学的30年里,弗里德曼的教学和学术生涯取得了巨大的成就。弗里德曼从20世纪50年代开始信奉自由市场经济,批评政府干预市场。他始终坚持理想中的经济制度是自由竞争的资本主义,大部分经济活动是通过自由市场中的私人企业的活动进行的,但弗里德曼并不主张无政府主义。他认为政府要制定"游戏规则"保护经济自由,在市场失灵时弥补市场的不足,但政府的职能范围应受到限制,权力必须分散。

弗里德曼的现代货币数量论是他整个理论体系的基石和货币政策的依据。在1956年发表的《货币数量理论的重新表述》一文中,对传统的货币数量理论进行了一种富有创新精神的重新表述,标志着现代货币学派理论的产生。自20世纪70年代以来,这一学派不仅是凯恩斯主义最强有力的挑战者,而且,它的理论和政策主张受到了一些西方国家政府的重视和采纳。

弗里德曼认为消费函数理论是他对纯科学研究的最大的贡献,在1957年出版的《消费函数理论》中,针对凯恩斯的消费函数理论,他提出了永久性收入假说。弗里德曼提出消费不是取决于现期收入的绝对水平,而是取决于永久性收入。

1976年10月14日,为表彰弗里德曼在"消费分析、货币历史和理论方面的成就,并且由于他证明了稳定政策的复杂性”，瑞典皇家科学院授予他诺贝尔经济学奖。

本章小结

本章对当代经济社会的两大重要问题失业和通货膨胀进行了介绍和分析。

失业的主要类型有摩擦性失业、结构性失业和周期性失业。摩擦性失业和结构性失业在一国的经济运行中难以避免，它们的存在与社会总需求水平和经济周期无关。所以摩擦性失业和结构性失业均属于自然失业和均衡失业。周期性失业指由于经济衰退，总体经济活动低迷，对劳动力总需求不足引起的失业，又称为“需求不足的失业”。当社会的失业率仅仅是自然失业率时，就达到了充分就业。

治理失业的对策可以根据失业的类型和原因来制定。对于周期性失业应采用扩张的财政政策刺激消费需求和投资需求加以解决。

通货膨胀指一般物价水平的持续上升。主要有需求拉上的通货膨胀和成本推进的通货膨胀。而成本推进的通货膨胀又有工资推进型、利润推进型和进口成本推进型3种。未预期到的通货膨胀会对经济产生一定影响，包括对产量、就业和收入再分配。

原始的菲利普斯曲线是描述失业率和通胀率之间交替关系的曲线。后来随着经济的发展，经济学家对原始的菲利普斯曲线进行了一定的修正。

本章重点：失业和通货膨胀的概念；失业和通货膨胀的类型和原因；失业和通货膨胀对经济的影响；自然失业率和充分就业问题；治理失业和通货膨胀的对策；菲利普斯曲线。

本章难点：刚性工资问题；对周期性失业的解释、治理；菲利普斯曲线的修正。

参考文献

[1] 曼昆. 宏观经济学[M]. 张帆，译. 北京：中国人民大学出版社，2000.

[2] 萨缪尔森. 萨缪尔森辞典[M]. 陈迅，白远良，译释. 北京：京华出版社，2001.

[3] 梁小民. 高级宏观经济学教程[M]. 北京：北京大学出版社，1993.

[4] 梁小民. 宏观经济学纵横谈[M]. 北京：生活·读书·新知三联书店，2002.

[5] 赵英军. 西方经济学：宏观部分[M]. 3版. 北京：机械工业出版社，2012.

[6] 高鸿业. 西方经济学[M]. 北京：中国经济出版社，1997.

[7] 熊诗平，徐边. 经济学家之路：第六辑[M]. 上海：上海财经大学出版社，2007.

[8] 杨黎民，薛宇. 谁也逃不掉的通货膨胀大周期[M]. 北京：人民邮电出版社，2013.

[9] 洪功翔. 从60个指标数据看懂宏观经济[M]. 北京：中国传媒大学出版社，2011.

[10] 米什金. 宏观经济学[M]. 卢远瞻，译. 北京：中国人民大学出版社，2012.

练　习

一、名词解释

失业　摩擦性失业　结构性失业　自然失业率　周期性失业　充分就业　通货膨胀　刚性工资　需求拉上的通胀　成本推进的通胀　菲利普斯曲线

二、选择题

1. 将工资水平的提高与物价的上升相联系的做法被称为　(　)

A. 调节　B. 指数化

C. 保护　D. 保险

2. 如果某人大学毕业进入劳动力队伍还未找到工作,应属于　(　)

A. 结构性失业

B. 摩擦性失业

C. 周期性失业

D. 季节性失业

3. 以下组别中最有可能从通货膨胀中获益的是　(　)

A. 货币持有者

B. 领取养老金和退休金的人

C. 纳税人

D. 贷款人

4. 失业的出现发生在　(　)

A. 劳动供给曲线向左移动,而工资未能调整时

B. 劳动供给曲线向左移动,而工资及时调整时

C. 劳动需求曲线向左移动,而工资未能调整时

D. 劳动需求曲线向左移动,而工资及时调整时

5. 最低工资是　(　)

A. 劳动市场的最低限价,它导致劳动需求量低于供给量

B. 劳动市场的最低限价,它导致劳动需求量超过供给量

C. 劳动市场的最高限价,它导致劳动需求量超过供给量

D. 劳动市场的最低限价,它导致劳动需求量低于供给量

6. 根据菲利普斯曲线,降低通胀率的办法是　(　)

A. 促进经济增长

B. 增加货币供应量

C. 提高失业率

D. 实现充分就业

7. 如果工资和物价同比例下降,则实际工资　(　)

A. 增加　B. 减少

C. 不变　D. 不确定

8. 以下选项中在经济下降时将不会发生的是　(　)

A. 失业的增加

B. 产量增长的下降

C. 实际工资的降低

D. 通胀率的降低

9. 当政府尝试以提高工作的流动性来降低失业率,主要降低的是　(　)

A. 周期性失业

B. 结构性失业

C. 摩擦性失业
D. 自愿失业

10. 对经济运行状况的一个粗略检验是由失业率和通胀率之和给出的。此数被称为 ( )
A. 稳定指数 B. 预警系统
C. 痛苦指数 D. 实际利率

11. 下列关于自然失业率的说法哪一个是不正确的? ( )
A. 自然失业率是会改变的
B. 自然失业率包含摩擦性失业
C. 自然失业率通常大于零
D. 充分就业时的自然失业率为零

12. 绝大多数经济学家认为,长期菲利普斯曲线是 ( )
A. 垂直的 B. 水平的
C. 向上倾斜的 D. 向下倾斜的

13. 当厂商支付高于市场工资的效率工资时 ( )
A. 不存在非自愿失业
B. 存在对劳动的过剩供给
C. 经济在充分就业的状态下运行
D. 劳动市场在效率工资水平下出清

14. 下面哪一类通货膨胀对人们的收入影响不大? ( )
A. 不可预期的通货膨胀
B. 可预期的通货膨胀
C. 恶性通货膨胀
D. 超速通货膨胀

15. 如果工资完全不随需求或供给的变动做出调整,经济学家将其称为( )工资。
A. 坚硬的 B. 不可弯曲的
C. 刚性 D. 灵活

16. 如果在现行的工资水平下,每个愿意工作的人都找到了工作,就达到了 ( )
A. 充分就业
B. 不存在通货膨胀
C. 不存在自愿失业
D. 以上都是

17. 发生在从一工作转换到另一工作的过渡时期的失业被称为 ( )
A. 结构性失业
B. 摩擦性失业
C. 周期性失业
D. 季节性失业

18. 收入政策可解决 ( )
A. 需求拉上的通货膨胀
B. 成本推进的通货膨胀
C. 结构性通货膨胀
D. 预期的通货膨胀

19. 滞胀指的是以下哪种情况? ( )
A. 高通胀和低失业并存
B. 低通胀和低失业并存
C. 高通胀和高失业并存
D. 低通胀和高失业并存

20. 长期菲利普斯曲线说明 ( )
A. 自然失业率可以变动
B. 失业和通胀不可并存
C. 政府宏观经济政策无效
D. 政府宏观经济政策只有在一定范围内有效

三、判断题

1. 通货膨胀指经济社会中所有的商品

和劳务的价格都上升。（ ）

2. 在进口成本推进型通货膨胀中，会出现工资物价螺旋式的上升。（ ）

3. 降低法定退休年龄能使一国的失业率下降。（ ）

4. 大萧条时期出现的失业是结构性失业。（ ）

5. 刚性工资是导致周期性失业的主要原因。（ ）

6. 自然失业的存在对经济会产生一些有利的影响。（ ）

7. 通货膨胀的收入分配效应主要指收入普遍下降。（ ）

8. 短期菲利普斯曲线表明失业率和通胀率之间的交替关系。（ ）

9. 货币学派认为政府的宏观经济政策短期有效，长期无效。（ ）

10. 只有在临界点外的不安全区域，政府才需要对失业和通胀进行权衡取舍。（ ）

11. 任何企业只要提高工资都会引发工资推进的通货膨胀。（ ）

12. 通货膨胀对经济的影响是弊大于利，而通货紧缩对经济的影响刚好相反，是利大于弊。（ ）

13. 滞胀的出现导致经济学家对原始的菲利普斯曲线进行修正。（ ）

14. 奥肯定律说明了失业率和通胀率之间的关系。（ ）

15. 紧缩的宏观财政政策和货币政策能治理需求拉上的通货膨胀。（ ）

16. 由于采用新技术导致一部分人失业的情况称为结构性失业。（ ）

17. 在劳动力供求相等时还会出现的失业有摩擦性失业和周期性失业。（ ）

18. 在劳动力供求相等时还会出现的失业为均衡失业。（ ）

19. 凯恩斯认为边际消费倾向递减规律和资本边际效率递减规律会导致投资需求的不足。（ ）

20. 当实际国民收入增长速度超过货币增长速度，而货币流通速度不变，则价格水平将会上升。（ ）

四、思考题

1. 比较摩擦性失业和结构性失业。
2. 凯恩斯是如何分析需求不足的失业的，对此他有何对策？
3. 阐述通货膨胀的原因及其影响。
4. 如何治理不同类型的失业和不同类型的通胀？
5. 简述菲利普斯曲线的形成和演变。
6. 说明菲利普斯曲线的意义。

五、案例讨论

张三和李四为工资上涨导致的通货膨胀问题进行争论。张三认为工资上涨会导致需求的增加，所以工资推进型通货膨胀也可看作需求拉上的通胀，李四认为教科书上明明写着工资推进型通胀属于成本推进的通胀。对此你怎么看，他们的争论能说明什么问题？

第七章 宏观经济政策

小苏在一家外贸企业上班，过着相对稳定且滋润的生活。但2008年以来公司的订单逐渐减少，公司的利润和员工的收入也在不断下滑。其他外贸企业的境况与小苏的公司相当类似。无疑，外贸企业陷入了困境，原因在于美国2007年爆发的次贷危机，西方国家的经济萧条导致对中国出口商品的需求减少。

2009年，世界经济面临全面衰退的危险，为了防止国内的经济恶化，我国政府出台了一系列宏观调控政策，改善经济结构，推动经济增长。

在不同的经济形势下政府该采取怎样的宏观经济政策？政策的作用机理如何？政策实施能起多大的作用？这正是本章要介绍的内容。

本章的基本概念：财政政策　自动稳定器　货币政策　公开市场业务　法定准备金比率　再贴现率　挤出效应

本章的学习目标：理解宏观经济政策目标；掌握财政政策和货币政策的类型及其作用机理；能够运用IS－LM模型分析政策效果。

第一节　政策目标

政策目标指政策实施最终要达到的目的。宏观经济政策的目标是宏观经济的稳定，经济稳定是一个社会政策运行的前提。实现宏观经济稳定有4大目标，即充分就业、价格稳定、经济持续增长和国际收支平衡。

在所有宏观经济指标中，就业和失业是人们最容易切身感受到的问题。因为对大多数人来说，工资是他们的主要收入来源。人们总是渴望能找到一份稳定的、有保障的、收入丰厚的工作，所以一国政府的首要经济政策目标就是降低失业率，实现充分就业。

一国居民除了关心能带来收入的就业问题，还关心一定收入所能购买到的商品数量，而实际购买力的大小由价格水平决定。价格稳定是宏观经济政策的第二个目标。宏观经济学中的价格稳定不是指每种商品的价格固定不变，而是指价格指数或价格总水平的相对稳定。价格的稳定性非常重要，因为一个平稳运行的市场系统要求价格必须准确、便利地传递相对稀缺资源的信息。历史数据证明，如果通货膨胀率很高会给经济运行增加很多的成本，但降低价格或降低通货膨胀也要付出代价。因此，许多国家都寻求一条介于价格完全稳定和高通货膨胀两者之间的道路，即允许价格平稳地爬升，并以它作为价格体系有效运行的最佳途径。

从长期来看，提高一国居民生活水平的最重要途径是经济持续增长。经济增长是指一国生产商品和劳务能力的增长，表现为生产可能性曲线的外移，即一国能够生产更多的商品和劳务供居民消费。经济增长和就业之间存在密切的关系，因为创造新的就业机会需要一个增长的经济。因此，如何维持一个合理的、可持续的经济增长率以实现充分就业便成为宏观经济政策追求的一大目标。

最后，一国与其他国家的经济往来也会影响到本国居民的生活水平，这种影响可以通过一国的国际收支状况反映出来。当一国国际收支处于失衡状态时，就必然会对国内经济形成冲击，从而影响该国国内的就业水平、价格水平和经济增长。随着国际经济往来的日趋密切，如何平衡国际收支自然成为宏观经济政策的目标之一。

政府实现上述 4 大目标的手段主要有宏观财政政策和宏观货币政策。

小思考　请阐述 4 个目标之间的关系。

第二节　宏观财政政策

20 世纪 30 年代初期，西方的大萧条促使“凯恩斯主义”诞生，“凯恩斯主义”就是主张国家采用扩张的财政政策对付经济萧条。在美国历史上，从罗斯福新政开始，财政政策对经济起着重要的作用。罗斯福新政的内容之一就是增加政府公共工程投资，使萧条的经济得以恢复；60 年代肯尼迪和约翰逊政府的减税政策，促使了美国的经济繁荣；80 年代里根政府的减税政策，成为美国经济复兴的重要原因。

2008 年金融危机爆发，积极的财政政策再次显示其威力。世界各国政府纷纷采用凯恩斯的政策主张，积极干预、从容应对。我国政府也出台 4 万亿元投资计划，成效明显。显然，宏观财政政策对各国经济的稳定起着重要的作用。

财政政策是政府为了实现宏观经济目标而变动财政收入和财政支出以影响总

需求进而影响就业和国民收入的政策。

根据凯恩斯简单的国民收入决定理论，国民收入由经济中的总支出决定。对经济而言，支出是一种扩张的力量，而税收是一种收缩的力量。因此，财政政策作用的机理就是通过改变支出和税收来改变总支出，进而影响国民收入水平。

一、财政政策工具

财政政策工具包括财政收入和财政支出。

（一）财政收入

财政收入是衡量一国政府财力的重要指标，是政府为了履行其职能而筹集的资金总和。税收是财政收入中最主要的部分，具有强制性、无偿性和固定性3个基本特征。对于世界上任何国家而言，税收都是财政收入最主要的来源。2013年，我国税收收入占财政收入的比例达到93%左右。在政府税收中，对经济影响最大，可以调节总需求的是所得税，包括个人所得税和公司所得税，因此所得税税率的变动对经济活动会产生重大影响。

税收作为一种政府收入手段，既是西方国家财政收入的主要来源，也是国家实施财政政策的一个重要工具。

（二）财政支出

财政支出是指整个国家中各级政府支出的总和，由许多具体的支出项目构成，主要可以分为购买性支出和转移性支出两大类。

购买性支出指政府对商品和服务的购买支出，如购买军需品、政府部门公共用品、支付给政府雇员的薪金及公共工程项目所需的支出。购买性支出是一种实质性支出，即有商品和服务的实际交易，所以直接形成社会需求和购买力，是国民收入的一个重要组成部分。在财政支出总额中，购买性支出所占的比重越大，对生产和就业的直接影响就越大。

转移性支出即政府转移支付，是指政府在社会福利、保险、失业救济、贫困救济等方面的支出。政府在付出这些货币时没有相应的商品和服务的交换发生，是财政资金的无偿的、单方面的转移。转移支付本身不是总支出的组成部分，但可以通过影响消费来影响总支出。政府通过转移支付将收入在不同社会成员之间进行转移和重新分配，是一种体现社会公平的方式。

财政收入和支出都体现了财政对宏观经济运行的调控，但财政支出的调控能力更强些。

二、财政政策的内容

政府的财政收支及其变动会直接、间接地影响宏观经济的运行。“二战”后，西方国家的经济虽然仍有周期性波动，但同20世纪30年代大萧条相比，波动幅度大为减小，衰退持续时间也大为缩短。其原因是多方面的，其中与西方财政制度和财政政策对经济的自动调节与主动调节不无关系。自动调节指西方财政制度本身有着自动地抑制经济波动的作用，即自动稳定器；主动调节指政府有意识地实行所谓反周期的相机抉择的财政政策。

（一）自动稳定器

自动稳定器，亦称内在稳定器，是指经济系统本身存在的一种会减少各种干预对国民收入冲击的机制，能够在经济繁荣时期自动抑制通货膨胀，在经济衰退时期自动减轻萧条，无须政府采取任何行动。现代各国财政制度中的税收和政府转移支付具有某种调节经济的灵活性，这种灵活性有助于经济稳定。

从税收看，所得税的征收本身就是一种重要的自动稳定器。所得税是与收入相关的税收，可以通过减小乘数起到自动稳定器的作用。当收入增加时，个人和企业必须缴纳更多的税款——这起着限制支出的增加和保持总支出在总体上更稳定的作用。由于各国所得税都实行累进税制度，所以收入越高适用的边际税率就可能也越高，税率越高则税收乘数越小。当经济向好时，税收的增加和收入的下降有助于减少支出的摇摆，因而可以使得经济更稳定；当经济向坏时，则反之。

从政府支出看，政府转移支付也是一个自动稳定器。许多转移支付，例如失业津贴和社会福利支出，在经济状况变动时也会自动做出调整。当经济衰退，失业上升时，失业津贴和社会福利支出会自动增加，这有助于抑制消费需求的下降。反之，当经济膨胀，失业人数减少时，失业津贴和社会福利支出会自动减少，进而抑制消费需求的上升。

小思考 自动稳定器能否消除经济波动？

自动稳定器功能大小取决于以下几个因素：所得税的起征水平，起征水平越低，稳定功能越强；税率的累进幅度，累进幅度越高，稳定功能越强；转移支付的规定，如果失业津贴领取的时间越长，支付金额越高，稳定功能就越强。

自动稳定器有助于缓解经济波动，但其作用有限。所以当经济剧烈波动时，很难依靠自动稳定器来扭转经济。为确保经济稳定，政府要审时度势，主动采取一些财政措施，变动支出水平或税收，使之接近物价稳定的充分就业水平。这就是相机抉择的财政政策。

(二)相机抉择的财政政策

相机抉择的财政政策是指为了达到预期的国民收入和就业水平而有意识地变动税收、支出的政策。主要有扩张性财政政策和紧缩性财政政策。

当总需求水平过低,产生衰退和失业时,政府应采取刺激需求的扩张性财政政策,包括削减税收、降低税率、增加政府支出或双管齐下以刺激总需求;反之,当出现通货膨胀时,政府应采取抑制需求的紧缩性财政政策,包括增加税收或削减开支以抑制总需求。相机抉择的财政政策运用的原则是反周期的"逆经济风向行事"。

政府在实施财政政策对付经济波动时,最终可能会出现财政盈余或财政赤字。

扩张性财政政策的实施很有可能导致政府支出大于政府收入,从而出现财政赤字。弥补赤字的方法可以是发行国债。但政府若向大众借债会产生"挤出效应",即政府支出挤出私人支出,对经济扩张产生不利影响。

紧缩性财政政策的实施很可能出现财政盈余。出现盈余后,政府可以购回已发国债,减轻政府债务;也可以将其暂时冻结,有助于经济的收缩。

小思考 弥补赤字,还可以采取怎样的方法(不会产生挤出效应)?

专栏 7-1 赤字不都是洪水猛兽

财政赤字在特定时期可以作为积极财政政策的手段。在经济萧条时期,私人资本的投资信心降低,社会需求不足。而量入为出的政府在通常年份,一般将资金主要用在经常性项目的支出上,如国防、医疗、教育、行政管理等公共品的提供。显然,政府并没有太多的资金储备用于生产性投入。于是,当经济萧条,需要政府投入资源以弥补私人投资的不足时,政府只能采取赤字的方式来弥补,启动经济升温。所以,如果视赤字为洪水猛兽不敢利用,就是坐视经济衰退而不顾,就是典型的不作为!

但赤字也不是促进经济增长的灵丹妙药,凡事都应当有节有度。目前,国际公认的较安全的赤字规模是维持在 GDP 的 3%以内。过度的赤字会产生诸多不利的影响,这会导致民众对政府的信心大为降低,新发行的国债认购率也会降低,最终导致国家信用趋于崩溃。所以,如何保持赤字的适度规模,就是政府应当重点考虑的问题所在。从总体上看,目前我国的赤字与国债规模基本适度。但针对我国财政基础仍比较薄弱的现实,在保持一定的赤字和政府债务的同时,要大力发展经济,培植财源,提高财政抗风险能力,建立巩固而强大的财政,降低财政风险,保持财政的可持续发展。

资料来源:洪功翔. 从 60 个指标数据看懂宏观经济[M]. 北京:中国传媒大学出版社,2011.

第三节 宏观货币政策

克林顿政府上台时美国经济处于衰退中。为了刺激经济,美联储降低利率,增加货币量,扩张的货币政策导致经济向上。到20世纪90年代末,美国经济出现了过热的迹象,美联储又提高利率,防止通胀的加剧。进入21世纪后,美国经济又出现了衰退的迹象,美联储又降息。美联储不断运用扩张和紧缩的货币政策调节经济,效果显著。

一、货币政策的概念

货币政策是指中央银行通过控制货币供应量和利率,从而影响社会总需求以实现既定宏观经济目标的政策。

依据凯恩斯的流动性偏好利率决定理论,当中央银行改变货币供应量时,货币市场上货币供给和货币需求将会失衡,从而引起利率变化。根据投资函数,利率变化会引起投资量的改变,投资的增加或减少会引起均衡国民收入的变化,所以货币政策主要是通过改变货币供应量来影响利率,实现期望的均衡国民收入水平。

货币政策分为扩张性的货币政策和紧缩性的货币政策。前者是通过增加货币供给来带动总需求的增长。货币供给增加时,利率会降低,投资会增加,因此经济萧条时多采用扩张性货币政策。反之,紧缩性货币政策是通过削减货币供给来降低总需求水平。货币供给减少,则利率提高,企业投资减少。因此,在通货膨胀严重时,应多采用紧缩性货币政策。

二、货币政策工具

中央银行主要通过运用公开市场业务、改变再贴现率和法定准备金率3种工具来变动货币供给量。

(一)公开市场业务

公开市场业务是指中央银行在公开市场上买进或卖出二级市场债券(主要是政府债券)用以增加或减少货币供应量的一种政策手段,它是中央银行控制货币供给最重要也是最常用的工具。中央银行买入债券会增加经济中的货币供应量,而卖出债券会减少经济中的货币供应量。

公开市场业务是通过改变银行系统的准备金总量发挥作用的。中央银行向商业银行或其他政府债券的大买家买入债券时,会增加银行系统的准备金。准备金增加后，银行会提高它的贷款额度，贷出更多款项，这些贷款可用于购买商品、支付工资。如果人们将其中的一部分收入存入银行，这些新存款同样会增加银行的准备金，从而进行更多的贷款活动。准备金对货币供给变化的影响是双向的，即准备金的增加将成倍地提高货币供给，准备金的减少也将成倍地降低货币供给。

公开市场业务之所以能成为中央银行控制货币供给最主要的手段，是因为运用这种政策手段有着比其他手段更多的灵活性。例如在公开市场业务中，中央银行可及时地按照一定的目标来买卖政府债券，从而比较易于准确地控制银行体系的准备金。如果中央银行希望大量地变动货币供给，那么就可以根据改变量的规模来决定买进或卖出准备金的数量；如果中央银行只希望少量地变动货币供给，那么就可以用少量的债券买卖来达到目的。公开市场操作很灵活，便于中央银行及时用来改变货币供给变动的方向，如变买进债券为卖出债券，立即就有可能使增加货币供给变为减少货币供给。

自20世纪50年代开始，美联储90%的货币吞吐就是通过公开市场业务来实现的。

(二)再贴现率

这是美国中央银行最早运用的货币政策工具。再贴现率是中央银行对商业银行及其他金融机构的贷款或者放款利率。最初，这种贴现是指商业银行把商业票据出售给当地的联邦储备银行，联邦储备银行按贴现率扣除一定利息后再把所贷款项加到商业银行的准备金账户上作为增加的准备金，所以把中央银行给商业银行的借款称为“贴现”。相对于市场利率而言，贴现率是一种官定利率，通常用来表达中央银行的政策意向，具有短期性。它也是一种标准利率或最低利率，贴现率的高低对整个市场利率水平具有引导作用。此外中央银行还可以通过规定何种票据具有贴现资格来影响商业银行的资金投向。

贴现率政策是指中央银行通过变动给商业银行及其他存款机构的贷款利率来调节货币供应量。贴现率提高，商业银行向中央银行的借款就会减少，准备金减少从而货币供给量就会减少；贴现率降低，商业银行向中央银行借款就会增加，准备金增加从而货币供给量就会增加。市场中的交易者把贴现率看成是表明中央银行态度或“立场”的信号，也就是中央银行允许货币供给增加的意愿。当中央银行降低贴现率，市场会将此视为扩张性货币政策的信号。

在大部分时间，大多数银行都不会从贴现窗口借钱。如果银行运行正常，它会从其他银行或金融机构进行拆借，而不是从中央银行那里借钱。贴现窗口是帮助那些无法从私人部门借入资金的银行摆脱金融困境的。事实上，如果一个银行突然要从贴现窗口借入大量资金，中央银行通常都要对它进行快速而谨慎的调查。

银行通常并不希望接受这样的调查。尽管如此，当遭遇金融困境时，所有银行都知道从贴现窗口是可以借入资金的。贴现窗口的职能主要体现在信贷职能方面，贴现贷款作为存款机构临时性资金需求的重要资金来源，是中央银行作为最后贷款人解决银行临时性资金短缺和流动性紧张问题的重要操作手段，是维护金融体系稳定、防止金融恐慌的一个基本保证。

专栏 7-2 次贷危机中美联储的干预行为

次贷危机爆发后，美联储在 2008 年 12 月 16 日将联邦基金利率（大银行间的隔夜拆借利率）和贴现率降至历史最低点后指出：将使用“所有可用工具”来抑制自大萧条以来最严重的金融危机，以及 1/4 个世纪以来维持时间最长的经济衰退。

美联储干预美国金融市场的一个常规武器是贴现率。由于贴现窗口是美联储专门提供资金给金融机构的单位，而贴现率是美联储所收的利息，因此降低贴现率可以帮助舒缓次贷危机中金融机构的资金压力。2007 年 8 月 17 日，美联储决定将贴现率从 6.25%下调至 5.75%，并将贴现期限由通常的隔夜暂时延长到 30 天，还可以根据需要继续延期。2008 年 3 月 16 日，美联储进一步将贴现率由 3.5%下调至 3.25%。至 2008 年 12 月，美联储已经先后十余次降低贴现率，2008 年 12 月 15 日贴现率已经处于 1.25%的历史低位，贴现贷款余额大幅上升，为银行业提供了大量流动性支持。

资料来源：蔡津. 次贷危机中美联储直接干预金融市场的行为分析[J]. 现代经济信息，2013(24)：5—6.

小思考 中央银行作为“最后贷款人”在金融危机中的作用？

（三）法定准备金比率

法定准备金比率是中央银行要求商业银行对每一笔存款都必须持有的准备金占该笔存款的比率。法定存款准备金制度最早起源于英国，但以法律的形式将其固定成一种制度，则始于 1913 年美国的《联邦储备法》。20 世纪 30 年代经济大危机后，法定存款准备金制度演化为中央银行限制银行体系信用创造和调控货币供应量的政策工具。目前，凡是实行中央银行制度的国家，一般都实行法定存款准备金制度。

为使中央银行能够控制货币供给量，法定准备金比率需要定得比较高。准备金规定有助于中央银行确保对准备金的稳定需求从而完成公开市场业务。将准备金比率定得高于银行所愿意的水平，中央银行就能调整准备金水平，从而就能更加精确地调控货币供给量。如果中央银行认为需要增加货币供给，就可以降低法定准备金比率,使所有的存款机构对每一笔客户存款只需留出更少的准备金。如果法定准备金比率从20%降到10%,则货存款创造乘数将从5增加为10,使同样的准备金增加,带来更大的货币供给量。如果中央银行认为需要减少货币供给,就可以提高法定准备金比率。

虽然从理论上讲,法定存款准备金率可以成为中央银行调节货币供应量的强有力手段之一,但在实际操作中却从未被当成一个主要的政策工具加以运用。主要原因是:(1)法定存款准备金威力巨大,不适于作为日常的货币政策操作工具。法定准备金比率的微小变化会造成货币供给的巨大波动,同时带有很强的宣示效应,不利于货币的稳定。(2)法定存款准备金是存款机构日常业务统计和报表中的一个重要指标,频繁地调整势必会扰乱存款机构正常的财务计划和管理,同时也破坏了准备金需求的稳定性和可测性,不利于中央银行的公开市场操作和对短期利率的控制。

由于法定准备金率的上述特征和再贴现率的被动性特点,所以从20世纪90年代以来,各国运用货币政策工具的一个重大变化是把公开市场业务作为主要的政策工具进行操作。

我国对货币政策工具的启用从1995年开始。1995年,我国的《银行法》和《商业银行法》相继问世,理顺了货币政策在银行体系中的传导机制。

1995年末,中国人民银行开始把再贴现作为货币政策工具的组成部分,并注重通过再贴现传递货币政策信号。但由于社会信用机制不健全,商业票据使用不广泛,所以我国再贴现率规模不大。

我国的法定准备金制度建立于1984年,最初动机是集中资金而并非作为货币政策工具。到1998年,我国的金融业改革进一步深化,商业银行经营机制不断改革。至此,法定存款准备金率成为一个重要的货币政策工具。

我国的公开市场业务在1996年4月启动,自1998年以来也取得了较快的发展,已成为中国人民银行货币政策日常操作的重要工具,对调控货币供应量、调节商业银行流动性水平、引导货币市场利率走势发挥了积极的作用。但由于我国的公开市场业务起步较晚,还处于不断发展和完善阶段。

第四节　政策工具的效果分析

根据已经学过的IS－LM模型,在短期价格水平不变时,由产品市场决定的IS曲线和货币市场决定的LM曲线共同决定均衡国民产出和均衡的利率水平。经济学常常用IS－LM模型来分析财政政策和货币政策的具体效果。

政府实施财政政策时,无论是通过税收和转移支付影响家庭和企业部门的支出，还是直接影响政府购买，都会导致产品市场上对商品总需求的变化，改变 IS 曲线的位置和斜率，进而改变均衡国民收入和均衡利率。政府实施货币政策时，会增加或减少货币供给量，改变 LM 曲线的位置，进而影响均衡国民收入和均衡利率水平。财政政策是直接干预产品市场，而货币政策是通过货币市场影响到均衡利率，再通过利率的变化影响产品市场上企业的投资，两者的作用机制有很大的不同。

一、财政政策效果

财政政策效果是指政府收支变化（包括变动税收、政府购买和转移支付等）对国民产出的影响程度。下述分析主要包括 IS 曲线斜率和 LM 曲线斜率变化时对财政政策效果的影响。

（一）LM 曲线不变，IS 曲线取不同斜率值

如上文所述，财政政策只能影响 IS 曲线。这里以扩张性财政政策（政府购买支出增加）为例。如图 7-1 所示，在 7-1(a)、(b)中，LM 曲线的斜率不变，IS 曲线的斜率发生变化。当政府购买支出增加时，IS 曲线由 IS_0 移动到 IS_1，移动的水平距离为政府购买增加额乘以政府购买乘数 $Y_0Y_2=K_G\times\Delta G$。在简单国民收入决定模型中，政府购买增加会导致均衡国民收入增加 $K_G\times\Delta G$，但是在 IS－LM 模型中均衡国民收入的增加额要小于 $K_G\times\Delta G$。原因在于，在简单国民收入决定模型中投资是固定的，而在 IS－LM 模型中投资是由利率决定的。从图 7-1 中可以看出 IS 曲线右移时，均衡利率会上升。利率的上升会使得私人投资减少，因此国民收入的增加额低于 $K_G\times\Delta G$。所以政府购买支出增加带来的国民收入增加额为 Y_0Y_1，而不是 Y_0Y_2。在 IS 曲线取不同斜率时，国民收入的增加额会发生变化。由图 7-1 中可以看出，IS 曲线越平坦，国民收入的增加就越少，财政政策效果就越小；IS 曲线越陡峭，财政政策效果越大。

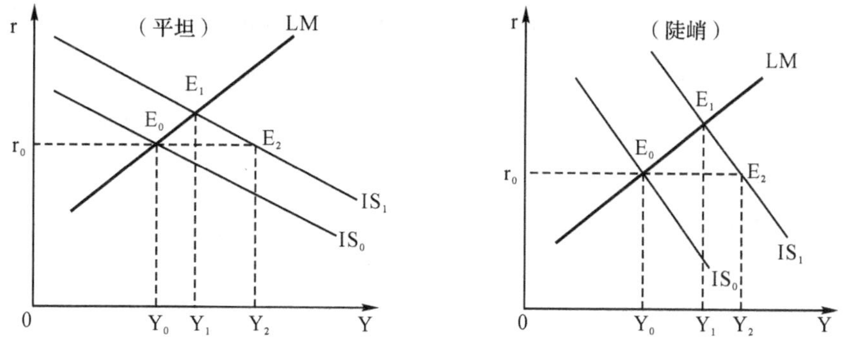

（a）政策效果小　　（b）政策效果大

图 7-1　财政政策效果因 IS 曲线斜率而不同

(二)IS 曲线不变,LM 曲线取不同斜率值

再来看看 LM 曲线斜率对财政政策效果的影响。政府购买支出增加,使 IS 曲线由 IS_0 移动到 IS_1,均衡国民收入的增加大小取决于 LM 曲线的斜率。如图 7-2 所示,图 7-2(a)的 LM 曲线比图 7-2(b)的 LM 曲线平坦。LM 曲线越平坦,IS 曲线右移带来的利率上升就越小,私人投资的减少就越少,国民收入的增加就越多,财政政策效果就越大。LM 曲线越陡峭,IS 曲线右移同样的距离,带来的国民收入增加越少,财政政策效果越小。

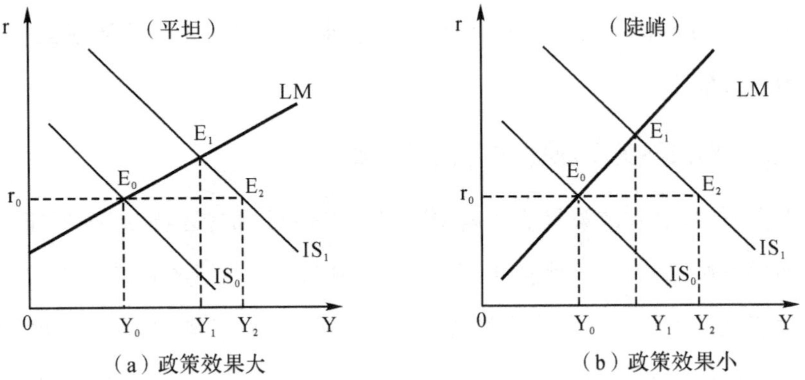

图 7-2　财政政策效果因 LM 曲线斜率而不同

二、挤出效应

IS 曲线右移后带来的利率上升和私人投资减少的现象,在经济学中称为“挤出效应”。挤出效应是指因为政府购买支出增加所引起的私人消费或投资降低的效果。挤出效应越大则财政政策效果越小,挤出效应越小则财政政策效果越大。所以财政政策效果的大小是由挤出效应决定的,而挤出效应的大小是由投资需求的利率系数 d 和货币需求的利率系数 h 决定的。d 是投资需求对于利率变动的反应程度或敏感程度,表示利率变动一定幅度时投资变动的程度。d 越大,IS 曲线斜率的绝对值就越小,IS 曲线越平缓,财政政策的挤出效应越大;反之,挤出效应越小。h 是货币需求的利率系数,是货币需求对利率变动的反应程度或敏感程度,h 越大,LM 曲线就越平坦,挤出效应越小。

当一国存在大量闲置的生产要素和可利用的生产能力时,如果民间投资也不能有效吸收、消化这些闲置的经济资源时,政府支出的扩大就不会导致挤出效应的发生。

专栏 7-3 挤出效应的经验证据

实际经验是否证实了挤出效应呢?这取决于你所考察的时期。20 世纪 60 年代,财政扩张似乎促进了投资的增长。部分原因在于,当时存在大量的未利用资源;另一部分原因在于,联邦储备系统允许经济在不提高利率的情况下进行扩张。

与之相比,20 世纪 80 年代巨额政府赤字的确抑制了投资。80 年代和 90 年代初期,居民和企业的实际储蓄相对于 GDP 的比重有所下降。这一情况令人吃惊,因为在此期间,居民和企业面对的是较低的税率和较高的税后实际储蓄收益。

需要注意的是,随着赤字的上升,住房和企业厂房、设备方面的私人国内投资占 GDP 的比重有所下降。这一时期企业投资的减少也是由于高利率的挤出效应。另外,挤出效应的一个重要组成部分是外国净投资的减少。

过去 20 年中的情况(特别是投资的减少和相应的政府赤字的增加)支持了上述观点,即结构性政府预算赤字会挤出私人投资。但是这种关联并不是适用于所有情况的绝对规律。赤字支出与投资的关系取决于如此之多的因素,包括储蓄行为、预期、汇率和对外贸易、金融市场以及货币政策,因此很难预测财政政策的确切影响。

资料来源:萨缪尔森,诺德豪斯.宏观经济学[M].萧琛,译.北京:人民邮电出版社,2012.

小思考 如果财政政策的效果难以确定,为什么各国政府在应对经济危机时如此偏爱扩张性财政政策呢?

三、货币政策效果

货币政策效果是指中央银行调节货币供给和利率水平对国民产出的影响程度。这里要考察的是 IS 曲线和 LM 曲线的斜率对货币政策效果的影响。上文提过,扩张性财政政策直接对国民产出的变化施加影响,而货币政策是通过影响货币市场的利率,进而影响投资来增加或减少国民产出。货币政策效果的大小取决于货币供给变化时利率的变化程度和利率对投资的影响程度。

(一)LM 曲线不变,IS 曲线取不同斜率值

LM 曲线不变,即货币供给对利率的敏感程度不变。假设中央银行实施了扩张性的货币政策,货币供给增加 LM 曲线右移,货币市场上利率下降。利率下降,私人投资会增加。此时国民收入增加的程度取决于投资增加的数额,而投资的变动取决于投资对利率的敏感程度,即投资需求的利率系数 d。d 越大,即投资需求对利率的变动越敏感,IS 曲线斜率的绝对值就越小,IS 曲线越平坦。d 越小,IS 曲线越陡峭。如图 7-3 中所示,在 LM 曲线斜率不变时,IS 曲线越平坦,货币政策效

果越大;IS曲线越陡峭,货币政策效果越小。

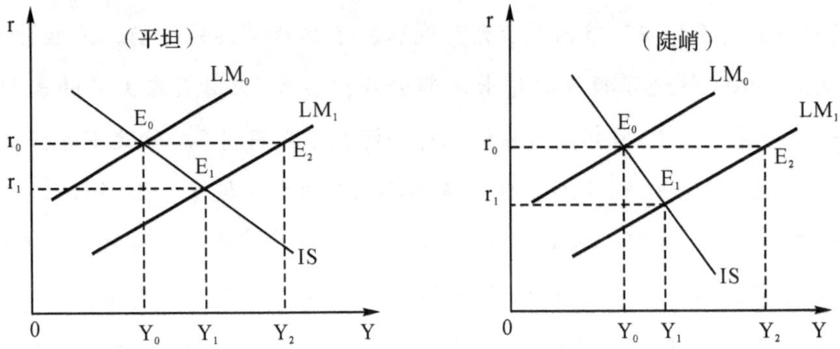

(a)政策效果大　　(b)政策效果小

图 7-3　货币政策效果因 IS 曲线斜率而不同

(二)IS曲线不变,LM曲线取不同斜率值

IS曲线不变,即投资对利率的敏感程度不变。决定政策效果大小的因素就是货币供给增加后利率的下降程度,这取决于货币需求的利率系数 h。h 越大,即货币需求对收入变动的敏感度越高,LM曲线就越平缓,相同的货币供给增加额引致的利率下降程度较小,货币政策的效果也较小。如图7-4所示,在IS曲线斜率不变时,LM曲线越陡峭,货币政策效果越大;LM曲线越平坦,货币政策效果越小。

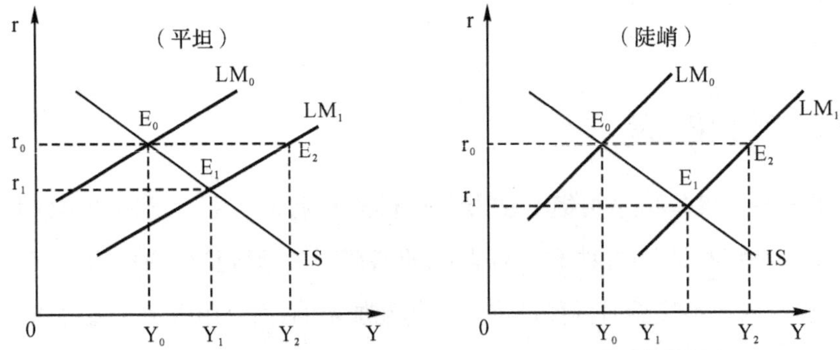

(a)政策效果小　　(b)政策效果大

图 7-4　货币政策效果因 LM 曲线斜率而不同

四、凯恩斯主义极端情况和古典主义极端情况

综上所述,LM曲线越平坦,财政政策效果越大,货币政策效果越小;LM曲线越陡峭,财政政策效果越小,货币政策效果越大。这里再考虑两种极端情况下的政策效果:LM曲线水平(流动性陷阱)和LM曲线垂直。

(一)凯恩斯主义极端情形

凯恩斯认为,当利率水平非常低时,形成“流动性陷阱”,货币需求对利率的弹性无限大,LM 曲线呈水平状,如图 7-5 所示。此种情况下,货币政策完全无效,因为货币供给增加无法降低利率,不能增加私人投资。而财政政策完全有效,因为采取扩张的财政政策不会引起利率上升,挤出效应为零。

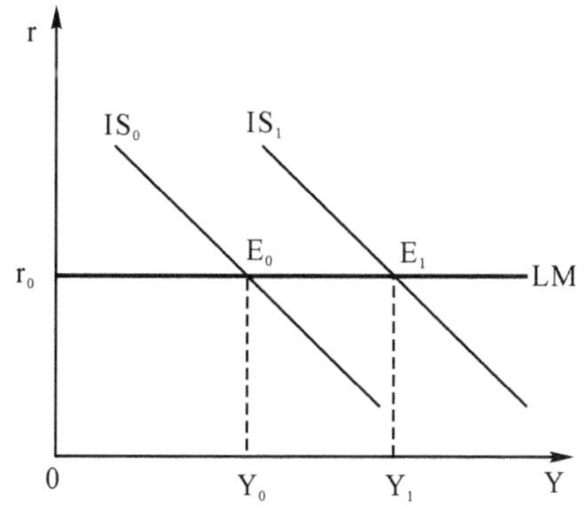

图 7-5 凯恩斯主义极端情况

(二)古典主义极端情形

与凯恩斯极端情形相反,古典主义情形是货币需求对利率的反应弹性为零,此时 LM 曲线呈垂直状。如图 7-6 所示,货币政策非常有效,而财政政策完全失效,即政府购买支出的增加会等量地挤出私人消费和投资,此谓完全的挤出效应。

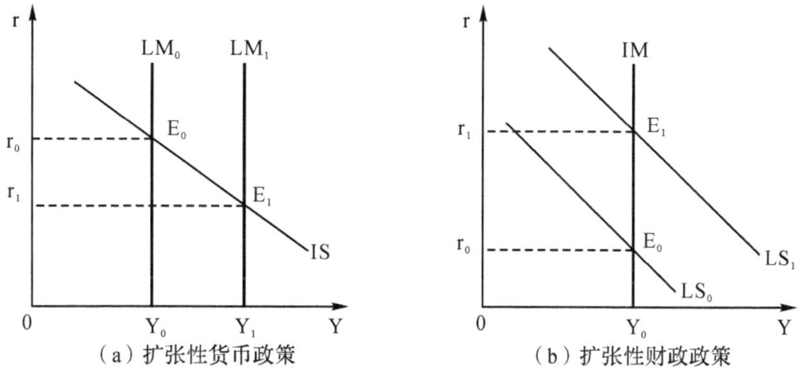

图 7-6 古典主义极端情况

五、两种政策混合使用的效果分析

上述分析财政政策和货币政策效果时,主要强调了两种政策对国民收入的影响。但是在本章第一部分就提到,宏观经济目标不仅包括影响国民收入使之处于充分就业的水平，还包括稳定物价、促进合理可持续的经济增长、国际收支平衡等。如果要同时实现这些有时相互冲突的目标，就需要财政政策和货币政策的同时使用。即便是单一地增加国民收入，财政政策和货币政策的配合使用也能够更有效地实现目标。如图 7-7 所示，初始均衡点在 E_0，政府采用扩张性的财政政策使 IS 曲线从 IS_0 移动到 IS_1，国民收入从 Y_0 增加到 Y_1。利率从 r_0 提高到 r_1，挤出了私人投资。此时，如果增加货币供给，使利率保持在 r_0，就可以使国民收入达到充分就业的 Y_f 处。

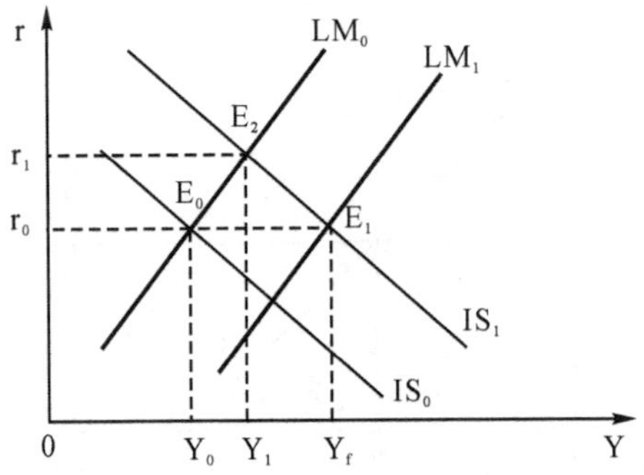

图 7-7　财政政策和货币政策的混合使用

财政政策分为扩张性的财政政策和紧缩性的财政政策；货币政策分为扩张性的货币政策和紧缩性的货币政策。两种政策同时使用就会产生 4 种不同的政策组合，这 4 种不同的政策组合和它们对国民产出和利率的影响见表 7-1。

表 7-1　政策组合对国民产出和利率的影响

政策手段	国民产出	利率
扩张性财政政策和扩张性货币政策	增加	不确定
扩张性财政政策和紧缩性货币政策	不确定	上升
紧缩性财政政策和扩张性货币政策	不确定	下降
紧缩性财政政策和紧缩性货币政策	减少	不确定

政府可根据经济运行情况，依据两种政策组合的情形，分别采用适合当时具体经济状况的组合形式，达到最理想的目标。另外，尽管可以采用不同的财政—货币政策组合来稳定经济，但它们对于产出的结构却会产生不同的影响。通过改变税收、政府支出和货币政策的搭配，政府可以改变企业投资、消费、净出口和政府购买在 GDP 中所占的比重。

为什么美国 2007 年爆发的次贷危机，从多方面来讲其严重程度都不下于 1929—1933 年的大萧条，但无论是国民收入的下降还是失业人口的增加规模都远远低于大萧条？在 20 世纪 30 年代大萧条爆发之时，政府普遍采用袖手旁观的态度，让市场自身来调整经济冲击带来的影响。而 2007 年爆发的次贷危机及其后的快速蔓延，引起了各国政府的高度关注，纷纷采取了扩张性的财政政策和扩张性的货币政策。比如中国的 4 万亿元计划和美国的量化宽松政策。这些及时的政策举动有效地缓解了危机对经济的冲击，阻止了国民收入的大幅下滑。这得益于宏观经济学的发展提高了对经济形势的判断和解决这些问题的能力。

专栏 7-4　实践中的财政－货币政策组合方案

财政—货币政策组合在美国经济政策中引起了激烈的争论。下面是两种主要的方案。

扩张性财政政策和紧缩性货币政策。假定初始经济在低通货膨胀和潜在产出水平上运行，新上任的总统准备在不增加税收的情况下，大幅度增加国防支出。这样就会导致政府赤字的增加和总需求的上升。在这种情况下，美联储就要采取紧缩性货币政策，阻止经济过热。结果就会出现实际利率上升和美元升值。高利率将挤出国内投资，美元升值将减少净出口。净效应为：国防开支的增加挤出了国内投资和净出口。这项政策就是美国 20 世纪 80 年代早期出现的情况。

紧缩性财政政策和扩张性货币政策。假定经济开始时国民储蓄率比较低，政府希望通过增加投资来进一步推动资本存量，提高潜在产出的增长率。在实际操作当中，政府可以提高消费税，压缩转移支付，从而减少可支配收入，降低消费水平（紧缩性财政政策）。这将会伴随着扩张性货币政策，从而导致低利率和投资增加，以及美元贬值和净出口的增加。整个过程通过增加政府储蓄来刺激私人投资。这就是克林顿总统的经济哲学。它在 1993 年的预算法案中得以体现，导致了 20 世纪 90 年代末的预算盈余。

资料来源：萨缪尔森，诺德豪斯. 宏观经济学[M]. 萧琛，译. 北京：人民邮电出版社，2012.

小思考　政府在选择不同的政策组合时，面临着哪些经济目标之间的取舍？

人物介绍

欧元之父

——罗伯特·蒙代尔

1999 年 1 月 1 日，欧元诞生，标志着欧洲的一体化进程进入到一个全新的时代。此设想的提出者就是被誉为“欧元之父”的著名经济学家蒙代尔，1999 年诺贝尔经济学奖得主。

罗伯特·蒙代尔，1932 年出生于加拿大安大略省。在大学期间看了很多经济学书籍后开始喜欢上经济学，并决定以此为一生的职业。1956年蒙代尔以题为《论国际资金流向》的博士论文获得了麻省理工学院经济学博士学位，又去芝加哥大学做了2年政治经济学博士后研究，开始了自己经济学的职业生涯。他先后在斯坦福大学、国际货币基金组织、芝加哥大学、哥伦比亚大学任教和工作，还担任联合国、世界银行等许多国际机构和组织的顾问。

蒙代尔的研究领域是国际经济学。在20世纪60年代后半期，蒙代尔就已成为芝加哥大学学术界的领袖人物和国际知名的经济学大师。他对经济学的主要贡献是最优货币区域理论和开放条件下宏观经济政策的理论。

欧元的诞生是蒙代尔最优货币区理论的直接产物。他认为在一个开放的经济体系中，汇率变动和资本高度流动对经济政策会产生极大的影响。建立共同货币能降低贸易的交易成本，减少相对价格的不确定因素，使经济更有效率。而欧盟就是"最优货币区"。蒙代尔具有独创性和超前性的研究为欧元的顺利发行奠定了基础。

1963年，蒙代尔在《固定汇率和浮动汇率下的资本流动与稳定政策》这一经典论文中创立了蒙代尔—弗莱明模型，较为系统地阐述了各种经济稳定政策的效果与国际资本的流动程度是紧密相连的，模型最终的结论是：在固定汇率和资本完全流动条件下，货币政策对刺激经济基本无效，财政政策效果明显；在浮动汇率条件下，刚好相反。尽管模型本身存在不足，但改造了开放经济中的宏观经济理论。

蒙代尔是位传奇、天才式的人物，他举止怪异、桀骜不驯，视名利如浮云，上课随心所欲。他在20世纪80年代初就被列入诺贝尔经济学奖的候选人名单，因为"举止怪异、行为不检"而遭除名。

这位诺奖得主自1995年以来多次出访中国，一直关心人民币的汇率问题，对中国经济发展取得的成就给予高度的赞扬。

经济学界的吹警哨者

——保罗·克鲁格曼

保罗·克鲁格曼，新一代著名经济学家，曾在20世纪90年代初大胆预言亚洲金融危机，90年代末又挑战美国"新经济"，对于2008年美国的次贷危机也曾有过预见性分析。这些预言，都得到了现实的验证，被人们称为"经济学界的吹警哨者"。克鲁格曼还是国际贸易理论的继承者和开拓者，由于创立了新贸易理论，克鲁格曼独享2008年的诺贝尔经济学奖。

1953年克鲁格曼出生在纽约的一个犹太人家庭。高中毕业后，进入耶鲁大学学习经济学。大学期间，得到著名经济学家诺德豪斯的赏识，促使其走上"职业经济学家”的道路。大学毕业后，克鲁格曼进入麻省理工学院继续接受经济学教育。完成博士论文后先后在耶鲁大学、麻省理工学院任教。在克鲁格曼不得志时，得到了国际贸易问题专家、著名经济学家多恩布什的帮助，在经济学大师的鼓励下，克鲁格曼发表了几篇有影响的论文，奠定了他在国际贸易领域中的权威。1987 年，克鲁格曼发表了大量高质量的论文，并创造性地提出了新贸易理论。1991 年，克鲁格曼获得克拉克奖。

克鲁格曼的新贸易理论一方面从根本上打破了传统贸易理论中完全竞争和规模收益不变的假定，以规模经济和不完全竞争为前提，构建了更符合国际贸易现实的对外贸易理论框架。另一方面新贸易理论又是比较优势理论在新情况下的具体运用，使贸易理论发展到一个新的阶段。

克鲁格曼几乎每年都有新著作出版，许多著作成为畅销书。他撰写的《国际经济学》成为全球流行的大学教材。

克鲁格曼之所以能成为经济学界的预言大师，是因为他能运用原创性理论对现实经济问题进行分析，从而提出超凡的见解。

本章小结

本章主要阐述宏观财政政策和宏观货币政策工具，及政府如何使用这些政策工具来达成各种政策目标。

宏观经济政策的 4 大目标是充分就业、价格稳定、经济持续合理增长和国际收支平衡。本章主要讨论如何通过实施财政政策和货币政策使国民产出稳定在充分就业水平。

财政政策包括政府收入政策(税收)和政府支出政策(政府购买和转移支付)。有自动稳定的政策—自动稳定器和人为的政策—相机抉择的财政政策。自动稳定器作用温和，不足以平复经济波动。相机抉择的财政政策包括扩张的财政政策和紧缩的财政政策，前者作用于萧条时期，后者作用于膨胀时期。

货币政策主要是通过公开市场业务、调整再贴现率和存款准备金比率等操作变动货币供给量，进而影响总需求。同样包括扩张的和紧缩的货币政策。在萧条时期，政府应采用扩张的货币政策(中央银行在公开的市场上买入政府债券、降低再贴现率和存款准备金率)，反之则采取紧缩的货币政策。

财政政策和货币政策分别影响 IS 曲线和 LM 曲线，所以政策实施的效果可以用 IS—LM 模型来进行分析。

IS 曲线斜率不变时，LM 曲线越陡峭，财政政策效果越小，货币政策效果越大；

LM 曲线斜率不变时，IS 曲线越陡峭，财政政策效果越大，货币政策效果越小。当 LM 曲线水平时，财政政策完全有效，货币政策完全无效；当 LM 曲线垂直时，财政政策完全无效，货币政策效果显著。

财政政策和货币政策混合使用时，有 4 种政策组合，分别是扩张性财政政策和扩张性货币政策；扩张性财政政策和紧缩性货币政策；紧缩性财政政策和扩张性货币政策；紧缩性财政政策和紧缩性货币政策。政府应根据不同的经济形势选取相应的政策组合来实现宏观经济目标。

本章重点：宏观经济政策的目标；财政政策和货币政策的工具；财政政策和货币政策的作用机理；宏观经济政策的效果分析。

本章难点：宏观经济政策作用的效果分析。

参考文献

[1] 高鸿业. 宏观经济学原理[M]. 北京：中国人民大学出版社，2012.

[2] 萨缪尔森，诺德豪斯. 宏观经济学[M]. 19 版. 萧琛，译. 北京：人民邮电出版社，2012.

[3] 易纲，吴有昌. 货币银行学[M]. 上海：上海人民出版社，2006.

[4] 赵英军. 西方经济学：宏观部分[M]. 3 版. 北京：机械工业出版社，2012.

[5] 考恩，塔巴洛克. 宏观经济学：现代原理[M]. 罗君丽，李井奎，译. 上海：格致出版社，2013.

[6] 斯蒂格利茨，沃尔什. 经济学[M]. 4 版. 黄险峰，张帆，译. 北京：中国人民大学出版社，2010.

练　习

一、名词解释

财政政策　货币政策　自动稳定器　公开市场业务　法定准备金比率　再贴现率　挤出效应

二、选择题

1. 政府采用变动税收的财政政策，将通过哪一个因素对国民收入产生影响（　）

A. 政府转移支付

B. 政府购买

C. 消费支出

D. 出口

2. 扩张性财政政策对经济的影响是（　）

A. 缓和经济萧条但增加债务

B. 缓和萧条也减轻政府债务

C. 加剧通货膨胀但减轻债务

D. 缓和通货膨胀但增加政府债务

3. 中央银行降低再贴现率，会使银行准备金（　）

A. 增加　　B. 减少

C. 不变　　D. 以上都对

4. 中央银行在公开市场卖出政府债券是企图（　）

A. 收集一笔资金帮助政府弥补财政赤字

B. 减少商业银行在中央银行的存款

C. 减少流通中的基础货币以紧缩货币供给

D. 通过买卖证券获取差价利益

5. 在其他条件不变的情况下，政府增加公共设施投资，会引起国民收入 （　　）

A. 增加　　B. 不变

C. 减少　　D. 不确定

6. 下列不属于扩张性财政政策的是 （　　）

A. 减少税收

B. 制定物价管制政策

C. 增加政府支出

D. 增加公共事业投资

7. 中央银行通过提高法定准备金比率属于 （　　）

A. 控制总供给

B. 扩张性货币政策

C. 收入指数化政策

D. 紧缩性货币政策

8. 下列哪种情况会产生挤出效应 （　　）

A. 对私人部门税收的增加而引起私人部门可支配收入和支出的下降

B. 货币供给量的下降提高了利率挤出了对利率敏感的私人支出

C. 政府购买支出的下降导致消费支出的下降

D. 政府购买支出增加使利率提高，从而挤出了私人部门的支出

9. 财政政策的内在稳定器作用体现在 （　　）

A. 延缓经济衰退

B. 刺激经济增长

C. 减缓经济波动

D. 促使经济达到均衡

10. 货币供给增加使 LM 曲线右移，若要使均衡收入变动接近于 LM 的移动量，则必须是 （　　）

A. LM 陡峭，IS 也陡峭

B. LM 和 IS 一样平缓

C. LM 陡峭而 IS 平缓

D. LM 平缓而 IS 陡峭

11. 下列哪种情况增加货币供给后不会影响均衡国民收入水平？ （　　）

A. IS 曲线陡峭而 LM 曲线平缓

B. IS 曲线垂直而 LM 曲线平缓

C. IS 曲线平缓而 LM 曲线陡峭

D. IS 曲线和 LM 曲线一样平缓

12. 政府支出增加使 IS 曲线右移，若要使国民收入变动接近于 IS 曲线的移动量，则必须是 （　　）

A. IS 曲线和 LM 曲线一样陡峭

B. IS 曲线陡峭而 LM 曲线平缓

C. IS 曲线平缓而 LM 曲线陡峭

D. IS 曲线和 LM 曲线一样平缓

13. 扩张性财政政策和紧缩性货币政策会使利率 （　　）

A. 上升　　B. 下降

C. 不变　　D. 不确定

14. 如果一国经济处于存在严重失业且通货膨胀率远低于预期的状况，这时适宜采用 （　　）

A. 紧缩性财政政策和扩张性货币政策

B. 紧缩性财政政策和紧缩性货币政策

C. 扩张性财政政策和扩张性货币政策

D. 扩张性财政政策和紧缩性货币政策

15. 宏观经济政策的目标不包括（　　）

A. 充分就业

B. 物价稳定

C. 经济增长

D. 政府预算收支平衡

16. 财政政策（　　）

A. 涉及财政支出和财政收入

B. 包括创造工作岗位计划

C. 包括最低工资立法

D. 包括失业保险计划

17. 中央银行最常用的政策工具是（　　）

A. 法定准备金比率

B. 公开市场业务

C. 再贴现率

D. 道义劝告

18. 在下述何种情况下，挤出效应更有可能发生（　　）

A. 货币需求对利率不敏感，私人部门支出对利率也不敏感

B. 货币需求对利率不敏感，而私人部门支出对利率敏感

C. 货币需求对利率敏感，而私人部门支出对利率不敏感

D. 货币需求对利率敏感，私人部门支出对利率也敏感

19. 如果政府增加所得税的量与政府购买支出相等，其影响可能是（　　）

A. 总支出净下降

B. 总支出净增加

C. 总支出不改变

D. 无法确定

20. 如果政府购买支出的减少与转移支付的增加相同时，收入水平会（　　）

A. 增加　　B. 不变

C. 减少　　D. 不确定

三、判断题

1. 宏观经济政策的目标之一是使失业率降到自然失业率之下。（　　）

2. 提高再贴现率可以刺激银行增加贷款。（　　）

3. 如果中央银行希望降低利率，那么它可以在公开市场上出售政府证券。（　　）

4. 在物价水平不变时，中央银行在公开市场业务购买政府债券使 LM 曲线向右方移动。（　　）

5. 在物价水平不变时，中央银行决定提高法定准备金率使得 LM 曲线向右方移动。（　　）

6. 当 LM 曲线为一条水平线时，扩张性财政政策没有挤出效应，财政政策对实际国民收入的影响最大。（　　）

7. IS 曲线为一条水平线时，扩张性货币政策不会引起利率上升，只会使实际国民收入增加。（　　）

8. 当 IS 曲线越平坦，LM 曲线越陡峭时，财政政策效果越大。（　）

9. 紧缩性财政政策对经济的影响是抑制了通货膨胀但提高了利率。（　）

10. 扩张性货币政策使 LM 曲线右移，而紧缩性货币政策使 LM 曲线左移。（　）

11. 政府的财政支出政策主要通过转移支付、政府购买和税收对国民经济产生影响。（　）

12. 当政府同时实行紧缩性财政政策和紧缩性货币政策时，均衡国民收入一定会下降，均衡的利率一定会上升。（　）

13. 由于现代西方财政制度具有自动稳定器功能，在经济繁荣时期自动抑制通货膨胀，在经济衰退时期自动抑制萧条，所以不需要采取任何行动来干预经济。（　）

14. 宏观经济政策目标之一是价格稳定，价格稳定指价格指数相对稳定，而不是所有商品价格固定不变。（　）

15. 扩张性财政政策使 IS 曲线左移，而紧缩性财政政策使 IS 曲线右移。（　）

16. 当政府同时实行紧缩性财政政策和扩张性货币政策时，均衡国民收入一定会上升，均衡的利率一定会下降。（　）

17. 财政政策包括财政支出政策和财政收入政策。（　）

18. 政府支出可以大于政府收入，因为政府可以发行债券来筹资。（　）

19. 财政政策和货币政策的组合使用比单独使用一种政策的效果要好。（　）

20. 政府购支出增加使 IS 曲线右移，若要使国民收入变动接近于 IS 曲线的移动量，则必须是 IS 曲线平缓 LM 曲线陡峭。（　）

四、思考题

1. 何谓自动稳定器？说明它对缓和经济波动的作用？

2. 在经济萧条时，政府应采取怎样的财政政策或货币政策，请具体说明每种政策工具作用的过程。

3. 财政政策和货币政策不同组合对均衡产出和利率产生什么影响？

4. 什么是财政政策的“挤出效应”？它受哪些因素影响？

5. 在什么条件下，财政政策将会失效？在什么条件下，财政政策最有效？

6. 财政政策效果与 IS 曲线和 LM 曲线斜率有怎样的关系？并解释其原因。

五、计算题

1. 已知某经济社会中消费函数 $C=200+0.5(Y-T)$，投资函数 $I=150-100r$，货币需求 $M_D=0.25Y-200r+50$，货币供给 $M_S=200$。试求：

（1）两部门条件下的国民收入和利率水平；

（2）在 $G=T=50$ 条件下国民收入和利率水平。

2. 假定货币需求为 $L=0.5Y$，货币供给为 $M_S=600$，消费 $C=90+0.8Yd$，税收 $T=100$，投资 $I=180-5r$，政府支出 $G=100$，求：

(1)均衡收入、利率和投资；

(2)若其他情况不变，政府支出 G 增加 40，收入、利率和投资有什么变化？

(3)是否存在"挤出效应"？

3. 假设在两部门经济中，$C=100+0.9Y$，$I=10=50$。(单位:亿元)

(1)求均衡收入、消费和储蓄？

(2)若投资增加了 50，求增加的收入？

(3)若充分就业时国民收入水平为 $Y=2\ 000$，消费函数和投资不变，政府购买 G 为多少时，经济才能实现充分就业？

(4)在第(2)(3)问中，投资和政府购买的增加带来了国民收入怎样的变化，试解释其原因？

六、作图题

1. 作图比较 LM 曲线不变时，IS 曲线移动对均衡国民收入和均衡利率的影响和 IS 曲线不变时，LM 曲线移动对均衡国民收入和均衡利率的影响。

2. 作图比较 LM 曲线较陡峭时与 LM 曲线较平缓时对财政政策(以政府购买增加为例)效果的影响。

七、案例讨论

2008 年的经济危机，中国推出了 4 万亿元的计划，意图增加财政开支来刺激经济。2014 年中国政府面对经济的下滑不再提强刺激，而是提出了微刺激的经济政策。请问这种转变说明了什么？

后　记

完成了《微观经济学》教材的编写以后，我们即着手进行《宏观经济学》教材的编写工作，在教材内容设置、教学重点安排及体例等各方面均延续了与微观经济学一致的风格。本教材的具体编写分工是：徐为列（第1、2、6章），陈利萍（第3章部分），姜波（第5章），程正敏（浙江传媒学院，第3、4章部分），彭美红（第4章部分），郭广星（第7章）。

本教材编写借鉴了国内外有关研究成果。对于教材中存在的不足，恳请读者批评指正。

编者

2015年3月